Thať- und Rechtsfrage

im Geschworenengericht,

insbesondere in der

Fragestellung an die Geschworenen.

Von

Dr. Hugo Meyer,
Privatdocenten zu Göttingen.

Berlin,
Georg Reimer.
1860.

Göttingen,
Druck der Dieterich'schen Univ.-Buchdruckerei
W. Fr. Kaestner.

Herrn Professor Aegidi

in Freundschaft und Dankbarkeit.

Zur Verständigung über die Ausdrücke „That- und Rechtsfrage", sowie zur allgemeinen Orientirung über den Inhalt der Schrift sei Folgendes voraufgeschickt.

Eine ausführliche Auseinandersetzung darüber, daß die Thatsachen des im einzelnen Processe vorliegenden Falles nicht immer in der Weise angeführt werden können, daß jedes rechtliche Moment aus ihnen verbannt bleibt, daß vielmehr manche Thatsachen sich oft gar nicht anders ausdrücken lassen, als durch ihre juristische Bezeichnung, mußte dem Verfasser als überflüssig erscheinen. Die Erkenntniß, daß es gewisse rechtliche Thatsachen giebt, die allerdings im besonderen Falle immer durch individuelle factische Umstände und deren Verbindung begründet sind, die aber oft nur als solche rechtlichen Begriffe und nicht in ihren sie begründenden concreten Einzelheiten constatirt werden können (z. B. „Eigenthum", „Ehe"), ist wohl so allgemein geworden, daß man nur noch selten die Forderung vernehmen wird, aus den Fragen an die Geschworenen müsse jedes rechtliche Moment entfernt bleiben.

Ferner braucht nur kurz angedeutet zu werden, daß der Verfasser die von Anderen schon oft ausgesprochene

Hinweisung darauf, daß in jeder dem Richter überlassenen Strafzumessung stets mehr als eine bloße Rechtsanwendung, nämlich immer und sogar vorwiegend auch die Berücksichtigung mannichfacher thatsächlicher Umstände des vorliegenden Falles liegt, für vollständig ausreichend hält zur Widerlegung des oberflächlichen Satzes, daß den Geschworenen ausschließlich die That-, dem Richter ausschließlich die Rechtsfrage zu entscheiden zukomme.

Einer eingehenden Untersuchung erschien allein die Frage bedürftig, wieweit die Geschworenen über die Anwendbarkeit der gesetzlichen Voraussetzungen der Schuld auf die That des Angeklagten zu entscheiden haben, — ob sie nur nach den Thatsachen des vorliegenden Falles (seien diese nun als rein factische oder als rechtliche Thatsachen angegeben) gefragt werden, oder ob sie über die Subsumtion dieser Thatsachen unter die Bestimmungen des zur Anwendung kommenden Strafgesetzes urtheilen sollen. — Hieran schließt sich eng die andere Frage an, wie sich das Verhältniß der concreten Thatsachen und der gesetzlichen Merkmale zu einander mit Rücksicht auf die Aburtheilung der zur Anklage gebrachten Handlung zu gestalten habe, und welche Folgen für die Erledigung des in judicium deducirten Straffalles eine einseitige Hervorhebung oder Hintenansetzung der concreten Thatsachen oder der gesetzlichen Merkmale nach sich ziehe.

Die Schrift geht aus von einer Betrachtung des englischen Verfahrens und sucht zu zeigen, wie in diesem die Geschworenen einestheils die gesetzlichen Voraussetzungen der Schuld des Angeklagten festzustellen berufen werden, und wie sie andererseits an die concreten Umstände des vorliegenden Falles bei ihrem Schuldurtheil gebunden sind. Sie geht sodann über zu dem französischen Verfahren und erörtert die Mißstände und Widersprüche, zu welchen die in demselben fast durchweg herrschende mangelhafte oder verkehrte Auffassung von dem Verhältnisse zwischen dem factischen und dem gesetzlichen Thatbestande des Verbrechens geführt hat. Sie wendet sich sodann in ihrem Haupttheil zu einer ausführlichen Besprechung der deutschen Gesetze und unternimmt es, mit besonderer Bezugnahme auf die preußische Praxis, zu zeigen

1) daß nach den deutschen Strafproceßgesetzen die Geschworenen über die gesetzlichen Merkmale des Verbrechens, um das es sich handelt, gefragt werden müssen, und daß jede Beschränkung der Geschworenen auf concrete Thatsachen ungesetzlich ist,
2) daß nach den deutschen Gesetzen ebenso wenig eine unumschränkte Competenz der Geschworenen zur Feststellung der gesetzlichen Merkmale begründet ist, daß die Geschworenen vielmehr nach der Subsumtion der concreten That (soweit eine solche wirklich concret vorliegt) unter die gesetzlichen Voraussetzungen zu fragen sind.

Ebenfalls berücksichtigt werden die Folgerungen, die sich aus diesen beiden Sätzen für die Behandlung einer Anklageänderung in der Fragestellung, für die

Stellung besonderer Fragen, auf Schuldausschließungsgründe, für das Verhältniß des Urtheils zum Verdict und die Anfechtbarkeit der Entscheidung der Rechtsfrage in der Nichtigkeitsinstanz, endlich für die Gleichstellung von Verdict und Geständniß*) ergeben.

Möchte die Arbeit dazu beitragen, die hier in Betracht kommenden richtigen Grundsätze aufzuklären und zu befestigen, und so an ihrer Stelle mitwirken zu der Lösung der Aufgabe, das Institut der Geschworenen auf deutschem Boden zu dem Grade der Ausbildung zu führen, dessen es fähig ist. Zu diesem letzteren Zwecke thätig zu werden erscheint dem Verfasser ersprießlicher als die vielen immer von Neuem wiederholten Raisonnements über die Vortrefflichkeit oder Verwerflichkeit des Geschworneninstitutes im Allgemeinen.

---

*) In Betreff dieses letzteren Punktes sei hier jetzt noch die Abhandlung von Sundelin erwähnt „Die Beweiskraft des Geständnisses u. s. w. in Goltdammers Archiv für preußisches Strafrecht Bd. VIII S. 54—64, in welcher vollkommen richtig auseinander gesetzt wird, daß die Geschworenen nach dem gesetzlichen Thatbestande des Verbrechens zu fragen sind, dieser gesetzliche Thatbestand aber nicht durch Geständniß des Angeklagten festgestellt werden kann.

Inhaltsverzeichniß.

I. Die Schuldfrage im englischen Geschworenengericht.

Berichtigungen.

S. 13, Anm. 1, Zeile 2 statt S. 474 ff. lies S. 454 ff.
„ 16, Z. 3 statt seiner lies seine.
„ 17, Anm. 1, Z. 1 statt und lies and.
„ 23, Anm. 1 statt Anhang Nr. VI lies Anhang III Nr. 6.
„ 26, Anm. 1, Z. 5 statt 26 lies 22.
„ 44, Anm. 2 statt Mittermaier, Gesetzgebung und Rechtsübung S. 498 lies Mittermaier, das englische, schottische u. s. w. Strafverfahren S. 498.
„ 72, Z. 6 statt criminel lies criminelle.
„ 168 ist das unter N. von Waldeck Gesagte dahin zu berichtigen, daß das waldeckische Gesetz vom 14. Juni 1850 zwar im Ganzen der preußischen Verordnung von 1849 sich anschließt, im §. 110 jedoch, der von der Fragestellung handelt, dem §. 140 der braunschweigschen St.-P.-O von 1849 folgt (mit Weglassung der Bestimmung über das Specialverdict).
„ 173, Anm. 2 ist die Schlußklammer in Zeile 5 an das Ende von Z. 6 zu verlegen.
„ 238, Anm. Z. 8 ist hinter „unten" einzuschalten „S. 244 ff."
„ 273, Z. 19 statt von 1853 lies vom 5. December 1853.

I. Die Schuldfrage im englischen Geschworenengericht.

1. Einleitung.

Im altgermanischen Strafverfahren hing der Ausgang des einzelnen Processes davon ab, ob die Behauptung des Klägers, daß der Beklagte ihm in der in der Klage näher angegebenen Weise strafrechtlich verantwortlich geworden sei, vom Beklagten durch die rechtlich vorgeschriebenen Mittel zurückgewiesen oder ihre Richtigkeit vom Kläger erwiesen wurde. Die Behauptung des Klägers ging dahin, daß der Gegner ihm diesen Diebstahl, diese Körperverletzung u. s. w. zugefügt habe. Sie konnte entweder die That, um die es sich handelte, genau und speciell angeben oder auch nur im Allgemeinen die Handlung des Beklagten mit der herkömmlichen Verbrechensbezeichnung benennen. Regelmäßig wird sich der Kläger begnügt haben, durch die Erwähnung specieller Orts- und Zeitverhältnisse und etwa des Objects des Verbrechens die specielle That des Angeklagten zu charakterisiren; im Uebrigen aber wird seine Behauptung auf die Verübung eines „Diebstahls“ u. s. w. gerichtet gewesen sein. Ueber diese Behauptung entschied das Ergebniß der gebrauchten Beweismittel **uno actu**. Das Urtheil des Gerichtes, welches die Beweisführung anordnete, knüpfte an die Behauptung des Klägers meist unmittelbar die rechtlichen Folgen an und sprach aus, welche Leistung im Falle des Unterliegens der Beklagte zu erfüllen habe. Zu einem solchen Urtheil und zur Beweisführung kam es natürlich nur dann, wenn das Gericht in dem vom Kläger Behaupteten einen strafbaren Thatbestand erblickte. Dies war aber aus zwei Gründen nur in sehr beschränkter Weise eine Subsumtion concreter Thatsachen unter allgemeine rechtliche Normen. Einmal nämlich war die Rechtsanwendung von der Rechtssetzung noch wenig unterschieden, so daß man oft eine rechtliche Folge an eine gewisse Handlung knüpfte, nur weil gerade diese Handlung eine solche zu verdienen schien, nicht aber, weil man sie in bewußter Rechtsanwendung unter etwas Allgemeines, dessen Strafbarkeit feststand, subsumirte. Sodann aber ging, wie schon angedeutet, die Behauptung des Klägers sehr häufig nicht auf eine individuell bezeichnete That, sondern sprach allgemein aus, daß der Beklagte ihm dies oder jenes nach entschiedenem Rechtsgrundsatz als strafwürdig angesehene Uebel zugefügt habe. Im letztern Falle war es eigentlich der Kläger selbst, welcher das bestimmte ihm zugefügte Leid unter die Rechtsnorm unterordnete.

Von dem Beweise kann man nun sagen, daß er allerdings in den Fällen, in denen die Klage auf eine ganz bestimmte einzelne That gerichtet war, bloße Thatsachen constatirte, daß er aber überall da, wo die Behauptung des Klägers der allgemeinen Form einer rechtlichen Verbrechensbezeichnung sich bediente, zugleich die einzelne Handlung unter diese Norm subsumirte. Zu dieser letzteren Funktion war er fähig durch seine formelle Natur. Da es ein äußerer Erfolg war, so gut bei dem Eide mit Eideshelfern, wie bei dem Zweikampf und den übrigen Gottesurtheilen, der zwischen dem Kläger und dem Beklagten entschied, so konnte von ihm recht wohl mehr als die gerichtliche Wahrheit einer Thatsache, nämlich auch die rechtliche Verantwortlichkeit des Beklagten abhängen.

Als nun in England die Jury als ein Glied des strafrechtlichen Verfahrens auftauchte, traten die Geschworenen zunächst ganz an die Stelle jener alten Beweismittel. Nicht mehr der äußerliche Vorgang des Zweikampfs und der Gottesurtheile, nicht mehr das in den Eidhelfern sich darstellende politische und sociale Gewicht des Einzelnen sollte fortan über Schuld oder Unschuld entscheiden, sondern das vernünftige Urtheil von Männern aus der Gemeinde sollte die Wahrheit oder Unwahrheit der Behauptung des Klägers prüfen.

Frägt man nun, wie weit die Geschworenen der ersten Zeit über die wirkliche strafrechtliche Schuld des Angeklagten zu entscheiden hatten, so ergiebt sich die Antwort aus dem oben Gesagten. Sie hatten nur in seltenen Fällen über rein concrete Umstände, in der Mehrzahl der Fälle vielmehr über eine im Sinne des Rechts strafbare That (Diebstahl, Körperverletzung u. s. w.), oder doch nicht nur über concrete Umstände, sondern auch über einzelne daneben in allgemeiner Form angeführte Merkmale zu urtheilen. Die Geschworenen mußten also, wenn sie entscheiden sollten, ob der Kläger mit seiner Behauptung im Rechte sei, nicht nur prüfen, was der Beklagte wirklich gethan, sondern in vielen Fällen auch, ob darin der vom Kläger behauptete allgemein strafbare Thatbestand gefunden werden könne. In dieser letzteren Prufung aber übten sie, bewußt oder unbewußt, eine Art Rechtsanwendung aus. Mochte das Recht noch so wenig fixirt sein, mochte insbesondere die subjective Seite der Verschuldung noch wenig oder gar nicht berücksichtigt werden, so waren es dennoch rechtliche Gesichtspunkte, die in vielen Fällen für den Spruch der Geschworenen entscheidend sein mußten. Man kann allerdings sagen, daß besonders deshalb, weil es damals noch mehr auf die äußere That, als auf den schuldhaften Willen ankam, die Entscheidung der Geschworenen in jener frühen Zeit wenig Schwierigkeiten gehabt habe. Man darf aber nicht aus dem erst späteren Eintritt der Berücksichtigung der subjectiven Schuld in die allgemeine Schuldfrage den Schluß ziehen, daß die Geschworenen vorher nur über nackte Thatsachen zu entscheiden gehabt hätten. Wenn auch zufällige Körperverletzung vielleicht noch nicht unterschieden wurde von absichtlicher und fahrlässiger, so hatten doch die Geschworenen jedenfalls zu erwägen, ob, wenn der Kläger eine Körperverletzung behauptete, sie aber in Erfahrung gebracht hatten, daß eine Quetschung vorliege, nach dem Rechte Quetschung eine Körperverletzung sei oder nicht.

Als die Berücksichtigung der subjectiven Schuld allmählich aus einer Gnadensache[1]) Rechtens geworden war, dauerte es freilich noch lange Zeit, bis sie zu einem wirklichen Theile der Competenz der Jury sich gestaltete. Vielmehr legten die Richter außer der Hauptfrage „an culpabilis sit de eo, quod ei imponitur" den Geschworenen besondere Fragen z. B. darauf vor, „ob der Angeklagte mit boshafter Absicht getödtet habe" [2]). Wenn dann die Jury antwortete: „Nein, nur um sein Leben zu retten", und darauf der Richter freisprach, so war hier allerdings eine der bei der Entscheidung der Schuldfrage zu beantwortenden Rechtsfragen, nämlich die nach dem rechtlichen Einfluß des Zustandes der Nothwehr (oder des Nothstandes), nicht durch die Geschworenen, sondern durch den Richter entschieden, und das vorliegende Verdict unterscheidet sich nur dadurch von einem Specialverdict [3]), daß es dem letzteren wesentlich ist, nur auf eigene Wahl der Geschworenen einzutreten.

So lange es den Geschworenen noch selber überlassen war, sich das Material zur Begründung ihres Urtheils zu verschaffen, hatten sie noch mehr den Character von Zeugen. Darum war es natürlich, daß die Richter sie nach mancherlei Einzelheiten[4]) fragten. Nachdem aber damit angefangen war,

1) S. Biener, das englische Geschworenengericht. Leipzig 1852. Band I. S. 119 und 227, denselben im Archiv des Criminalrechts 1849 S. 91.

2) S. Biener, das engl. Geschworenengericht. Bd. I. S. 122 ff.

3) S. unten Abtheilung I, 2, d.

4) S. Biener a. a. O. Bd. I. S. 166.

vor Gericht ihnen Beweise vorzulegen, nach deren Ergebniß sie zu urtheilen hätten, verloren diese Fragen ihre Veranlassung, und es bildete sich der Beruf der Geschworenen immer mehr zu einem richterlichen heran. Sie hatten die vorgelegten Beweise zu prüfen, und gemäß dieser Prüfung über die Behauptung des Anklägers zu entscheiden.

Da nun aber das Strafrecht allmählich durch die Gesetzgebung weiter entwickelt und auch die Grundsätze des Gewohnheitsrechts reicher und bestimmter wurden, konnte man sich nicht länger verbergen, daß die Geschworenen oft wichtige Rechtsfragen zu entscheiden hätten. Der Kläger war mit seiner Behauptung, der Gegner habe dieses oder jenes Verbrechen begangen, zugelassen. Diese Behauptung enthielt sehr oft nur die Anführung eines Verbrechens seinem allgemeinen Namen nach unter Hinzufügung einiger individueller Umstände, unter denen es begangen sein sollte. Es war nun die Aufgabe der Geschworenen, über diese Behauptung ihr „schuldig" oder „nichtschuldig" zu sprechen. Wenn also der Kläger einen Mord an dieser Person, einen Diebstahl an dieser Sache behauptete, so mußten die Geschworenen Kenntniß davon haben, was im rechtlichen Sinne zum Thatbestande eines Mordes, eines Diebstahls u. s. w. gehöre, um sich darüber aussprechen zu können, ob der Beklagte schuldig oder nichtschuldig sei. Daher fing man an, das Recht und die Pflicht des Richters, den Geschworenen eine Rechtsbelehrung zu ertheilen, immer stärker hervorzuheben. Abgesehen davon, daß sich allmählich Regeln über die Zulässigkeit und das Gewicht gewisser Beweise ausbildeten, und daß es Sache des Richters wurde, die Geschworenen mit diesen Regeln bekannt zu machen, wurde es nun ein Hauptpunkt seiner Aufgabe, die Geschworenen zu belehren über den gesetzlichen Thatbestand eines solchen Verbrechens, wie es dem Angeklagten vorgeworfen wurde. Den Geschworenen wurde es zur strengen Pflicht gemacht, dieser Rechtsbelehrung zu folgen. Es wurde sogar Sitte, die Geschworenen in Buße und Strafe zu nehmen, wenn sie ihr zuwider handelten. Aus der vollkommen in der Natur der Sache begründeten Einrichtung, daß die einschlagenden rechtlichen Bestimmungen den Geschworenen durch den Richter zur Kenntniß gebracht werden sollten, erwuchs allmählich auf Seiten der Richter der Anspruch, die Geschworenen unbedingt an ihre Meinung zu binden. Es ging ihr Streben darauf hinaus, die Geschworenen so viel wie möglich auf die Constatirung faktischer Umstände zu beschränken, deren rechtliche Würdigung aber selbst vollständig in die Hand zu nehmen. Hierbei muß es nun alle diejenigen, welche sich in neuerer Zeit so eifrig für die Beschränkung der Geschworenen auf Entscheidung rein factischer Umstände ausgesprochen haben, in hohem Grade wundern, daß es trotz jener Tendenz der englischen Richter in England bei der Generalfrage nach der Schuld des Angeklagten blieb. Der inquisitorische Geist, der auf dem Continent zur Beseitigung des volksthümlichen Elements in der Strafrechtspflege führte, drohte auch in England die Jury allmählich zu annulliren. Wenn als Kern des Instituts der Jury angesehen werden muß, daß **über die Schuld des Angeklagten vor dem Gesetz** nicht von rechtsgelehrten angestellten Richtern, sondern unter der Leitung dieser von jedes Mal besonders aus dem Kreise der Staatsbürger berufenen nichtrechtsgelehrten Männern geurtheilt werde, so war es jedenfalls nicht dieser Gedanke, welcher es im englischen Geschworenengericht jener Zeit bei der allgemeinen Frage nach der Schuld beließ. Es war vielmehr die **Unmöglichkeit der Trennung der That von der Rechtsfrage**, welche dies bewirkte. Weil die Anklage — das indictment — nur zum kleineren Theil die Behauptung individueller und nicht mit Ausdrücken der Rechtssprache sondern denen des gewöhnlichen Verkehrs bezeichneter Umstände der That enthielt, im Uebrigen aber dem Angeklagten ein Verbrechen im Sinne des **Gesetzes** oder **Gewohnheitsrechtes** vorwarf, deßhalb konnte es sich in England, wenn man überhaupt die Jury beibehielt, nicht darum handeln, die Geschworenen nach einer Reihe sogenannter concreter Umstände und nicht im Allgemeinen nach der Schuld des Angeklagten zu fragen, sondern nur darum, ob bei der Abgabe jenes allgemeinen Schuldurtheils die Geschworenen an die Rechtsansicht des vorsitzenden Richters gebunden sein sollten.

Es war durchaus der Natur der Sache angemessen, wenn sich in England als Grundsatz des common law feststellte, daß die Geschworenen über die quaestiones facti, die Richter die quaestiones juris entscheiden sollten. Aber ebenso angemessen war es, daß man nicht eine Theilung der Geschäfte in diesem Sinne vornahm. Der Sinn jenes Grundsatzes konnte nur der sein: bei Entscheidung der Schuldfrage folgen die Geschworenen in Betreff aller rechtlichen Erwägungen der Anleitung durch den Richter.

Dieses Verhältniß hat man als ein in sich widerspruchsvolles angesehen. So sagt Biener[1]): „daß die Geschworenen gegen das bestehende und ihnen dargelegte Recht sprechen können, begründet einen innern, bis auf die neueste Zeit noch nicht gelösten Widerspruch in dem englischen Recht.“ „In der alten Zeit schrieben ihnen die Justitiarien das Recht ohne viele Umstände vor; in der neueren Zeit seit Einführung des Beweises belehren die Justitiarien über die Regeln der Evidenz und über den rechtlichen Begriff des Verbrechens. Denn de facto judicant juratores, de jure judices. Wenn aber dennoch die Geschworenen das Recht aus den Augen setzen, so giebt es keine Hülfe gegen das rechtsverletzende Verdict, keine Bestrafung für die Geschworenen. Hier ist also ein Widerspruch zwischen zwei Sätzen des common law. Nach dem einen sprechen die Geschworenen über das Recht, nach dem andern soll das Recht durch die Richter gewiesen werden.“

1) Das englische Geschworenengericht. I. S. 219.

Im Hintergrunde liegt der Gedanke, daß, wenn doch einmal der Richter es sei, dem die Entscheidung über das Recht zukomme, dann das einzig Richtige und Consequente sei, eine vollständige Trennung der That- und der Rechtsfrage vorzunehmen und jene den Geschworenen, diese aber ausschließlich den Richtern zuzuweisen. That- und Rechtsfrage lassen sich aber nicht trennen; es hängt durchaus vom Zufall ab, ob bei der Entscheidung über die Schuld des Angeklagten ein concreter Umstand vorliegt, oder das betreffende gesetzliche Merkmal selbst, dessen Vorhandensein sich sehr häufig aus allerhand Indicien recht wohl constatiren läßt, ohne daß ein bestimmter individueller Sachverhalt sich ergeben hat, aus dem jenes Merkmal durch einfache Schlußfolgerung gewonnen werden könnte. Weil dies aber vom Zufall abhängt und weil das Verhältniß des thatsächlichen und gesetzlichen Thatbestandes in jedem Processe ein verschiedenes ist, so ist es, sobald überhaupt einmal Geschworene existieren, das allein Consequente, keinen Unterschied in den Bestandtheilen der Schuldfrage zu machen, sondern den Geschworenen das ganze Urtheil über die Schuld zu lassen. Da es aber nicht die Willkür und das subjective Belieben der Geschworenen sein kann, welches die Norm für die Beurtheilung der That des Angeklagten bildet, sondern über den Angeklagten geurtheilt werden soll nach dem Rechte des Landes, so muß den Geschworenen das Recht dargelegt werden; der Richter muß sie über das Recht belehren, und dieses Recht sind sie nach bestem Wissen und Gewissen anzuwenden schuldig. Hierin liegt kein Widerspruch. Sobald man auf das Strengste die Pflicht der Geschworenen betont, das Recht, wie sie es nach der Belehrung durch den Richter als positiv geltendes Recht erkennen, als unbedingte Norm ihrer Entscheidung festzuhalten, sobald man aber auf der anderen Seite erkennt, daß die Geschworenen nicht dieser oder jener speciellen Anweisung des Richters zur Entscheidung einer einzelnen Frage der Rechtsanwendung, sondern daß sie nur seiner Belehrung über das, was Rechtens ist, zu folgen verpflichtet sind, ist das Verhältniß zwischen Geschworenen und Richter ein vollkommen klares. Die Geschworenen verhalten sich dann in Betreff aller Rechtsfragen zum Richter genau so, wie dieser sich zu den gelehrten Hülfsmitteln seiner Rechtskenntniß verhält, und man kann dann allerdings darüber verschiedener Ansicht sein, ob die gelehrte Erkenntniß des rechtsgelehrten Richters unmittelbar [1]) zur Geltung kommen soll, oder vielmehr diejenige Auffassung des Rechts und seines inneren Zusammenhanges, wie sie Laien vermittelt werden kann, aber von einem Widerspruche in dieser Einrichtung kann nicht die Rede sein.

Es war am Ende des vorigen Jahrhunderts, daß in England lebhafter Streit über die Stellung der Geschworenen zu den Richtern entbrannte.[2]). Veranlassung gaben zwei Libelprocesse (aus den Jahren 1770 und 1784), in welchen die Richter die Geschworenen angewiesen hatten, allein die Thatsache der Veröffentlichung der betreffenden Schriftstücke in Erwägung zu ziehen, indem dadurch die thatsächliche Grundlage der Anklage vollständig festgestellt werde und alles Weitere eine reine Rechtsfrage und darum der Competenz der Geschworenen entrückt sei. Es war natürlich, daß der streitige Punkt gerade bei demjenigen Verbrechen zur Sprache kam, bei welchem der factische Thatbestand der Anklage scheinbar gänzlich von dem gesetzlichen Thatbestande des Verbrechens getrennt vorliegt. Hier producirt der Ankläger dem Gerichte den Wortlaut der fraglichen Schrift, und es scheint sich um nichts weiter zu handeln, als um die Thatsache der Veröffent-

---

1) wo dann bei der Unmöglichkeit der Trennung der That- und Rechtsfrage von einem besondern Organe für die Entscheidung der ersteren nicht mehr die Rede sein könnte.

2) S. Mittermaier, Gesetzgebung und Rechtsübung über Strafverfahren. Erlangen 1856. S. 520. Sehr ausführlich hierüber: Forsyth, history of trial by jury. London 1852. p. 267 ff.

lichung durch den Angeklagten; über diesen einen Punkt müßten sich nur noch die Geschworenen erklären, alles Uebrige sei Sache der Rechtsanwendung. Gegen diese Auffassung wurde zunächst mit Recht geltend gemacht [1]), daß auf diese Umstände allein (diese Schrift und der Angeklagte ihr Urheber oder Herausgeber) der Richter niemals wagen dürfe eine Verurtheilung zu bauen; daß zu einer jeden solchen Verurtheilung es nöthig sei, noch andere Punkte festzustellen, nämlich die Absicht, in der die Schrift veröffentlicht wurde, und die Umstände, unter denen dies geschah. Wenn hiergegen replicirt wurde [2]), auf die besondere Feststellung der Absicht komme es nicht an, diese liege unmittelbar selbst in den incriminirten Stellen vor, so beruhte dies auf dem bekannten Irrthum in Betreff der Feststellung des dolus. Es ist übrigens eine thatsächliche Feststellung, wenn aus gewissen äußeren Thatsachen eine innere Willensthatsache gefolgert wird; eine eigentliche Rechtsfrage liegt nur dann vor, wenn eine bestimmte concrete Absicht als eine solche festgestellt werden soll, wie sie das Gesetz zu einem gewissen Verbrechen verlangt. Daß es zugleich auf die Umstände ankomme, unter denen die Veröffentlichung geschah, ist durchaus richtig. Es können, wenn auch erwiesen ist, daß der Angeklagte die Schrift veröffentlichte, immer noch Thatsachen vorliegen, welche die Handlung straflos machen, oder Thatsachen fehlen, welche zur Strafbarkeit erfordert werden. Es kann z. B. die angeblich geschmähte Person gar nicht existieren und vielleicht niemals existiert haben. Es können ferner solche Umstände vorhanden sein, welche aus Gründen des allgemeinen Verbrechens-Thatbestandes die Schuld ausschließen (Unzurechnungsfähigkeit u. s. w.) Es wird also stets eine unverzeihliche Voreiligkeit sein, auf jene nackten Thatsachen allein eine Verurtheilung zu gründen. Bevor eine

1) Vgl. **Forsyth**, history of trial by jury p. 273.

2) S. **Forsyth** a. a. O. p. 275.

Verurtheilung eintreten kann, muß auch darüber geurtheilt werden, ob nicht einer von diesen andern Umständen vorliegt. Dies aber ist ein Urtheil über Thatsachen. Der Richter also, welcher sich diese Entscheidung anmaßt, schließt nicht bloß die Geschworenen von einer Rechtsfrage aus, sondern er reißt sogar einen Theil des Gebietes an sich, welches ihnen unbestritten zukommt, nämlich einen Theil der Entscheidung der Thatfrage. Jene Behauptung, daß die Geschworenen in Libelprocessen nichts weiter festzustellen hätten als die Veröffentlichung der Schrift durch den Angeklagten, ist also entschieden irrig.

Die eigentliche Streitfrage aber betraf den Punkt, ob die Geschworenen nur die thatsächliche Unterlage für die Rechtsanwendung zu liefern hätten oder ob sie selbst über die wirkliche Schuld des Angeklagten urtheilen sollten, ob sie also in Libelprocessen ein Urtheil darüber abzugeben hätten, ob die **publication „false and malicious"** sei, und ob sie ihr **„not guilty"** auch darauf gründen dürften, daß sie in dem fraglichen Wortlaut objectiv keine solchen verletzenden Ausdrücke fanden, wie sie das Gesetz zu einem Libel verlangt. Die Entscheidung dieser Frage hing davon ab, ob man als Beruf der Jury anerkannte, daß sie über die Anwendbarkeit der gesetzlichen Bestimmungen auf die That des Angeklagten urtheilen sollte, oder ob man sie, so viel wie möglich, auf die Constatierung dieser einzelnen That beschränkte.

Die Libelakte von 1792, welche Fox zur Entscheidung der Streitigkeiten in der Praxis durchsetzte, deklarirte als bestehendes Recht Folgendes [1]):

> **„that the jury may give a general verdict of guilty or not guilty upon the whole matter in issue upon the indictment or information and shall not be required or directed by the court or judge be-**

1) Nach der Inhaltsangabe bei **Forsyth** a. a. O. S. 278 f.

fore whom it shall be tried to find the defendant guilty, merely on the proof of the publication of the paper charged to be a libel, and of the sense ascribed to the same in the indictment or information. Provided that on every such trial the cour or judge before whom it shall be tried, shall according to their discretion, give their opinion and direction to the jury on the matter in issue, in like manner as in other criminal cases. Provided also that nothing therein contained shall prevent the jury from finding a special verdict in their discretion, as in other criminal cases. Provided also that in case the jury shall find the defendant guilty, he may move an arrest of judgment, on such ground and in such manner as by law he might have done before the passing of the act."

Hierin ist allerdings nicht ausdrücklich ausgesprochen, daß der Jury das Urtheil über die Anwendbarkeit der gesetzlichen Voraussetzungen der Schuld auf die That des Angeklagten gebührt; nichts desto weniger kann das Gesetz keinen andern Sinn haben. Wenn es jene Streitfrage, in der es sich gerade um diese Befugniß der Jury handelte, damit entscheidet, daß es der Jury den allgemeinen Schuldspruch über die ganze zur Verhandlung kommende Sache wahrt, wenn es ferner den Angeklagten, im Falle er von der Jury schuldig gesprochen werden sollte, auf die Geltendmachung eines Widerspruchs zwischen That und Recht in der Anklage und im Verdict (durch motion in arrest of judgment) hinweist, so liegt darin auf das Klarste die Anerkenntniß, daß die Jury die Subsumtion der concreten Thatsachen unter die gesetzlichen Merkmale vorzunehmen habe.

So haben also die englischen Geschwornen stets darüber zu entscheiden, ob die betreffende entwendete Sache im Sinne des Rechts eine „fremde" war, ob die Handlungsweise des Angeklagten ein „Einsteigen," ob das vorliegende Papier ein

„Wechsel" sei, ob die fraglichen Ausdrücke objektiv den Charakter eines „libel" begründen. Alles aber unter der Voraussetzung der Rechtsbelehrung durch den Richter. Das Recht, welches sie durch den letzteren als positiv geltendes Recht kennen lernen, sind sie, ohne Rücksicht ob es ihnen zweckmäßig erscheint oder nicht, anzuwenden eidlich verpflichtet [1]).

2. Das Verhältniß von That und Recht in den Hauptstadien des englischen Processes.

a. Das indictment [2]).

Das englische indictment enthält die Behauptung, daß der Angeklagte ein bestimmtes Verbrechen begangen habe, d. h. daß er diese concrete That verübt, und daß darin ein Verbrechen enthalten sei. Es ist jedoch ein Irrthum, wenn man meint, diese beiden Theile fielen gänzlich aus einander. Das indictment stellt vielmehr eine eigenthümliche Verbindung von individuellen Umständen und gesetzlichen Verbrechensmerkmalen dar. — In der Uebersetzung von Stephens Handbuch des englischen Strafrechts und Strafverfahrens durch Mühry wird als Anhang III. Nr. 1 folgendes indictment mitgetheilt:

> „Centralcriminalgericht, wie folgt: Die Geschworenen für unsre Herrin, die Königin, zeigen auf ihren Eid an (present), daß N. N. aus dem Kirchspiele B. in der Grafschaft M., ein Arbeitsmann, am 3ten Mai in dem ersten Jahre der Regierung unserer Herrscherin Victoria, mit Gewalt und Waffen, in dem erwähnten Kirchspiele in der erwähnten Grafschaft, und innerhalb der Gerichtsbarkeit des Centralcriminalgerichts, mittels eines felony (feloniously), ungesetzmäßig und böslich (maliciously) an ein gewisses

1) Vgl. Forsyth, a. a. O. S. 280 ff. Mittermaier, das englische, schottische und nordamerikanische Strafverfahren. S. 474 ff.

2) Es sei gestattet, unter „indictment" auch information und presentment mit zu begreifen, also alle Arten der Anklage.

dort gelegenes Wohnhaus des J. B., in der Absicht, dadurch, zu jener Zeit und an jenem Orte, dem genannten J. B. Schaden zuzufügen, Feuer gelegt hat, gegen die Ordnung des für einen solchen Fall gemachten und festgesetzten Statutes, und gegen den Frieden unsrer Herrin, der Königin, ihre Krone und Würde."

Rüttimann, über die englische Strafrechtspflege, Zürich 1837, benutzt auf S. 57 ein anderes **indictment**:

„Middlesex, zu wissen sei: Die Geschworenen für den König erklären bei ihrem Eid, daß J. S. aus der Pfarre B. in der Grafschaft M. am 3ten Mai 1835 in der genannten Gemeinde und Grafschaft drei Paar Schuhe im Werthe von 12 Schillingen und ein Hemd im Werthe von 4 Schillingen, Eigenthum eines gewissen J. W., verbrecherisch (**feloniously**) gestohlen, genommen und weggetragen hat; entgegen dem Frieden des Königs, seiner Krone und Würde [1]).

Sowohl in dem ersten wie in dem zweiten sind bei Weitem nicht alle Merkmale der dem Angeklagten schuldgegebenen That durch concrete Umstände vertreten. Es werden zwar vielerlei, und nach einer gewissen englischen Sonderbarkeit sogar manche uns höchst überflüssig erscheinende individuelle Umstände der That aufgezählt; nichts destoweniger werden in dem ersten Beispiele die gesetzlichen Requisite „Wohnhaus" und „Feuer legen", „**feloniously**" und „**maliciously**", in dem zweiten ebenso „**feloniously**", ferner „gestohlen, genommen und weggetragen" durchaus nur auf diese allgemeine Weise (durch Behauptung der gesetzlichen Merkmale selbst) bezeichnet. Bei einer näheren Prüfung beider ergiebt sich, daß eines wie das andere zusammengesetzt ist theils aus concreten, individuellen Umständen, theils aus gesetzlichen Merkmalen des betreffenden Verbrechens.

---

1) Vergleiche die bei Mittermaier, das englische, schottische u. s. w. Strafverfahren. S. 250. Anm. 13 und bei Glaser, das englisch-schottische Strafverfahren. S. 93 mitgetheilten Beispiele.

Dies ist keine Eigenthümlichkeit der englischen Anklage, sondern die Natur der Anklage überhaupt. Dieser wird es immer nur annähernd möglich sein, das Verbrechen concret zu bezeichnen. Allerdings verwirklicht jede einzelne verbrecherische That die allgemeine Norm des Gesetzes in individueller Art. Es wird aber immer erst einer sehr umfassenden und sorgfältigen Nachforschung bedürfen, um auch nur einen Theil der gesetzlichen Merkmale durch entsprechende concrete Umstände vertreten zu finden. Bei einigen wird es vielleicht mitunter gar nicht möglich sein. So werden sich die Merkmale der subjectiven Verschuldung meist einer näheren Erforschung entziehen. Am Wenigsten wird die Anklage, welche erst die Verhandlung der Sache eröffnet, hierzu im Stande seyn. Unzählige Male wird es vorkommen, daß man mit großer Bestimmtheit den Verdacht aussprechen kann, daß dieses oder jenes gesetzliche Merkmal eines Verbrechens vorliegt; ohne daß man eine concrete Erscheinungsform desselben anzugeben vermöchte. So kann der gewichtigste Grund vorhanden sein zu der Vermuthung, daß der Angeklagte in „gewinnsüchtiger Absicht" gehandelt habe, ohne daß man mit Gewißheit behaupten kann, welchen Gewinn er sich habe verschaffen wollen. So kann der Verdacht vollkommen begründet sein, daß der Angeklagte eine gewisse Sache „entwendet" habe, ohne daß sich irgendwie die nähere Art und Weise der Entwendungsthätigkeit des Angeklagten aufstellen läßt, welche sich als „Entwendung" im Sinne des Gesetzes qualificiren würde.

Es ist ein Recht der Anklage, nur so viel concrete Umstände des Verbrechens angeben zu brauchen, als zur Individualisirung des Falles nöthig ist, die übrigen Merkmale aber in gesetzlicher Allgemeinheit aussprechen zu dürfen. Nur dadurch wird eine Anklage überhaupt möglich. Der Ankläger läuft Gefahr, mit seiner Behauptung abgewiesen zu werden, sobald er mehr concrete Umstände der That aufstellt, als er vollständig sicher ist beweisen zu können. Es muß ihm daher freistehen, solche gesetzliche Merkmale, für die er nicht mit voller Bestimmtheit individuelle Thatsachen des einzelnen Falles behaupten kann, unmittelbar selbst in seiner Anklage aufzunehmen. Was er dann im Laufe des Processes an concretem Material zur Durchführung seiner Behauptung beibringt, dient als Beweis für das Vorhandensein jener Merkmale.

Außer diesen mitunter zahlreichen Merkmalen des gesetzlichen Thatbestandes eines Verbrechens, enthält ferner jede Anklage noch ein anderes Element, welches sie ganz entschieden dem Boden concreter Thatsachen enthebt. Dies sind die Erfordernisse des allgemeinen Thatbestandes. Jede Anklage schließt die Behauptung in sich, daß keine Mängel des allgemeinen Thatbestandes vorliegen, welche die Schuld des Angeklagten ausschließen könnten, daß er also nicht in einem Zustande der Zurechnungsunfähigkeit, der Nothwehr u. s. w. gehandelt habe. Dies sind nicht etwa Umstände, welche als eigentliche Exceptionen von der Vertheidigung geltend zu machen wären, sondern ihre Berücksichtigung ist von selbst in der Behauptung der Schuld des Angeklagten, also in der Anklage enthalten. Wem daher das Urtheil darüber zusteht, ob die Behauptungen der Anklage begründet sind, oder nicht, d. h. im Geschworenengericht die Geschworenen, der hat damit die Verpflichtung, sich mit den Erfordernissen des allgemeinen Thatbestandes der Verbrechen bekannt zu machen und mit Rücksicht auf diesen die Anklage zu prüfen. —

Das englische indictment hat von jeher diesen Charakter an sich getragen. Es hat concrete Umstände aufgeführt — hierin ist es in Betreff einzelner Punkte sogar äußerst streng und ängstlich gewesen, indem es z. B. die genaue Angabe des Werthes des Instruments, mit welchem eine Tödtung verursacht war, verlangte[1]) —, aber niemals hat man an dasselbe

1) Ferner Angabe der Länge und Tiefe der Wunden u. A. m. Vergl. Stephen=Mühry a. a. O. S. 436; Mittermaier in der

den unnatürlichen Anspruch erhoben, daß es jede seiner Behauptungen in concreter Form aufstelle, sondern man hat sich, mit Ausnahme einzelner Umstände, welche in individueller Gestalt verlangt wurden, sogar mit der Behauptung begnügt, der Angeklagte habe Mord verübt, Diebstahl begangen u.s.w.

In der Bezeichnung der gesetzlichen Merkmale, soweit sie in das indictment aufgenommen werden, ist die englische Praxis allerdings bis auf den heutigen Tag sehr formalistisch gewesen. Gewisse althergebrachte, zum Theil ganz unverständlich gewordene Ausdrücke vertreten auch jetzt noch die Stelle mancher wichtigen gesetzlichen Erfordernisse dieses oder jenes Verbrechens [1]). Dies hängt mit der mangelhaften gesetzlichen Entwicklung des englischen Rechtes zusammen. Anstatt die einzelnen Verbrechen auf dem Wege der Gesetzgebung genau zu definiren, überließ man den Thatbestand vieler Verbrechen ganz dem Gewohnheitsrecht und der Praxis, und auch die einzelnen statutarischen Bestimmungen, welche auf dem Gebiete des Strafrechts erlassen wurden, lehnten sich in der Bezeichnung der Verbrechensmerkmale an die herkömmlichen Ausdrücke an. Diese sonderten sehr oft nicht begriffsmäßig die einzelnen Requisite von einander, sondern faßten mehrere in eine Bezeichnung zusammen, und auch diese Bezeichnungen selbst wurden mit der Zeit unklar und unbestimmt, so daß sie zu bloßen Formeln und Symbolen herabsanken. Der Praxis, d. h. der richterlichen Erläuterung in den Gerichten und der lebendigen Rechtsüberzeugung der Geschwornen, blieb es überlassen, den

---

Zeitschrift f. ausländ. R. und G. Bd. 24, S. 66 ff., Bd. 23, S. 136 ff. (über das Gesetz vom 7. August 1851, durch welches viele dieser ängstlich pedantischen Vorschriften beseitigt wurden).

1) Z. B traitorously, treasonably, feloniously, feloniously und of malice aforethought, treasonably and against his allegiance, burglariously, ravished, feloniously took and carried away. S. Stephen=Mühry a a. O. S. 19. Anm. 3 und S. 435.

wahren Sinn dieser Formeln zu bewahren, anzuwenden und weiter zu entwickeln.

Wie aber auch die gesetzlichen Merkmale mochten ausgedrückt werden, das steht fest, daß die Geschworenen über viele von ihnen unmittelbar zu entscheiden berufen wurden und berufen werden.

b. Das Geständniß des Angeklagten.

In England galt von jeher das Geständniß als Zugeständniß der Anklage. Der Angeklagte unterwarf sich damit, ohne Anspruch auf Beweis, der Entscheidung des Gerichtshofes. So ist es noch heute in England Rechtens. Prüfen wir die juristische Natur dieses Geständnisses und seiner Folgen.

Gegenstand des Geständnisses ist die Anklage, d. h. der Inhalt des indictment. Dieses indictment enthält, wie wir sahen, gesetzliche und concrete Merkmale des Verbrechens, d. h. manche Merkmale nur concret, fast eben so viele nur als gesetzliche, möglicher Weise auch einzelne in concreter und allgemein gesetzlicher Form.

Wenn nun der Angeklagte alles das, was das indictment behauptet, durch sein Geständniß endgültig feststellt, so ist in dieser Feststellung dreierlei enthalten:

1. Zugeständniß der in der Anklage behaupteten concreten Verbrechensumstände, z. B. daß das fragliche Object „drei Paar Schuhe im Werthe von 12 Schillingen“ und „ein Hemd im Werthe von 4 Schillingen“ gewesen sei,

2. Erledigung der im indictment in allgemeingesetzlicher Form aufgeführten Merkmale des Verbrechens, z. B. daß er diese Sachen „feloniously gestohlen, genommen und weggetragen“ habe,

3. Zugeständniß, daß keine Mängel am allgemeinen Thatbestande vorliegen, daß er also nicht etwa im Nothstande sich befunden u. s. w.

So steht also das Geständniß des Angeklagten dem Spruche der Geschworenen im Wesentlichen gleich, und wenn man annimmt, daß der Angeklagte jene drei Punkte wirklich erledigen könne und dürfe, so ist es ganz consequent, im Falle eines solchen Geständnisses den Spruch der Geschworenen fortfallen zu lassen und sofort zur Urtheilsfällung zu schreiten. Die Ansichten über diese Gleichstellung von Verdikt und Geständniß sind sehr getheilt. Die Einen [1]) sind der Meinung, weil das Geständniß sehr wohl alles Thatsächliche erledigen könne und auch den Geschworenen nichts anderes zukäme als die Entscheidung über den thatsächlichen Theil der Schuld, sei es vollständig gerechtfertigt, im Falle eines Geständnisses das Verdikt der Geschworenen nicht mehr einzuholen. Andere dagegen [2]) behaupten, es müsse von dem Angeklagten abhängen, ob er sich vertheidigen oder ohne Weiteres der gegen ihn in Anspruch genommenen Strafe unterwerfen wolle; im letzteren Falle müsse von selbst alles weitere Verfahren unterbleiben. Gegen die erste Ansicht spricht die Thatsache, daß es unmöglich ist, die Geschworenen auf rein factische Umstände zu beschränken, daß ihnen vielmehr die Entscheidung über den gesetzlichen Thatbestand des Verbrechens zu einem überwiegenden Theile immer gelassen werden muß, daß also, wenn auf ein das Faktische vollständig erledigendes Geständniß (ein solches ist allerdings denkbar) der Richter sofort zur Rechtsan-

1) z. B. Biener, das Geschworenengericht, Bd. I. S. 363.

2) z. B. Planck, Systematische Darstellung des deutschen Strafverfahrens seit 1848, S. 339 ff., S. 358 ff., welcher sich zwar nicht entschieden und geradezu für die Einrichtung des englischen Verfahrens erklärt, jedenfalls aber sie als eine consequente Entwicklung des Anklageprincips ansieht. Mit dieser Ansicht geht er über seine eigene Definition des Anklageprincips hinaus. Daraus, daß nicht das Gericht, sondern die Parteien den Stoff der Verhandlung herbeischaffen, folgt keineswegs, daß die Parteien auch über Rechtsanwendung paciseiren können.

wendung schreiten soll, hier eine Ausnahme von der Regel eintritt und ein Anderer über die Anwendbarkeit der gesetzlichen Merkmale auf die That des Angeklagten entscheidet, als in den übrigen Fällen, nämlich der Richter, während sonst die Geschworenen [1]). Consequent wäre diese Ansicht nur dann, wenn es wirklich möglich wäre, die Geschworenen auf sog. bloße Thatsachen zu beschränken. — Die zweite Meinung gründet sich auf die Anschauung, aus welcher allerdings die englische Einrichtung hervorgegangen ist, nämlich auf diejenige Auffassung des Anklageprincips, wonach das Gericht die Strafe über den Angeklagten aussprechen müsse, sobald der Ankläger mit demselben darüber einig geworden. Ohne nun untersuchen zu wollen, wie weit der Grundsatz des Verzichts überhaupt im Strafverfahren Anwendung finden dürfe, halten wir uns an das, was wir oben als die Eigenthümlichkeit der Anklage erkannt haben. Die Anklage enthält zum großen Theil rein rechtliche Bestandtheile. Darf der Angeklagte über die Anwendbarkeit derselben auf seine That entscheiden? Sicher nicht. Ueber die Anwendung des Gesetzes auf den einzelnen Fall soll nur der Richter, oder, unter dessen Leitung, die Geschworenen entscheiden. Wenn auf das allgemeine Geständniß des Angeklagten über ihn eine Strafe verhängt wird, so bleibt es vollkommen ungewiß, ob hier die Strafe eine wirkliche Strafe ist oder nicht vielleicht nur ein Leiden, welches der Angeklagte aus Irrthum oder irgend einem andern Motive auf sich nimmt. Wenn man sagt, es sei gegen die menschliche Natur, daß Jemand, obwohl unschuldig, sich dennoch dem Anspruch auf Strafe füge, so kann dies sich nur auf das Zugeständniß gewisser faktischer Umstände beziehen; zur Feststellung solcher durch das Geständniß des Angeklagten reicht je-

---

1) S. Mittermaier, Gesetzgebung und Rechtsübung über Strafverfahren, Erlangen 1856. S. 448. Triest, in Goltdammers Archiv für preußisches Strafrecht. Bd. IV. S. 512 ff.

ner Erfahrungssatz vollkommen aus. Etwas anderes aber ist es, wenn es sich zugleich um die Beurtheilung solcher Umstände in der Rücksicht handelt, ob sie den allgemeinen Bestimmungen des Gesetzes entsprechen. — Das allgemeine Geständniß kann sich immer nur auf die Anklage beziehen; diese enthält stets zu einem bedeutenden Theile rechtliche Elemente; daher wäre ein solches Geständniß stets mehr als Zugeständniß von Thatsachen, und daher ist es ungerechtfertigt, durch dasselbe die Anklage erledigt sein zu lassen. — Das Geständniß bleibt das vorzüglichste Beweismittel, sowohl in intensiver, als in extensiver Beziehung, sowohl in Betreff der überzeugenden Kraft, wie der Menge der durch Beweis festzustellenden Punkte. Es kann aber immer nur individuelle Thatsachen, seien es nun solche, auf welche unmittelbar das gesetzliche Merkmal sich anwenden läßt, oder solche, aus denen als Indicien sich das gesetzliche Erforderniß ergiebt, feststellen. Daher darf es darin, wem das Urtheil über die Schuld des Angeklagten gebührt, gar keine Aenderung hervorrufen. Steht diese Entscheidung einmal den Geschworenen zu, so muß sie ihnen auch bleiben, wenn der Angeklagte ein noch so umfassendes Geständniß abgelegt hat.

Freilich kann man sagen, die Constatirung gesetzlicher Verbrechensmerkmale sei, wenn darin auch eine Anwendung des Gesetzes liege, doch meist ein so einfacher Akt, daß er sehr wohl dem Gewissen und der Beurtheilung des Angeklagten überlassen werden könne. Die einzelnen vom Gesetze aufgestellten Requisite sind dem Leben entnommen, ihre Bezeichnung schließt sich, wenigstens im Allgemeinen, dem gewöhnlichen Sprachgebrauche an, — warum sollte daher der, welcher das Gesetz verletzt hat und Strafe deswegen erleiden soll, nicht auch selber beurtheilen, daß er es verletzt hat? — Gewiß ist es zuweilen keine schwierige Operation; in manchen Processen wird es ganz fern liegen besonders zu untersuchen, ob die That des Angeklagten auch wirklich unter die Norm des Gesetzes falle, und auch nur hieraus erklärt sich, daß die Einrichtung des englischen Rechtes überhaupt möglich ist und daß sie Jahrhunderte hindurch hat bestehen können. Etwas anderes aber ist es, wenn es sich um die Erklärung einer so alten Praxis, und wenn es sich um die juristische Rechtfertigung der Sache selbst handelt, hier also um die begriffsgemäße Bestimmung der Competenz der einzelnen Proceßorgane. In diesem letzteren Falle ist hauptsächlich Rücksicht zu nehmen auf die schwierigeren, hier also auf diejenigen Fälle, in denen der Unterschied bloß thatsächlicher Feststellung und einer wirklich rechtlichen Beurtheilung sich deutlich herausstellt, weil sich gerade in solchen prägnanten Fällen die processualischen Einrichtungen zu bewähren haben. Wenn z. B. der Angeklagte beschuldigt ist, einen Diebstahl mit Einsteigen verübt zu haben — das indictment laute ganz allgemein auf „Einsteigen" — und der Angeklagte sich bewußt ist, allerdings durch ein offenes Fenster den Eingang in das Haus genommen zu haben, in Folge dessen sich schuldig bekennt und der Strafe unterwirft, so erleidet er bei dem englischen Verfahren, wenigstens was den Erschwerungsgrund des Einsteigens betrifft, eine ungerechte Verurtheilung, die man doch gewiß nicht damit wird rechtfertigen wollen, daß der Mann hätte wissen müssen, daß das englische Recht unter „Einsteigen" zwar den Eingang durch den Schornstein, aber nicht den durch ein offnes Fenster versteht [1]).

Wollte man den Einwand erheben, daß auch die Geschworenen keine Rechtsverständigen seien, so wäre darauf zu erwiedern, daß die Geschworenen, soweit sie der Rechtskenntniß ermangeln, an die Rechtsbelehrung des Richters gewiesen sind [2]), während von einer solchen Belehrung des Angeklagten, wenigstens nach rechtlicher Vorschrift, keine Rede ist [3]).

1) S. Biener, das englische Geschwornengericht Bd. II S. 152.

2) Vgl. v. Arnold, im Gerichtssaal von 1855 I S. 265 ff.

3) Es ist allerdings (und war besonders früher) englische Praxis

c. Die Einrede des demurrer.

Eine der Einreden, welche der Angeklagte sogleich bei Beginn des Hauptverfahrens geltend machen kann, ist die des **demurrer.** Sie ist gerichtet gegen die Gültigkeit des **indictment** und kann begründet werden durch die mangelhafte Form desselben oder dadurch, daß die in ihm aufgeführten Thatsachen nicht das Verbrechen begründen, welches die Anklage dem Angeklagten vorwirft. Im letzteren Falle (auf den es hier allein ankommt) bestreitet also der Angeklagte den Rechtsgrund der Anklage und behauptet, daß er, wenn er die That auch begangen, nicht strafbar sein könnte.

Die Formel für ein solches **demurrer** ist folgende[1]):

„Und der genannte N. N., in eigener Person, kommt hier in das Gericht, und sagt, nachdem er das **indictment** verlesen gehört, daß das genannte **indictment** und die darin enthaltenen Gegenstände in der Weise und Form, wie sie vorhin angegeben und dargestellt seien, den Gesetzen zufolge nicht hinreichend seien, und daß er, der genannte N. N., nicht durch die Gesetze des Landes verpflichtet sei, dasselbe zu beantworten; und dieses ist er zu erweisen bereit. Der genannte N. N. bittet daher, wegen Mangels an einem hinreichenden **indictment** in dieser Rücksicht um Entscheidung, und daß er von dem Gerichte hier entlas-

---

(s. Mittermaier, Gesetzgebung und Rechtsübung über Strafverfahren S. 446, denselben, das englische, schottische und nordamerikanische Strafverfahren S. 355), daß der Richter das Geständniß des Angeklagten nicht ohne Weiteres annimmt, sondern vorher seine Glaubwürdigkeit prüft. Diese Prüfung wird sich aber meist nur auf die Wahrscheinlichkeit des Geständnisses im Allgemeinen und weniger auf die einzelnen Rechtspunkte beziehen. Ueberdies kann der Angeklagte nicht gezwungen werden, über die Einzelheiten seiner That sich auszulassen, und wenn der Angeklagte auf dem **plea guilty** beharrt, so muß es angenommen und protokollirt werden.

1) S. Stephen, Handbuch, übersetzt v. Mühry. Anhang Nr. VI.

sen und daß er von den gedachten in dem genannten indictment angegebenen Punkten freigesprochen werden möge".

Dadurch wird ein Vorverfahren veranlaßt, in welchem das Gericht darüber entscheidet, ob das indictment in der angegebenen Beziehung fehlerhaft sei oder nicht. War der das demurrer begründende Einwand gegen die Form des indictment gerichtet, so wird nur das indictment cassirt, also eine neue Anklage vorbehalten, war hingegen der Einwand gegen den Rechtsgrund der Anklage erhoben, so wird, wenn die Entscheidung zu Gunsten des Angeklagten ausfällt, der letztere freigesprochen und entlassen.

Ein solches demurrer ist aber selten, und zwar deshalb, weil das Vorbringen desselben als Eingeständniß der That angesehen wurde, so daß es dem Angeklagten, wenn das Gericht auf seine Einrede ablehnend entschied, nicht mehr freistand, „nicht schuldig" zu plädiren. Wenigstens war dies in Betreff aller misdemeanors feststehend; nur bei felonies wurde dem Angeklagten wohl gestattet (die neuere Rechtsübung thut dies wohl ohne Ausnahme), hinterher noch „not guilty" zu erklären und dadurch sich noch die Möglichkeit einer Freisprechung offen zu erhalten [1]). In Folge dieser mit dem demurrer verknüpften Anschauung wird der Einwand, daß die im indictment aufgeführte That das behauptete Verbrechen nicht begründe, fast immer auf andere Weise geltend gemacht. Der Angeklagte plädirt nämlich meist ganz allgemein „not guilty" und macht im Laufe der Verhandlung die rechtliche Haltlosigkeit des indictment zu einem Gegenstande seiner Vertheidigung, um ein freisprechendes Verdict der Jury zu erhalten, oder er trägt, wenn das letztere gegen ihn ausgefallen, auf Aussetzung des Urtheils an (motion in arrest of judgment),

---

1) S. Glaser, das englisch-schottische Strafverfahren S. 118. Mittermaier, Gesetzgebung und Rechtsübung S. 436 Note 17. Stephen-Mühry S. 466.

oder endlich er greift, nach der Urtheilsfällung, zu einem eigentlichen Rechtsmittel.

Wäre dieser Gesichtspunkt des Eingeständnisses der That nicht mit dem englischen demurrer verbunden, so wäre es dasselbe, wie die Einwendung gegen die relevancy of the libel des schottischen Rechts.

Das schottische Anklageinstrument wird von dem Kronanwalt gefertigt und soll in Form eines logischen Schlusses das Verbrechen, wie es vom Gesetze unter Strafe gestellt ist, die specielle That des Angeklagten und endlich die Conclusion seiner Schuld enthalten [1]). Wenn nun entweder die Angabe des Verbrechens eine mangelhafte ist oder die aufgeführte That des Angeklagten den Schluß auf den gesetzlichen Thatbestand jenes Verbrechens nicht rechtfertigt, so kann dies von dem Angeklagten bei Beginn des Hauptverfahrens durch die erwähnte Einrede geltend gemacht werden. Wenn also z. B. der Angeklagte beschuldigt wäre, einen Meineid dadurch begangen zu haben, daß er bei Ableistung eines Manifestationseides ein Depositum nicht angegeben habe, so kann er auf diesem Wege ausführen, daß ein Depositum nicht zu den im Manifestationseid aufzuführenden Vermögensobjecten gehöre und daher die Anklage unschlüssig sei. Dadurch entsteht auch hier ein Vorverfahren, in welchem nach Verhandlung zwischen Kronanwalt und Vertheidiger der Gerichtshof über die aufgeworfene Frage entscheidet.

Dem englischen demurrer und der schottischen Einwendung gegen die relevancy of the libel ist also gemeinsam die Tendenz, in der Anklage einen Widerspruch zwischen That und Recht aufzuweisen. Da aber bei der Untersuchung über das indictment sich ergeben hat, daß von einer vollständigen Scheidung zwischen Thatsache und Recht im indictment nach der

---

1) Mittermaier, das englische, schottische und nordamerikanische Strafverfahren S. 252 ff.

Natur der Anklage überhaupt nicht die Rede sein kann, so ist auch in Betreff jener Einreden auf das Bestimmteste hervorzuheben, daß sie nur da vorkommen können, wo wirklich concrete Umstände und gesetzlicher Thatbestand getrennt vorliegen, was allerding häufig, durchaus aber nicht immer der Fall ist und meist nur bei einigen, sehr selten bei allen Merkmalen eines Verbrechens. Die Angabe concreter Umstände braucht ferner durchaus nicht erschöpfend zu sein für das betreffende gesetzliche Merkmal; es wird dann, da das englische Recht vollständige Angabe der Bestandtheile des Verbrechens im indictment verlangt, neben jenen concreten Umständen das gesetzliche Merkmal im indictment angegeben sein [1]). Die Geschworenen haben in diesem Falle zu entscheiden, ob außer dem angeführten thatsächlichen Material sich aus den Beweisverhandluugen nicht noch andere Umstände ergeben, aus denen in Verbindung mit den im indictment aufgeführten sich das entsprechende gesetzliche Merkmal herstellt. Von einem Widerspruche zwischen That und Recht, den der Angeklagte durch ein demurrer geltend machen könnte, wird also in diesem Falle keine Rede sein. Eine solche Einrede wird sich hier nur dadurch begründen lassen, daß entweder das gesetzliche Merkmal nicht regelrecht angeführt ist, oder daß ein Fall vorliegt, in welchem nach englischer Vorschrift wirklich eine erschöpfende Angabe des concreten Materials verlangt wird, was allerdings in Betreff mancher Punkte der Fall ist. Dann ist aber der Einwand gegen die Vollständigkeit des indictment gerichtet [2]) und nicht auf einen

1) Das indictment kann z. B. die Behauptung enthalten, daß der Angeklagte in der Absicht zu stehlen durch das Fenster eines gewissen Hauses eingestiegen sei. Ob hier ein Einsteigen im Sinne des Gesetzes vorliegt, hängt davon ab, ob das Fenster verschlossen war oder nicht. Vgl. oben S. 26.

2) Wegen eines solchen Mangels kann in jedem Stadium des Processes auf Kassation angetragen werden.

Widerspruch seines thatsächlichen und seines Rechtsgrundes basirt.

Eine solche Einrichtung, wie das demurrer und die erwähnte schottische Einrede, ist gewiß ganz an der Stelle, sobald nicht schon vor der Verhandlung der Sache im Hauptverfahren die Anklage von einem Gerichtshofe geprüft wird. In Schottland liegt die Anfertigung der Anklageakte, wie die Erhebung der Anklage überhaupt, allein in den Händen des Kronanwalts. In England ist die Abfassung des indictment oder vielmehr der bill (wie die Anklageakte vor der Bestätigung durch die große Jury genannt wird) reine Privatsache. Der Ankläger pflegt sie durch seinen Anwalt oder durch den Secretair der Assisen oder der quartersessions, vor denen die Sache zur Verhandlung kommen soll, vornehmen zu lassen. Die Prüfung, welche eine solche bill von Seiten der großen Jury zu bestehen hat, richtet sich überwiegend auf die Stärke des Verdachtes gegen den Anzuklagenden. Freilich versteht es sich von selbst, daß dabei der Punkt, ob die ihm schuldgegebene That wirklich gesetzlich strafbar sei, nicht ganz außer Acht gelassen wird. Aber, abgesehen von der großen Flüchtigkeit, mit welcher die große Jury zu verfahren pflegt, würde eine Begutachtung dieses Rechtspunktes durch Laien nicht zweckentsprechend sein. Die rechtliche Schlüssigkeit der Anklage muß durch Rechtsverständige geprüft werden. Daher muß entweder, wie auf dem Continent, ein Collegium rechtsgelehrter Richter über dieselbe entscheiden, oder es muß ein Mittel geben, vor Beginn des Hauptverfahrens diese Prüfung von dem Richter, der später die Anklage seinem Urtheil zu Grunde legen soll, vornehmen zu lassen. Die Urtheilsjury soll nicht durch rechtliche Widersprüche in der Anklage irregeleitet werden [1]).

1) Keineswegs soll sie darum alle in der Anklage gezogenen Rechtsconclusionen als begründet annehmen; vielmehr steht darüber, ob die That den gesetzlichen Thatbestand dieses oder jenes Verbrechens ergiebt, gerade ihr, unter Leitung des Richters, die definitive Entscheidung zu.

Daß man in der Einlegung des demurrer ein Zugeständniß der That erblickte (und zum Theil noch erblickt), ist gewiß höchst auffallend. Warum sollte nicht auch der Unschuldige (oder vielmehr der, der die im indictment aufgeführte That nicht begangen zu haben sich bewußt ist) durch jene Einrede das weitere Verfahren abschneiden dürfen? Gewiß hat auch er ein Interesse daran, die Sache so schnell wie möglich zu erledigen. Daß man aber ein Eingeständniß darin finden konnte, beruhte auf derselben Anschauung, aus welcher der oben besprochene weitgehende Einfluß des Geständnisses überhaupt in England hervorging. In der Annahme, der Angeklagte gebe alles übrige in der Anklage Enthaltene zu, indem er nur bestreite, daß gewisse concrete Umstände, welche sie behauptet, die entsprechenden gesetzlichen Merkmale des Verbrechens herstellen, liegt die Ansicht ausgesprochen, daß der Angeklagte über gewisse gesetzliche Bestimmungen und deren Anwendung auf ihn selbst zu entscheiden im Stande sei. Ging die Anklage dahin, daß der X ein gewisses Schriftstück, etwa ein ärztliches Attest, gefälscht habe, und er bestreitet durch die Einwendung des demurrer, daß ein solches Schriftstück zu denjenigen zu rechnen sei, an welchen eine Fälschung verübt werden könne, so ist, wenn der Gerichtshof entscheidet, es liege allerdings eine Urkunde vor, und nun den Angeklagten wegen Urkundenfälschung verurtheilt, die zweite wichtige Rechtsfrage, ob nämlich das, was der Angeklagte mit dem Papier vorgenommen, eine „Fälschung" sei, durch den Angeklagten selbst entschieden [1]). Ging die Anklage dahin, daß der Angeklagte den X durch Abhauen des kleinen Fingers der rechten Hand verstümmelt habe, und der Gerichtshof verwirft das demurrer des Angeklagten, durch welches er bestreitet, daß in einer sol-

---

1) Wenn allerdings das indictment die Art der Fälschung näher angiebt, was häufig gewiß vorkommen wird, so kann der Richter darüber entscheiden.

chen Beschädigung eine „Verstümmelung“ liege, und verurtheilt in Folge dessen den Angeklagten ohne weitere Verhandlung, so hat damit der Angeklagte selbst festgestellt, daß er bei Begehung der That nicht in einem solchen Zustande sich befunden habe, welcher als „Nothwehr“ im Sinne des Gesetzes qualificirt werden könnte. Es ist also durch die mit dem demurrer (wenigstens oft) verbundene Fiction des Eingeständnisses der That das Urtheil sowohl über die Tragweite einzelner gesetzlicher Merkmale des speciellen Thatbestandes als über die Bedingungen des allgemeinen Thatbestandes dem Angeklagten überlassen.

d. Das Verdikt (General- und Specialverdikt).

Nachdem die Parteien ihre Beweise für und wider die Richtigkeit der Behauptungen des indictment vorgeführt haben und der Richter darauf die für die Beurtheilung des Falles in Betracht kommenden rechtlichen Bestimmungen zur Belehrung der Geschwornen erörtert hat, ist es Sache der letzteren, sich über „guilty“ oder „not guilty“ zu einigen.

Ihr Wahrspruch bezieht sich auf den Inhalt des indictment. Sie haben also zu prüfen, ob nach den Resultaten der vorgeführten Beweise 1) die concreten Behauptungen der Anklage für erwiesen anzunehmen sind, 2) die in gesetzlicher Gestalt in der Anklage aufgestellten Merkmale des Verbrechens als im vorliegenden Falle verwirklicht angenommen werden müssen; 3) ob sämmtliche Behauptungen zusammengenommen den Thatbestand des im indictment dem Angeklagten vorgeworfenen Verbrechens erschöpfen und 4) ob die producierten Beweise nicht etwa Gründe ergeben haben, aus welchen die Schuldlosigkeit des Angeklagten trotz der Bejahung jener drei ersten Punkte folgen müßte.

Die im indictment aufgestellten individuellen Umstände der That ergeben sich aus dem vorgelegten Beweismaterial.

Es ist einfach der Erfolg des Beweises, welcher darüber entscheidet, ob z. B. der Angeklagte „dem X mit einem Messer, welches er in seiner rechten Hand hielt, in der linken Seite des Bauches zwischen den kurzen Rippen einen Streich versetzt und ihm dadurch eine Wunde von 3 Zoll Breite und 6 Zoll Tiefe beigebracht habe [1])." Es gehört zu der Beantwortung eines solchen Punktes keine Vergleichung mit dem Strafgesetz. Diese concreten Umstände sind aber durchaus wesentlich. Die Geschworenen dürfen nicht guilty sprechen, wenn sie zwar nicht diese, aber andere individuelle Thatsachen für bewiesen halten. Die Anklage ging nur auf diese bestimmte Art der Begehung des Verbrechens, nur auf diese bestimmte Art der Beschuldigung hat der Angeklagte seine Vertheidigung gerichtet. Darum müssen auch die Geschworenen bei ihrem Verdikte daran gebunden sein. Dies ist allerdings nur mit einer gewissen Ausnahme richtig. Nicht alle concreten Umstände sind wesentlich. So wäre es gewiß höchst verkehrt, wenn die Geschworenen in dem angeführten Beispiel deswegen Nichtschuldig sprechen wollten, weil die Wunde nicht 3 Zoll, sondern 2 Zoll breit gewesen. Gegen eine solche Gefährdung der Anklage durch zu ängstliches Festhalten an ihren concreten Behauptungen richtet sich das Gesetz vom 7. August 1851, von welchem schon früher die Rede war. Ebenso wie es nach demselben nicht mehr erforderlich sein soll, die Anklage in pedantischer Weise mit zu specialisirten concreten Thatumständen auszustatten, so soll es auch gestattet sein, unwesentliche concrete Behauptungen derselben später abzuändern. Folglich dürfen auch die Geschworenen keinen zu großen Werth darauf legen. Hier die richtige Grenze zwischen dem Unwesentlichen, das fallen gelassen werden darf, und dem Wesentlichen, das festgehalten werden muß, zu finden, ist noch eine wichtige Aufgabe der

---

1) Theil eines indictment, welches Rüttimann, über die englische Strafrechtspflege, S. 62 mittheilt.

Gesetzgebung und der Wissenschaft. Es genügt dabei sicher nicht, daß man sich mit Mittermaier „auf die nach den Beobachtungen des Verfassers entschieden vorhandene wohlwollende Stimmung des englischen Präsidenten" verlasse, „welcher nie die wahre Vertheidigung des Angeklagten beschränken will [1])."

Im Wesentlichen jedenfalls bleiben die Geschworenen an die in der Anklage bezeichnete specielle Handlung des Angeklagten gebunden. Wenn darin behauptet ist, der Angeklagte habe durch diese oder jene bestimmte Aeußerung eine Majestätsbeleidigung verübt, so dürfen die Geschworenen nicht auch dann ihr „schuldig" abgeben, wenn sie nicht die speciell angeführte, sondern eine andere Aeußerung für bewiesen halten, in welcher sie eine Majestätsbeleidigung finden. —

Was die in der Anklage in allgemein gesetzlicher Form angegebenen Merkmale betrifft, so genügt zu ihrer Feststellung nicht eine einfache Abschätzung der Beweise; es muß die Kenntniß ihres gesetzlichen Umfanges dazu kommen. Es ist also immer eine Anwendung des Gesetzes auf den concreten Fall in ihrer Constatirung enthalten. Dies ist aber nicht so zu verstehen, als liege darin stets eine eigentliche Subsumtion eines concreten Thatumstandes unter die gesetzliche Bestimmung. Ebenso wie an das indictment nicht der Anspruch zu erheben ist, daß es alle seine Behauptungen in concret thatsächlicher Weise aufstelle, so wäre es auch eine verkehrte Anforderung an den Beweis, wenn man verlangte, daß er stets gewisse factische Umstände als Resultat ergeben solle, aus welchen man durch einfachen logischen Schluß das oder die betreffenden Merkmale des gesetzlichen Verbrechensthatbestandes herstellen könnte. In vielen Fällen muß es vielmehr genügen, wenn aus den vorgelegten Beweisen das gesetzliche Merkmal unmittelbar sich erschließen läßt. Es ist

1) Mittermaier, Zeitschrift für ausl. R. u. G. Bd. 23. S. 141.

nicht nöthig, eine ganz bestimmte specielle Absicht des Thäters nachzuweisen und dann erst diese als eine „gewinnsüchtige" zu charakterisiren; sondern es muß hinreichen, wenn aus den Umständen evident ist, der Angeklagte habe vielleicht diesen, vielleicht jenen Zweck mit seiner That erreichen, jedenfalls aber sich einen Gewinn verschaffen wollen.

Wenn die Geschworenen auf diese Weise die einzelnen Merkmale des Verbrechens, wie sie im indictment aufgezählt sind, festgestellt haben, so ist es ferner ihre Aufgabe, darüber zu urtheilen, ob durch dieselben wirklich der Thatbestand des im indictment behaupteten Verbrechens hergestellt werde. Hierzu gehört a) die Prüfung, ob die im indictment concret angegebenen Merkmale sich als die für das Verbrechen, um das es sich handelt, wesentlichen gesetzlichen Merkmale qualificiren und b) die Prüfung, ob alle Merkmale zusammengenommen den Begriff des Verbrechens herstellen. Die erstere Funktion ist ihnen ausdrücklich zugewiesen; die Libelakte von 1792 erkennt an, daß die Geschworenen auch über den verbrecherischen Charakter des Schriftstücks, wegen dessen die Anklage erfolgt ist, zu entscheiden haben. Nur sollen sie bei diesem Urtheil der Rechtsbelehrung des Richters folgen. Zweifelhafter ist es, ob dasselbe Gesetz auch die zweite Funktion ihnen habe zuertheilen wollen. Wenn es sie zu einem general verdict of guilty or not guilty upon the whole matter in issue upon the indictment or information ermächtigt, so kann man darin zunächst nur die Ueberweisung des Urtheils über den Inhalt der Anklage finden. Dieser Inhalt selbst aber bringt es mit sich, daß die Geschworenen auch die Frage nach der Zusammensetzung der einzelnen Merkmale zu dem Verbrechensbegriff sich in vielen Fällen vorzulegen haben. Viele jener früher erwähnten technischen Ausdrücke für einzelne Verbrechensmerkmale (z. B. traitorously, burglariously, ravished u. s. w.) können gar nicht festgestellt werden ohne die Annahme des ganzen Verbrechensbegriffs, zu dessen Thatbestand sie gehören. Wo freilich solche eigenthümlichen Ausdrücke nicht vorkommen, sondern das indictment in der That nur einzelne Merkmale aufzählt, die für sich bejaht oder verneint werden können, da ist schwer zu sagen, ob die englischen Geschworenen ein freies Urtheil über deren Zusammenfassung zu einem Verbrechen haben oder nicht. Ihr „schuldig" schließt nicht aus, daß nicht wegen Mangels des einen oder anderen Erfordernisses indictment und verdict dennoch vernichtet werden können. Durch ihr „nichtschuldig" können sie natürlich factisch alle Fragen der Rechtsanwendung erledigen; aber auch rechtlich wird sich wohl kaum etwas Anderes sagen lassen, als daß die Geschworenen unter Leitung des Richters auch diese Rechtsfrage zu prüfen haben. Dadurch wird die durch das „guilty" festgestellte Schuld des Angeklagten zu einer wirklich strafrechtlichen Schuld.

Zu dieser letzteren gehört aber noch ein anderes wesentliches Moment, dessen Berücksichtigung unbestritten einen Theil der Aufgabe der englischen Jury bildet.

Die Rücksicht auf die Erfordernisse des allgemeinen Thatbestandes darf in keinem Strafprocesse außer Acht gelassen werden. Sie gehört wesentlich mit zur Entscheidung der Schuldfrage. Zwar wird sie zum Theil mitunter ihre Erledigung finden schon durch die Beantwortung des speciellen Thatbestandes, z. B. ist mit der Feststellung, daß der Angeklagte die That verübte in der Absicht einem Andern einen Schaden zuzufügen, zugleich entschieden, daß er nicht durch äußere Gewalt gezwungen wurde. Sehr häufig jedoch werden neben dem speciellen Thatbestande Gründe vorhanden sein können, welche die Schuld ausschließen. So werden alle speciellen Merkmale des Mordes auch auf denjenigen Anwendung finden können, welcher sich in Nothwehr befand; alle Erfordernisse des Thatbestandes der Entwendung auf denjenigen, der bei Begehung der That unzurechnungsfähig war. Ob solche Mängel des allgemeinen Thatbestandes vorliegen, haben die Geschworenen zu prüfen [1]). Sie haben zu beurtheilen, ob aus der vor ihnen geführten Beweisverhandlung das Vorhandensein oder Nichtvorhandensein solcher Strafausschließungsgründe sich ergiebt. Hier tritt dasselbe Verhältniß des Beweises zu den gesetzlichen Merkmalen ein wie bei dem speciellen Thatbestande. Es können sich nämlich entweder gewisse genau anzugebende Umstände der That als bewiesen herausstellen, welche sich unter die betreffenden Strafausschließungsgründe, wie sie das Gesetz oder Gewohnheitsrecht ausgebildet hat, subsumiren lassen, oder es kann nach den Ergebnissen der Beweise im Allgemeinen klar sein, daß Nothwehr, Unzurechnungsfähigkeit u.s.w. im concreten Falle vorliegt, ohne daß ein genauer Sachverhalt bewiesen wäre, auf welchen durch logischen Schluß die Bestimmung des Rechts angewendet werden könnte. Es braucht z. B. bei der „äußeren Gewalt“ oder „Drohung“ nicht bewiesen zu sein, in welche Lage genau der Angeklagte gebracht sei, oder was derjenige, der ihn bedrohte, speciell schreckliches ihm ankündigte. Man wird in vielen Fällen durchaus nicht anstehn, „äußere Gewalt“ oder „Drohung“ als constatirt anzunehmen, ohne daß man den speciellen Sachverhalt anzugeben wüßte. —

So hätten also die englischen Geschworenen stets über einen großen Theil von Rechtsfragen zu entscheiden, und zwar selbst dann, wenn man bezweifeln wollte, daß ihnen ein Urtheil auch darüber zustehe, ob die im indictment concret aufgeführten Thatumstände als die entsprechenden gesetzlichen Merkmale sich qualificirten, sowie darüber, ob die angeführten Merkmale zusammengenommen den Thatbestand des im indictment angegebenen Verbrechens ausmachten. Dies übersah man bei

1) „In denjenigen Fällen, in welchen die Geschworenen das not guilty wegen Seelenstörung des Angeklagten aussprechen, müssen sie diesen Grund ausdrücklich beifügen.“ Mittermaier, Gesetzgebung und Rechtsübung, S. 580 f.

den Streitigkeiten über Libelprocesse in England. Man bedachte nicht, daß die Frage, ob der specielle Wortlaut der betreffenden incriminirten Schrift **false and malicious** sei, nur eine von den vielen Rechtsfragen bildet, welche die Geschworenen bei jedem „**guilty**" oder „**not guilty**" zu beantworten haben. Jetzt steht fest, daß die Geschworenen auch über jene Rechtsfrage zu entscheiden haben, freilich, wie nicht genug hervorgehoben werden kann, nach Maßgabe der ihnen gegebenen Belehrung über das Recht. Sie haben nicht blindlings dem Richter zu gehorchen, wenn er ihnen sagt: dieser oder jener Passus ist injuriös; wohl aber haben sie genau zu beachten, was er ihnen als den gesetzlichen Thatbestand des **libel** auseinandersetzt, und danach sich zu fragen, ob die vorliegende Stelle ein **libel** begründe oder nicht. Ebenso ist es bei allen anderen Verbrechen, also z. B. bei der Frage, ob, was der Angeklagte gethan, wirklich ein „Feuer anlegen", „entwenden", „einsteigen", „fälschen" war oder nicht. —

Aus dieser Darstellung folgt, daß die Auffassung, welche man gewöhnlich vom Specialverdict hat, nicht vollständig richtig ist. Man definirt dies durchgängig als denjenigen Ausspruch der Geschworenen, wodurch sie das Thatsächliche des Falles feststellen, die rechtliche Beurtheilung aber dem Richter überlassen. Dies wäre nur dann richtig und ein solches Specialverdict nur dann möglich, wenn sich eine solche vollständige Trennung des Thatsächlichen und des Rechtlichen durchführen ließe. —

Das Specialverdict tritt nur auf freiwillige Wahl der Geschworenen ein [1]). Bei der Abgabe desselben sollen die Geschworenen dem Gange des **indictment** folgen, alle einzelnen sogenannt factischen Behauptungen desselben beantworten [2]),

1) Ueber die früher vielfach vorgekommenen Fälle, in denen die Richter die Geschworenen zu einem Specialverdict zu zwingen versuchten, s. Mittermaier, das engl. u. s. w. Strafverf. S. 485.

2) S. Rüttimann, über die englische Strafrechtspflege. S. 99.

die Conclusion aber, ob aus diesen folgt, daß der Angeklagte des angeführten Verbrechens schuldig sei, dem **Richter** überlassen. Aus der richtigen Auffassung des indictment ergiebt sich, daß die einzelnen Behauptungen desselben nicht durchweg rein factische sind; manche Merkmale des Verbrechens werden geradezu durch ihre gesetzliche Bezeichnung angegeben. Wenn also die Geschworenen sich über die einzelnen Behauptungen der Anklage erklären sollen, so hat dies zur Folge, daß sie auch bei einem Specialverdict manche Rechtsfrage entscheiden, und daß sie nur in Betreff einzelner Verbrechensmerkmale, nämlich derjenigen, welche wirklich im indictment concret aufgeführt sind, die rechtliche Beurtheilung dem Richter zuschieben. Auf diese Weise wird bald mehr, bald weniger der Entscheidung des Richters vorbehalten; denn in dem Maße des concreten Materials sind die verschiedenen Indictments sehr verschieden. Es ist allerdings auch nicht zu bestreiten, daß **möglicher Weise** alle Merkmale des speciellen Thatbestandes eines Verbrechens durch concrete factische Umstände vertreten sein können. Dies wird aber verhältnißmäßig sehr selten sein. Von der Ermächtigung des Gesetzes vom 7. August 1851 [1]): „Wenn ein Verbrechen, worauf eine Anklage gestellt wurde, durch ein Gesetz verpönt ist oder wird, oder geringer oder höher als bisher bestraft wird, so soll die Anklageakte genügen, wenn sie nur die Bezeichnung des Verbrechens in den Ausdrücken des Gesetzes enthält [2])", werden sehr viele Anklagen Gebrauch machen. Wo es aber dennoch vorkommt, da können

1) Art. XV. S. **Mittermaier** in der Zeitschrift für ausl. R. u. G. Bd. 23. S. 136.

2) Es versteht sich von selbst, daß ein gewisses Maß von factischem Detail auch von diesem Gesetze verlangt wird; es soll aber z. B. genügen, wenn das indictment die Beschuldigung enthält, daß der Angeklagte zu einer gewissen Zeit, an einem gewissen Orte den X **feloniously**, **böswillig und mit Vorbedacht tödtete**. Vergl. Art. IV. des angeführten Gesetzes, **Mittermaier** a. a. O. Bd. 24. S. 66 ff.

allerdings die Geschworenen, wenn sie zu einem Specialverdict greifen, die Entscheidung über die gesetzlichen Merkmale des speciellen Thatbestandes von sich ablehnen.

Allgemein zugestanden wird, daß das Specialverdict eine große Seltenheit sei; aus neuerer Zeit wird fast immer nur der eine bekannte Fall von der Bigamie angeführt [1]). (Bigamie begeht, wer in der Ehe lebt und während des Bestandes dieser seiner ersten Ehe eine zweite eingeht. Es hatte nun Jemand nach dem Tode seiner Frau seine Schwägerin geheirathet und bald darauf eine dritte Frau genommen. Es handelte sich nun darum, ob der Thatbestand der Bigamie auch dann vorliege, wenn die Ehe, während deren factischen Bestandes eine zweite eingegangen wird, nichtig ist (nach englischem Rechte ist die Ehe mit der Schwägerin nichtig). Diese Rechtsfrage überließen die Geschworenen dem Richter). Als Grund für diese Seltenheit führt man meistens an, daß die Jury wisse, ihre eigentliche Aufgabe sei die ganze Entscheidung über die Schuld des Angeklagten, und daß sie sich durch jene Selbstbeschränkung kein testimonium paupertatis ausstellen wolle [2]). Der Hauptgrund aber scheint zu sein, daß das indictment sehr häufig seine Behauptungen in Form der gesetzlichen Merkmale des Verbrechens aufstellen wird, ohne einen ausführlichen factischen Thatbestand anzugeben, daß es also oft den Geschworenen an Gelegenheit zu einem Specialverdict fehlt, daß es ferner durchaus nicht immer die wichtigste Rechts-

---

1) S. Mittermaier, das engl. u. s. w. Strafverf. S. 486.

2) Mittermaier a. a. O.: „Weder die Stimme der Juristen noch die der Bürger in England ist dem Specialverdict günstig, weil man weiß, wie leicht es gemißbraucht werden kann (wenn leidenschaftliche Richter schwache Geschworene vor sich haben), weil nach früheren Erfahrungen die Unvollständigkeit oder Unbestimmtheit solcher Specialverdicts leicht vielfache Streitigkeiten herbeiführt, und weil die Geschworenen im Widerspruch mit ihrer Aufgabe, auch die Rechtsfrage und die ganze Schuldfrage zu entscheiden, durch dies Verdict sich ein schlechtes Zeugniß geben."

frage ist, bei welcher die factischen Umstände angegeben sind, sondern sich viel wichtigere unter der allgemeinen Form nur in gesetzlicher Gestalt angeführter Merkmale verbergen können. (In dem erwähnten Falle der Bigamie war allerdings gerade der entscheidende Punkt in concreter Weise angegeben; ob die „Ehe mit der Schwägerin" eine solche Ehe sei, wie sie der Thatbestand der Bigamie erfordert, diese Entscheidung konnten also die Geschworenen ablehnen).

Es wurde schon angedeutet, daß auch da, wo das indictment den Fall ausführlich specialisirt, und die Geschworenen zu einem Specialverdict schreiten, keineswegs dies Specialverdict blos factische Umstände feststellt. Auch hier vielmehr ist die allgemeine Definition des Specialverdicts, nach welcher es nichts wie factische Details der Handlung feststelle und die ganze rechtliche Beurtheilung dem Gerichtshof überlasse, nur scheinbar richtig. Nehmen wir den Fall, den Rüttimann[1]) und Mühry[2]) als Beispiel für die Form eines Specialverdicts anführen:

> „Die Geschworenen sagen, daß die Angeklagten J. N. und H. S. im Monat März 1834 Vorsteher der Gemeinde X. gewesen sind; daß sie damals eine Zuschrift an die Regierung erlassen haben, welche folgendermaßen lautete (Inhalt der Zuschrift): daß der Inhalt dieser Zuschrift der Wahrheit gemäß ist; daß die Angeklagten die Zuschrift „im Namen und aus Auftrag der Gemeinde X." unterzeichnet haben; daß die Gemeinde X. den Angeklagten keinen Auftrag gegeben hat, die Zuschrift zu erlassen; daß sie auch von der Erlassung derselben gar keine Kenntniß gehabt u. s. w.; ob nun aber deshalb die Angeklagten mit Rücksicht auf die gegen sie erhobene Anklage für schuldig zu erklären seien oder nicht, das ist den Geschwo-

1) Ueber die engl. Strafrechtspflege. S. 99.

2) In der Uebersetzung von Stephen. S. 515. Anm. 2.

renen unbekannt, und sie überlassen es dem Gerichtshofe dieses zu entscheiden."

Wenn man auch zugiebt, daß dies lauter individuelle Thatumstände sind, in denen der Richter nach seiner Kenntniß vom Recht den Thatbestand dieses oder jenes gesetzlich strafbaren Verbrechens erst zu finden hat, so ist doch immer noch die Frage, wer in einem solchen Falle über die Erfordernisse des allgemeinen Thatbestandes entscheidet. Es muß in jedem Processe berücksichtigt werden, ob der Thäter zurechnungsfähig war, ob er nicht gezwungen handelte, ob er nicht in entschuldbarem Irrthum sich befand. Geben die Geschworenen ein solches Specialverdict, wie das erwähnte, so stellen sie damit fest, daß solche Strafausschließungsgründe nicht vorliegen, wie sie aus dem Mangel jener Bedingungen hervorgehen könnten. Sie waren verpflichtet, sobald sie z. B. nach dem Ergebniß der Beweisverhandlungen annehmen zu müssen glaubten, die beiden Angeklagten hätten unter dem Einfluß einer gefährlichen Bedrohung gehandelt, sich darüber zu erklären. Dies hätten sie nicht anders können als durch den Wahrspruch „not guilty." Wenn sie nun nicht das Nichtschuldig aussprechen, sondern die Thatsachen, die das indictment aufführt, bejahen und es dem Richter überlassen, ob er danach den Angeklagten schuldig sprechen und verurtheilen wolle oder nicht, so muß angenommen werden, daß ihr Wahrspruch — obwohl Specialverdict — die ganze Schuldfrage erledigt mit Ausnahme eines oder einiger specieller Punkte.

Die richtige Definition des Specialverdicts ist demnach die, wonach es denjenigen Wahrspruch der Geschworenen bedeutet, durch welchen sie eine oder einzelne Rechtsfragen bei der Entscheidung über die Schuld des Angeklagten unbeantwortet lassen und dieselben der Prüfung des Richters zuweisen.

Jener verbreiteten, wie wir sahen mindestens sehr ungenauen, Auffassung des Specialverdicts gegenüber steht eine andere sehr vereinzelte, welche aber eben so einseitig ist wie jene. Planck[1]) nämlich trennt bei der Frage nach dem Zustandekommen des Schuldspruchs drei verschiedene Functionen: 1) Zergliederung des Verbrechens in seine gesetzlichen Bestandtheile, 2) Subsumtion der Thatsachen des vorliegenden Falles unter jene gesetzlichen, 3) Prüfung der Wahrheit dieser behaupteten Thatsachen des vorliegenden Falles. Von den englischen Geschworenen sagt er nun: „Sie sprechen — — über die Behauptung des Anklägers, daß der Angeklagte des Verbrechens schuldig sei; nur müssen sie den Rechtsbelehrungen des Richters folgen. Daneben haben sie indeß die althergebrachte Befugniß, falls sie über die erste Function, die richtige Zergliederung des Verbrechens in seine gesetzlichen Bestandtheile, zweifelhaft sind, sich darauf zu beschränken, die von ihnen als bewiesen betrachteten erheblichen Thatsachen einzeln namhaft zu machen, und dem Richter das Urtheil über deren Zusammensetzung zu dem Begriff des angeschuldigten Verbrechens zu überlassen (Specialverdict)". Dazu in Anm. 3: „Es genügt also nicht, die bewiesenen Thatsachen aufzuzählen, sondern sie müssen zugleich in die juristische Form gebracht, als juristische Thatsachen in den Wahrspruch aufgenommen sein". Sodann weiter im Texte: „hiernach haben die Geschworenen in allen Fällen die zweite und dritte Function, der ersten dürfen sie sich entschlagen, um sie den Richtern zuzuschieben".

Hält man die nie vollständig durchzuführende Trennung jener drei Functionen mechanisch fest, und will man nicht, der offenbaren Praxis des englischen Specialverdicts entgegen, annehmen, die Geschworenen entschieden in einem solchen Falle nichts als individuelle, concrete Umstände der That, so bleibt allerdings nichts übrig, als daß man eben so einseitig die

---

1) Systematische Darstellung des deutschen Strafverfahrens auf Grundlage der neueren Strafproceßordnungen seit 1848. Göttingen 1857. S. 198. S. 200.

zweite jener drei Functionen heraushebt und behauptet, die Geschworenen beschäftigten sich auch bei einem Specialverdict stets mit der Subsumtion der concreten Umstände unter die gesetzlichen Merkmale. Plancks Ansicht wird fast durch jedes Beispiel eines Specialverdicts widerlegt. So ist in dem oben angeführten durchaus keine Rede von den gesetzlichen Merkmalen irgend eines Verbrechens, es sind nur individuelle Umstände angegeben, welche erst subsumirt werden sollen, und zwar vom Richter. Auf andere Fälle freilich paßt Planck's Auffassung annähernd besser. Je mehr nämlich ein indictment die Merkmale des Verbrechens als gesetzliche enthalten wird, desto mehr wird von einer Subsumtion concreter Thatsachen im Specialverdict die Rede sein können. Man muß freilich hinzusetzen: desto seltener wird überhaupt ein Specialverdict vorkommen. Es läßt sich allerdings sogar der Fall denken, daß alle Merkmale in gesetzlicher Form aufgestellt sind [1]) und die Geschworenen nur zweifelhaft sind, ob sie den gesetzlichen Thatbestand erschöpfen. Für diesen Fall wäre Planck's Auffassung richtig; dies ist aber nur einer neben vielen ganz anders gearteten Fällen.

Ein Gefühl übrigens davon, daß seine Auffassung doch nicht streng richtig sei, scheint Planck dadurch zu verrathen, daß er von „erheblichen", „juristischen" Thatsachen spricht (und nicht wie sonst geradezu von gesetzlichen Merkmalen des Verbrechens). Man könnte versucht sein, concrete Thatsachen darunter zu verstehen, die wahrscheinlich den gesetzlichen Merkmalen entsprechen würden (ohne daß die Geschworenen selbst die Subsumtion vornehmen). Die genaue Angabe der „zweiten" jener drei Functionen macht es jedoch unzweifelhaft, daß von einer Entscheidung der Geschworenen über das Zutreffen der gesetzlichen Merkmale im con-

---

1) mit Angabe nur der nöthigsten Ort- und Zeitbestimmung und etwa des Objects des Verbrechens.

creten Falle die Rede ist, und daß Planck das Specialverdict als denjenigen Ausspruch der Geschworenen ansieht, durch den sie nur die Zusammensetzung der einzelnen gesetzlichen Bestandtheile zu dem *Verbrechensbegriff* dem Richter überlassen [1]).

Sowie die Anklage gemischt aus concreten Umständen der speciellen That und aus allgemein gehaltenen Merknalen des gesetzlichen Thatbestandes (welche als im vorliegenden Falle verwirklicht behauptet werden) besteht, so enthält auch das Specialverdict theils rein factische Feststellungen, theils rechtliche Beurtheilungen. Ob das Eine oder das Andere überwiegt, richtet sich nach der Natur des einzelnen Falles.

Als characteristisch für den Spruch der englischen Geschworenen ist endlich noch hervorzuheben, daß es ihnen gestattet ist, dann, wenn sie überzeugt sind, daß der Angeklagte zwar nicht des im indictment behaupteten Verbrechens, aber wohl eines anderen in jenem enthaltenen oder ihm doch ähnlichen und in der Strafe gleichstehenden Verbrechens schuldig sei, ein hiernach modificirtes Verdict abzugeben [2]). Sie können, wenn das indictment auf *Mord* lautet, den Angeklagten des *Todtschlags* guilty sprechen, wenn es auf *Nothzucht* geht, einfache *Gewaltthätigkeit* annehmen, nach einem neueren Gesetze sogar bei einer Anklage wegen *Diebstahls Unterschlagung* feststellen. Dazu gehört auch, daß sie auf eine die *Vollendung* des Verbrechens behaup-

---

1) Vgl. *Planck* a. a. O. S. 397, wo das Specialverdict bezeichnet wird, als „die Befugniß der Geschworenen, so oft sie über die *Summe der gesetzlichen Bestandtheile des in Frage stehenden Verbrechens* im Ungewissen sind, nur die gefundenen Merkmale in ihrem Wahrspruche aufzuzählen, und deren *Zusammensetzung zu dem Verbrechensbegriff* dem Richter zu überlassen".

2) *Mittermaier*, das englische, schottische und nordamerikanische Strafverfahren S. 453 f. *Derselbe*, Gesetzgebung und Rechtsübung über Strafverfahren. S. 524.

tende Anklage wegen Versuchs schuldig sprechen können. In allen diesen Fällen liegt eine Veränderung des thatsächlichen Anklagegrundes vor, deren Einfluß auf die Qualification des Verbrechens, dessen sich der Angeklagte schuldig gemacht hat, der Abschätzung der Geschworenen überlassen wird. Diese müssen also die rechtliche Bedeutung eines Todtschlags, einer Unterschlagung, ferner des Versuchs kennen, um diesen gesetzlichen Thatbestand auf die That des Angeklagten anzuwenden. Wenn z. B. die Anklage darauf ging, daß der **A** den **B** „verbrecherisch, böswillig und mit Vorbedacht getödtet und gemordet habe," die Beweisverhandlung aber ergiebt, daß der **B** im Augenblicke der That schon todt war, so haben die Geschworenen zu beurtheilen, ob der Angeklagte danach vollständig „**not guilty**" zu sprechen sei, oder ob hier etwa noch Versuch angenommen werden müsse.

Jedenfalls ist auch hierdurch klar, daß den englischen Geschworenen das Urtheil über die Anwendbarkeit des gesetzlichen Thatbestandes eines Verbrechens auf das, was der Angeklagte im einzelnen Falle gethan, zusteht.

e. Urtheil und Rechtsmittel [1]).

Durch das **guilty** der Geschworenen wird der Angeklagte des im **indictment** bezeichneten Verbrechens schuldig gesprochen. Sache des Richters ist es sodann, auf die im einzelnen Falle verwirkte Strafe zu erkennen. Es frägt sich nun, wie weit zunächst der Richter und ferner etwa eine höhere Instanz oder eine neue Jury die in dem Verdicte vollzogenen verschiedenen Rechtsanwendungen auf's Neue prüfen, resp. umstoßen könne.

Man könnte zunächst denken, es müsse der Richter die Befugniß haben, wenn er in dem durch die Geschworenen be-

---

1) S. Mittermaier, das englische, schottische und nordamerikanische Strafverfahren. S. 490 ff., S. 523 ff. Denselben, Gesetzgebung und Rechtsübung über Strafverfahren. S. 645 ff.

jahten Inhalt des indictment einen Widerspruch zwischem den concreten Thatsachen und den gesetzlichen Folgerungen findet, den Angeklagten freizusprechen [1]). Er soll die Strafe verhängen, und es liegt nahe, dies ihm in dem Falle nicht zuzumuthen, wenn er in der Anklage und dem Wahrspruche die er seinem Urtheil zu Grunde legen soll, einen solchen Widerspruch findet. Dennoch weiß von einer solchen Befugniß des Richters das englische Recht nichts. Haben die Geschworenen vielmehr einmal über die gesetzliche Qualification der That des Angeklagten entschieden, so muß der Richter diese Subsumtion der concreten Thatsachen unter die gesetzlichen Merkmale, wie sie die Geschworenen vorgenommen haben, als ein für allemal geschehen anerkennen.

Doch sind ihm allerdings zwei verschiedene Mittel gegeben, um, wenn er auch den Angeklagten nicht freisprechen darf, dennoch möglicher Weise eine Verurtheilung desselben abzuwenden. Er kann nämlich, wie in anderen Fällen, in denen ihm die Schuld des Angeklagten zweifelhaft erscheint (etwa wegen mangelnden Beweises), so auch wenn er über jene Subsumtion im Zweifel ist, das Urtheil aussetzen, sei es zum Zwecke eines Begnadigungsgesuchs, sei es allgemein, um das Urtheil nicht zu fällen. Diese gewiß nicht nachahmenswerthe Praxis, bei der allerdings der Schuldigerklärte „weiß, daß das Schwert der Gerechtigkeit über seinem Haupte schwebt" [2]), die aber mit einem geordneten Gerichtswesen sicher nicht vereinbar ist, mag nicht selten die Folgen eines Rechtsirrthums der Geschworenen abwenden. Häufiger aber, und wohl besser, wird der Richter das zweite Mittel anwenden, indem er nämlich die betreffende Rechtsfrage zu der Entscheidung des seit dem Jahre 1848 hier-

---

1) Wenn die Summe der im indictment aufgeführten Merkmale den Begriff des Verbrechens nicht erschöpft, so kann das indictment auch nach dem Verdicte noch vernichtet werden.

2) Mittermaier, Gesetzgebung und Rechtsübung. S. 498.

für begründeten **court of appeal** bringt. Zu diesem Zwecke kann er entweder das Urtheil fällen und das gefällte Urtheil zur Kritik des höheren Gerichtshofs stellen, oder er kann auch die Fällung des Urtheils selbst diesem Gerichtshofe überlassen. Die Rechtsfragen, welche auf diese Weise an den **court of appeal** kommen, sind — abgesehen von processualischen Fragen und Fragen der **evidence** — solche, welche sich auf die Richtigkeit oder Unrichtigkeit einer gesetzlichen Qualification beziehen. Es kann jedoch auch die Frage vor den Gerichtshof kommen, ob die Gesammtheit der festgestellten Merkmale den Begriff des behaupteten Verbrechens erschöpft oder nicht. Wenn auch das **indictment**, das an einem solchen Mangel leidet, in jedem Stadium des Processes vernichtet werden kann, so kann doch der Richter schwanken, ob ein derartiger Fall vorliegt, und deshalb auch diese Frage der Entscheidung des **court of appeal** vorbehalten.

Der Angeklagte hat nicht das Recht, sich auf die Entscheidung des **court of appeal** zu berufen. Es liegt ganz in der Hand des Richters, ob von diesem Wege Gebrauch gemacht werden soll. Der Angeklagte kann nach ergangenem Verdicte vielmehr nur

1. durch **motion in arrest of judgment** den Richter (abgesehen von Mängeln des Verfahrens) vor Fällung des Urtheils zu derselben Prüfung auffordern, wie sie das **demurrer** zum Zwecke hat. Durch ein früher besprochenes neues Gesetz [1]) sind zwar viele vordem für wesentlich erachteten Förmlichkeiten des **indictment** für unwesentlich erklärt, sodaß der Angeklagte ihres Mangels wegen nicht mehr nach ergangenem Wahrspruch die Verurtheilung soll abwenden können, sondern nur im Eingang des Verfahrens durch Einwendung des **demurrer** Abänderung des **indictment** in der fraglichen Hinsicht verlangen darf. Aber der Gesichtspunkt, daß die im in-

---

1) S. oben S. 30.

dictment dem Angeklagten vorgeworfene That nicht das in demselben behauptete Verbrechen begründe, ist nach wie vor ein Hauptgrund für die motion in arrest of judgment [1]). Es wurde oben erwähnt, daß aus diesem Grunde sogar selten ein demurrer erfolge, weil man in dem letzteren ein Eingeständniß der That erblicke. Der Angeklagte plädirt daher in solchen Fällen meist not guilty und überläßt die Berücksichtigung jenes Punktes den Geschworenen oder, wenn diese schuldig sprechen, erst auf dem Umwege der motion in arrest dem Richter. Erkennt der Richter den Einwand für begründet an, so führt dies zu einer Lossprechung von der Anklage, doch mit dem Vorbehalt der Möglichkeit einer neuen Anklage, in welcher die Thatsachen mit den rechtlichen Folgerungen besser übereinstimmen. Der Angeklagte kann

2. nach ergangener Verurtheilung durch den Richter — abgesehen von processualischen Mängeln und Verletzung der Regeln der evidence — Fehler der Rechtsanwendung geltend machen zur Begründung einer motion for new trial. Diese Möglichkeit einer neuen Verhandlung der ganzen Sache ist aber beschränkt auf misdemeanors, also im Allgemeinen auf die leichteren Vergehen, und ganz ausgeschlossen bei felonies. Zur Rechtfertigung eines solchen Gesuches aber dienen nicht blos falsche Rechtsfolgerungen, die aus dem indictment erkennbar sind, sondern auch falsche Rechtsbelehrung der Geschworenen durch den Richter und Abweichung der Geschworenen von der durch den Richter ertheilten Rechtsbelehrung. So ist auf diesem Wege eine Anfechtung der Feststellung auch derjenigen gesetzlichen Merkmale möglich, welche unmittelbar und allein (nicht als Folgerung aus besonders genannten concreten Umständen) im indictment behauptet sind.

Der Angeklagte kann ferner

3. durch ein writ of error das Urtheil an den Ge-

---

1) Vgl. die Libelakte von 1792, oben S. 11 f.

richtshof Queens Bench bringen, von dem es an das Oberhaus geht. Zur Begründung dieses Rechtsmittels dient außer processualischen Gründen, soweit sie aus den Akten ersichtlich sind, und außer etwaigen Verstößen gegen die evidence, auch die Geltendmachung einer falschen Rechtsanwendung, soweit dieselbe aus dem indictment, dem verdict und dem Urtheil erkennbar gemacht werden kann.

Alles Nähere über die Rechtsmittel des englischen Strafprocesses kann hier unerörtert bleiben. Es kam nur darauf an, kurz darzustellen, wie sich Thatsache und Recht auch in dem auf das Verdict folgenden Stadium des englischen Processes zu einander verhalten.

II. Die Schuldfrage im französischen Geschworenengerichte.

1. Nach der Gesetzgebung und Praxis von 1791 bis 1808.

In Frankreich wurde die Jury eingeführt durch das Gesetz vom 16. September 1791. So viel stand fest: man wollte eine Betheiligung des Volks an der Fällung der Strafurtheile. Ueber die Art dieser Betheiligung aber herrschte die größte Unbestimmtheit und Unklarheit.

Uebereinstimmend mit dem Gesetze vom 16. Sept. 1791 und dem hierzu erlassenen Decrete der Nationalversammlung vom 29. Sept. desselben Jahres gab der Code des délits et des peines vom 3. Brumaire des Jahrs IV (1796) ausführliche Bestimmungen über die Fragestellung an die Geschworenen.

Unter den vielen Abweichungen von dem englischen Rechte in Betreff des Geschworeneninstituts befand sich also auch die, daß man die Geschworenen nicht unmittelbar über den Inhalt der Anklage wollte entscheiden lassen, sondern über einzelne vom Richter ihnen gestellte Fragen.

Hinsichtlich dieser Fragen bestimmte der art. 374 des Code des délits et des peines Folgendes:

„La première question tend essentiellement à savoir si le fait qui forme l'objet de l'accusation est constant ou non; la seconde, si l'accusé est ou non convaincu de l'avoir commis ou d'y avoir coopéré.

Viennent ensuite les questions qui, sur la moralité du fait et sur le plus ou moins de gravité du délit, resultent de l'acte d'accusation, de la défense de l'accusé ou du débat".

Die erste Frage soll also auf den objectiven Thatbestand, die zweite auf den Antheil des Angeklagten an der That (als Urhebers oder Gehülfen) gehen, und daran sollen sich die Fragen über die Willensbeschaffenheit des Angeklagten bei der That und ferner diejenigen über Strafschärfungs- und Strafmilderungsgründe anreihen.

Welchen Antheil sollten hiernach die Geschworenen an der Beurtheilung der strafrechtlichen Schuld des Angeklagten haben?

Die allgemeine Ansicht der Franzosen, wie sie sich in der Litteratur und in den gesetzgebenden Versammlungen äußerte, war die, daß die Geschworenen über die That, die Richter über das Recht entscheiden müßten. So hatte es Montesquieu als Recht Englands gelehrt, so war es in die allgemeine Ueberzeugung übergegangen, und so wurde es endlich in die Verfassungsurkunden aufgenommen. Die Constitutionen vom 3. Sept. 1791, vom 24. Juni 1793, vom 5. Fructidor des Jahres III (22. August 1795) und vom 22. Frimaire des Jahres VIII (13. December 1799) stimmen darin überein, daß Jury „réconnait le fait et les juges appliquent la peine".

Was aber soll hier „fait" bedeuten? Soll die Jury nur über die concreten Umstände der That entscheiden, während die Anwendung der gesetzlichen Norm dem Richter überlassen bleibt, oder bedeutet fait soviel als That im Sinne des Gesetzes, sodaß die Geschworenen wirklich über die Schuld des Angeklagten entscheiden, während dann der Richter für diese Schuld die Strafe, wie sie das Gesetz bestimmt, nur auszusprechen [1]), nicht erst durch Anwendung der gesetzlichen Norm

1) Wo das Gesetz ein Minimum und ein Maximum der Strafe

über das Verbrechen zu finden hat? — Wir wissen, daß eine vollständige Trennung der That- und Rechtsfrage nicht möglich ist. In gewissem Sinne aber läßt sie sich allerdings durchführen, und da ihr Haupthinderniß in der Natur der Anklage liegt, besonders dann, wenn man es dem Richter überläßt, aus dem Ergebnisse der Verhandlungen die concreten Umstände der That herauszusuchen. Daß in Frankreich die Geschworenen über einzelne vom Richter gestellte Fragen entscheiden sollten, scheint gerade auf eine Trennung der That- und Rechtsfrage hinzuweisen. Wohl nicht ganz mit Unrecht hat man ferner auf die den Franzosen geläufige Theorie von der Theilung der Gewalten hingewiesen, welche es wahrscheinlich mache, daß man zwischen den Richtern und den Geschworenen jene Scheidewand habe aufführen wollen. Von einer strengen Theilung der Funktionen zwischen Richtern und Geschworenen kann dann nicht die Rede sein, wenn die Geschworenen über die gesetzlichen Voraussetzungen der Schuld des Angeklagten urtheilen sollen. — Auf der anderen Seite jedoch wurde in Frankreich bei der Einführung der Jury kein Gesichtspunkt stärker betont, als der, daß sie eine Institution zum Schutze der persönlichen Freiheit gegen die Regierungsgewalt sein sollte. Wie wenig aber zu einer solchen Aufgabe eine Jury befähigt ist, welche nur über gewisse Thatsachen zu entscheiden hat, in denen dann der Richter nach seinem Ermessen dies oder jenes Verbrechen erblicken kann, ist bei Gelegenheit der Competenz der englischen Jury schon angedeutet, und bedarf besonders noch Feuerbachs [1]) treffender Ausführung keines weiteren Beweises. Daß man sich bei der er-

---

festsetzt, wäre die Strafzumessung allerdings auch hier kein bloßes Aussprechen der Strafe, setzt vielmehr nicht nur rechtliche, sondern die vielfachsten thatsächlichen Erwägungen voraus.

1) Feuerbach, Betrachtungen über das Geschwornengericht. Landshut 1815. S. 167 ff.

sten Begründung der Jury in Frankreich hierüber vielleicht nicht vollkommen klar geworden, kann wohl angenommen werden, nicht aber, daß man davon so wenig eine Ahnung gehabt habe, um eine principielle Vertheilung der That- und Rechtsfrage zwischen Geschworenen und Richtern durchführen zu wollen und dennoch die Jury als eine Institution zum Schutz der persönlichen Freiheit gegenüber den Richtern zu verherrlichen. Alle die Stimmen, welche Buchner [1]) aus der Litteratur der damaligen Zeit und aus den Debatten der Nationalversammlung anführt, sprechen allerdings bei der Frage nach der Jury von der Trennung der That- und Rechtsfrage als von einer sich ganz von selbst verstehenden Sache. Sie betonen dagegen auf der anderen Seite in stärkster Weise das Interesse der individuellen Freiheit, welches es verlange, daß über den Angeklagten nicht von angestellten Richtern, sondern von Männern aus dem Volke geurtheilt werde. Sie thun dies in so entschiedener Art, daß es fast unmöglich erscheint, anzunehmen, sie hätten wirklich eine Trennung der That- und Rechtsfrage im Sinne und wollten wirklich die Geschworenen auf die Constatirung der einzelnen individuellen Umstände der That beschränken.

Fassen wir die Vorschrift des Code über die Fragestellung näher in's Auge. Die erste Frage soll dahin gehen „si le fait, qui forme l'objet de l'accusation, est constant ou non“. Dies kann ebenso gut auf den objectiven Thatbestand des Verbrechens, wie ihn der Gesetzgeber als Inhalt und Begriff dieses Verbrechens im Strafgesetz aufstellte, sich beziehen, als auf den concreten objectiven Thatbestand der speciellen Handlung. Ebenso wenig entscheidet die Fassung der zweiten Frage. Je nachdem man die erste interpretirt, spricht auch

---

1) Ueber die Einführung des Geschworenengerichts in Frankreich, in der Zeitschrift für ausländische Rechtswissenschaft und Gesetzgebung. Bd. 25. S. 371 ff.

die Vorschrift über die zweite entweder von der Beziehung, in welcher der Angeklagte im concreten Falle zu der That gestanden, oder von dem Verhältniß der Urheberschaft oder Theilnahme im Sinne des Gesetzes. Es bleibt gänzlich unklar, ob die Geschworenen befragt werden sollen über die einzelnen von dem Angeklagten unternommenen Unterstützungshandlungen, oder danach, ob er durch dieselben wirklich im Sinne des Gesetzes an dem Verbrechen theilgenommen habe. Ferner die Frage nach der „moralité du fait". Dieser unjuristische Ausdruck ist doch nicht in dem Grade unjuristisch, daß er die strafrechtliche Verantwortlichkeit des Angeklagten wegen seiner That bezeichnen sollte. Sollte er dies, so wäre allerdings der Antheil der Geschworenen an der Entscheidung über die Schuldfrage als ein vollständiger festgestellt. Moralité bedeutet hier aber, wie sich aus den Schriften der französischen Kriminalisten und aus zahlreichen Entscheidungen des Cassationshofes ergiebt, die innere Seite der That, die Willensbeschaffenheit des Thäters. Ob nun diese Frage nach der subjectiven Schuld des Angeklagten in der Weise an die Geschworenen gerichtet werden soll, daß sie nach den speciellen Umständen derselben im einzelnen Falle, z. B. nach dieser oder jener bestimmten Absicht, die der Angeklagte gehabt habe, gefragt werden, oder in der Weise, daß sie über die gesetzlichen Erfordernisse der subjectiven Schuld (Vorsatz, Fahrlässigkeit, ferner gewinnsüchtige Absicht, Absicht zu schaden u. s. w.) entscheiden sollen, — das bleibt nach der Vorschrift des art. 374 des Code völlig unentschieden. — Genau ebenso verhält es sich mit den Fragen nach den etwa vorhandenen Straferhöhungs- und Strafmilderungsgründen. Auch bei diesen ist es durchaus unklar, ob sie in concreter oder in allgemeiner Form (in der Form der gesetzlichen Merkmale) den Geschworenen vorgelegt werden sollen.

Nähmen wir einen Augenblick als gewiß an, daß der französische Gesetzgeber den Geschworenen das Urtheil über die gesetzlichen Voraussetzungen der Schuld des Angeklagten nicht habe entziehen wollen, so könnten wir dies doch nicht so verstehen, daß er sie nicht auch zugleich an die concreten Umstände der That habe binden wollen. Seine Absicht kann nicht gewesen sein, die Geschworenen nur im Allgemeinen über den gesetzlichen Thatbestand dieses oder jenes Verbrechens fragen zu lassen. Vielmehr da der Richter jedenfalls durch sie die Grundlage seines Urtheils feststellen lassen sollte, dieses aber sich auf eine mehr oder minder specielle, individuelle Handlung sich beziehen muß, so sollten jene Fragen an die Geschworenen zweifellos auch eine mehr oder weniger speciell angegebene That zum Gegenstand haben. Es wurde oben erwähnt, wie genau die englische Anklageakte mitunter das Verbrechen specialisirt, und wie, abgesehen von unwesentlichen Einzelheiten, die englischen Geschworenen an die im indictment aufgeführte specielle Begehungsart des Verbrechens gebunden sind. Wenn nun auch in der allgemeinen Bezugnahme auf das „fait, qui forme l'objet de l'accusation“ in der Vorschrift des französischen Code keine so strenge Verpflichtung zur Festhaltung des thatsächlichen Anklagegrundes sollte gefunden werden können, so darf doch wenigstens das als Wille des Gesetzgebers vermuthet werden, daß der Vorsitzende die Fragen nicht ganz allgemein stellen, sondern gewisse (wenn auch erst von ihm den Ergebnissen der Verhandlung entnommene) Einzelheiten der concreten That mit in die Fragen aufnehmen solle. Der Angeklagte soll bestraft werden, weil er durch diese bestimmte Aeußerung Majestätsbeleidigung verübte, weil er durch Wegnahme dieser bestimmten Sache einen Diebstahl beging.

Sollte also nach dem französischen Gesetze den Geschworenen in der That das Urtheil über die gesetzlichen Voraussetzungen der Schuld des Angeklagten gegeben werden, so mußte wenigstens bei einzelnen gesetzlichen Merkmalen eine Verbindung der gesetzlichen mit den concreten Thatsachen in der Frage beabsichtigt sein [1]). In England ist eine solche Nebeneinanderstellung von individuellen Umständen der That und den einzelnen ihnen entsprechenden gesetzlichen Merkmalen, wenn sie auch vorkommen kann, so doch nicht nöthig. Das indictment enthält hier meist die Beschuldigung, daß der Angeklagte unter diesen oder jenen Umständen dieses oder jenes mit seinen gesetzlichen Bezeichnungen angegebene Verbrechen verübt habe, und wo dies auch nicht der Fall ist, sondern nur die einzelnen Merkmale, die einen concret, die andern in allgemein gesetzlicher Form, neben einander gestellt sind, da hat doch anerkanntermaßen das „guilty" der Geschworenen den Sinn, daß auch in den nur concret angegebenen Umständen die nöthigen gesetzlichen Erfordernisse enthalten seien. Dasselbe hätte man in Frankreich nur dadurch erreichen können, daß man die Fragen an die Geschworenen in ein allgemeines „schuldig" oder „nichtschuldig" zusammenfaßte und dieses ausdrücklich mit der Bedeutung „schuldig vor dem Gesetze" ausstattete. Wenn man dies nicht that und dennoch den Geschworenen die Entscheidung über den gesetzlichen Thatbestand nicht entziehen wollte, so mußte man sich zu jener mitunter ziemlich schwerfälligen Nebeneinanderstellung entschließen. Dies macht aber die Annahme, daß die französische Gesetzgebung den Geschworenen wirklich die Entscheidung über die gesetzlichen Merkmale des Thatbestandes principiell habe zuweisen wollen, mindestens bedenklich. Die Forderung einer solchen Nebeneinanderstellung ist nicht gut in dem Wortlaute des art. 374 des Code des délits et des peines zu entdecken.

Ferner scheint die Ausdrucksweise dieses Artikels den Geschworenen mindestens nicht alle gesetzlichen Voraussetzungen

---

1) Es muß daran erinnert werden, daß eine solche Verbindung bei allen Merkmalen gar nicht möglich ist, auch dann nicht immer, wenn es gestattet ist, die concreten Umstände der That aus den Ergebnissen des Beweises herauszugreifen.

der Schuld des Angeklagten zur Entscheidung zu überweisen. Die Vorschrift, daß nach der moralité der Handlung gefragt werden soll, kann zunächst doch wohl nur dahin verstanden werden, daß die Geschworenen über die bestimmte zu diesem oder jenem Verbrechen gesetzlich zugehörige Absicht und daß sie ferner darüber entscheiden sollen, ob der Angeklagte zurechnungsfähig gewesen sei. Wo bleibt dann aber die Rücksicht auf die übrigen Erfordernisse des allgemeinen Thatbestandes? Soll über sie gar nicht, oder wenigstens nicht von den Geschworenen erschieden werden? Dies kann nicht beabsichtigt sein. Es bleibt daher nichts übrig als anzunehmen, daß unter den Fragen nach der moralité auch die nach solchen Schuldausschließungsgründen verstanden seien. Danach sollten also die Geschworenen in einer Reihe einzelner Fragen 1) nach der zu der speciellen Verbrechensart erforderlichen Absicht, 2) nach der Zurechnungsfähigkeit des Thäters, 3) nach etwa vorhandener Nothwehr u. s. w. gefragt werden. Dadurch entsteht aber von selbst eine Beschränkung der Geschworenen. Man wird sie nicht in jedem einzelnen Falle nach allen möglichen Schuldausschließungsgründen fragen, sondern nur nach solchen, welche etwa vom Gerichte vermuthet werden. Da sie nun nicht gefragt werden, ob der Angeklagte schuldig sei, sondern nur nach einzelnen Bestandtheilen dieser Schuldfrage, so können sie auf solche Schuldausschließungsgründe, welche ihnen nicht besonders vorgelegt werden, keine Rücksicht nehmen. Wenn die Fragen z. B. lauten: 1) Ist der X. getödtet? 2) Ist der Angeklagte der Thäter? 3) Hat er den X. mit Absicht getödtet und war er bei der That zurechnungsfähig? so dürfen die Geschworenen etwa vorhandene Nothwehr nicht beachten, sondern müssen vielleicht trotz vorliegender Nothwehr alle jene Fragen bejahen und dadurch den Angeklagten der Verurtheilung preisgeben. — Die französische Praxis hat zwar aus jenen einzelnen Fragen nach der moralité sehr häufig eine einzige ganz allgemeine Frage ge=

macht, nämlich die, ob der Angeklagte „dans l'intention du crime“ gehandelt habe, also: in der Absicht, das Verbrechen zu begehen. In dieser berüchtigt gewordenen question intentionnelle ist allerdings die Rücksicht auf sämmtliche Strafausschließungsgründe enthalten. Haben doch die französischen Geschworenen durch die Vorlegung jener Frage sich oft zu der Berücksichtigung vollkommen unjuristischer, rechtlich durchaus irrelevanter Gesichtspunkte für berechtigt gehalten. Daß aber der Code, welcher sogar eine Trennung der Fragen, ob das Verbrechen begangen, und ob der Angeklagte der Thäter, vorschreibt und ausdrücklich bestimmt: „il ne peut être posé aucune question complexe“, daß der Code eine solche monströse Frage sollte beabsichtigt haben, ist keinenfalls anzunehmen.

Also auch bei der Voraussetzung, daß die damalige französische Jury nach den einzelnen gesetzlichen Merkmalen der Schuld gefragt werden sollte, würde ihre Competenz doch eine beschränktere gewesen sein als die der englischen Geschworenen. — Daß diese Verschiedenheit eine unvergleichbar größere wäre, wenn feststände, die französische Gesetzgebung habe die Jury auf die Constatirung rein concreter Thatumstände anweisen und beschränken wollen, sodaß ihnen das Urtheil über die Anwendbarkeit der gesetzlichen Merkmale des Verbrechens auf die That des Angeklagten entzogen wäre, liegt auf der Hand. Zwar würde sich eine solche Beschränkung nicht vollständig haben durchführen lassen. Ein solcher Versuch scheitert sehr oft an der Unmöglichkeit, nähere individuelle Umstände der That, welche dann unter die gesetzliche Bestimmung subsumirt werden könnten, aufzufinden, und man muß sich dann doch entschließen, die Geschworenen nach dem gesetzlichen Merkmal selbst zu fragen. Ferner kann bei dieser Theorie nie die ganze thatsächliche Unterlage des richterlichen Urtheils festgestellt werden. Ehe der Richter es unternehmen darf, auf eine Reihe durch die Geschworenen festgestellter concreter Umstände das Gesetz anzuwenden und eine Verurtheilung eintreten zu lassen, muß er prüfen, ob der vorliegende Fall und dessen erhebliche Thatsachen in jenen einzelnen Feststellungen vollständig enthalten sind, oder ob nicht vielleicht Umstände vorliegen, durch welche die That als straflos erscheint. In dieser Prüfung liegt ebensowohl eine thatsächliche Feststellung als eine Anwendung gesetzlicher Bestimmungen. —

Daß auf diese Weise den Geschworenen einestheils mehr, anderentheils weniger zugewiesen sein würde, als man beabsichtigte, ist allerdings kein entscheidender Grund gegen die Annahme, daß eine solche Trennung der That- und der Rechtsfrage von der französischen Gesetzgebung gefordert worden sei. Jene Inconsequenzen treten nicht überall zu Tage, und annähernd läßt sich die Trennung der That- und Rechtsfrage allerdings durchführen. Aber sie ist dann das beste Mittel, die Jury zu einem bedeutungslosen Institute zu machen. Wenn die Geschworenen über nichts als über beliebige specielle Thatsachen entscheiden sollen, so sinken sie zu bloßen Handlangern des Richters hinab, und nicht sind sie es, welche über die Schuld des Angeklagten entscheiden, sondern im Wesentlichen nur der Richter. Daß hierin allerdings in gewisser Weise ein Grund gegen jene Interpretation der französischen Gesetzgebung gefunden werden kann, da man allgemein in Frankreich die Jury als eine Institution zum Schutze der bürgerlichen Freiheit ansah, wurde oben schon bemerkt.

Die allgemeine Ansicht der Schriftsteller ist nichtsdestoweniger die, daß die französische Gesetzgebung jener Zeit wirklich die Jury auf die Constatirung rein individueller Umstände der That habe beschränken wollen. Hierin stimmen sowohl diejenigen überein, welche die Competenz der Geschworenen nach der Gesetzgebung von 1808 als eine erweiterte, auch die gesetzliche Qualifikation der That umfassende ansehen, als auch diejenigen, welche die Vorschrift auch des Code von 1808 von reinen Thatsachen verstehen. Die französischen Schriftsteller gehören meistens zu den letzteren und unterscheiden sich nur dadurch, daß die einen eine wirkliche Beschränkung der Geschworenen auf reine Thatsachen verlangen [1]), die anderen hingegen auch darin nichts als eine reine Thatfrage sehen, wenn die Fragen nach den Worten des Gesetzes gestellt werden [2]), womit sie der Sache nach freilich die gesetzliche Qualification der That den Geschworenen überlassen. Nur wenige wollen principiell den Geschworenen diese Entscheidung zuweisen. Aber auch diese sind der Ansicht, daß die erste französische Gesetzgebung die Geschworenen auf reine Thatsachen habe beschränken wollen [3]). Diese Meinung ist bei den deutschen Schriftstellern ebenfalls ganz allgemein. In Betreff der geltenden französischen Gesetzgebung gehen ihre Ansichten sehr

---

1) z. B. Boitard, leçons sur les codes pénals et d'instruction criminelle, publiées par G. de Linage. 5. éd. Paris 1851. p. 534 ff.

2) z. B. Trebutien, cours élémentaire de droit criminel. Paris 1854. II. p. 417 ff.

3) Ganz vereinzelt vertheidigt die entgegengesetzte Meinung Bourguignon, mémoire.. sur cette question.. quels sont les moyens de perfectionner en France l'institution du jury? Paris an X p. 52 ff. Sein Urtheil über die Trennung der That- und Rechtsfrage giebt er dahin ab: »Il est aisé de voir que ce système, dont l'origine est très-moderne, tend à augmenter considérablement les attributions des magistrats et à restreindre celles du jury, au point de les rendre insignifiantes et nulles ... il est évident que les magistrats pourront se jouer de la déclaration du jury, puisqu'ils auront la faculté de justifier les circonstances les plus graves et de criminaliser les plus frivoles; qu'ils pourront arbitrairement faire grâce ou condamner; enfin qu'ils seront les maitres de la cause, et que ni la société ni les individus ne trouveront dans le jury la garantie reciproque qui fut l'objet de cette institution«. Vgl. p. 76 u. 77. Die Vorschrift der Gesetzgebung von 1791 u. 1796 versteht er dagegen in dem Sinne, daß den Geschworenen die einzelnen gesetzlichen Voraussetzungen der Schuld des Angeklagten in besonderen Fragen vorgelegt werden, nicht aber dahin, daß sie nur nach concreten Umständen gefragt werden sollten.

auseinander; über die frühere dagegen herrscht große Einhelligkeit [1]). Eine Ausnahme macht Feuerbach, welcher in den Betrachtungen über das Geschworenengericht [2]) mit aller Entschiedenheit behauptet, es sei durchaus nicht die Meinung jener Gesetzgebung gewesen, die Geschworenen nur nach concreten Umständen zu fragen, sondern sie habe nur die Schuldfrage in ihre Bestandtheile zerlegen wollen. Er sagt: „Die Gesetzgeber hatten hier keineswegs die Absicht, den rechtlichen Theil der Thatfrage von dem reinhistorischen zu trennen". Hierfür führt er [3]) die Worte der Instruction über das Criminalverfahren vom 21. October 1791 an: — „qu'il aurait de l'inconvénient à ne pas guider les jurés sur la position des questions différentes qu'ils doivent se proposer sur la moralité du fait. Le législateur a craint qu'ils n'en omissent d'essentielles ou qu'il ne s'élevât entre eux des débats sur la manière de les poser, et que les difficultés ne prolongeassent beaucoup leurs opérations, quelquefois même ne les jetassent dans des embarras dont ils auraient peine à sortir" [4]).

Es kann aber in diesen Worten wohl nur die Motivirung der Mehrzahl der Fragen gefunden werden, während sie die eigentliche Competenz der Geschworenen gar nicht berühren. Zweifelhaft ist allerdings der Ausdruck „moralité du

---

1) S. v. Daniels, Grundsätze des rheinischen und französischen Strafverfahrens S. 27 u. 28 vgl. mit S. 188 ff. Mittermaier, das deutsche Strafverfahren, Theil II. S. 564. v. Kräwel, im Archiv des Criminalrechts 1854 S. 410. Zachariä, das mündlich-öffentliche Verfahren mit Geschworenen im Königreich Hannover. Erstes Heft. Göttingen 1850 S. 54 ff.

2) Seite 203 ff.

3) ebenso wie Bourguignon a. a. O. p. 64. 65.

4) Bourguignon a. a. O. S. 65: „Voilà l'unique motif des diverses questions qui doivent être proposées au jury; elles ne changent rien à ses attributions ni à sa compétence".

fait". Dieser kann hier nicht, wie sonst, die Willensbeschaffenheit des Angeklagten bezeichnen, da er sich hier auf das Ganze der That, also auch auf den objectiven Thatbestand bezieht. Ob er aber wirklich, wie Feuerbach annehmen muß, die Criminalität der Handlung und nicht vielmehr nur die Verantwortlichkeit des Angeklagten im Allgemeinen ausdrücken soll, d. h. den Umstand, daß der Angeklagte wirklich das gethan, was ihm vorgeworfen wird, das scheint doch nicht von vornherein festzustehen.

Das aber kann allerdings aus jenen Worten entnommen werden, daß man sich nicht bewußt war, etwas von dem im Allgemeinen bei der Jury, d. h. bei der englischen Jury Gültigen Abweichendes festzusetzen. Insofern eine ausdrückliche Beschränkung der Geschworenen auf rein concrete Thatsache eine solche Abweichung sein würde, liegt also wirklich in jener Stelle ein Argument gegen die allgemeine Auffassung jener gesetzlichen Bestimmungen.

Nach der oben angestellten Untersuchung kann so wenig diese allgemein verbreitete, als die Ansicht Feuerbachs die richtige sein. Die allein mögliche scheint vielmehr die, daß die erste französische Gesetzgebung über den principiellen Unterschied beider Systeme gar kein deutliches Bewußtsein hatte, daß sie ebenso wenig Werth darauf legte, daß die Geschworenen nur reinhistorische, als darauf, daß sie durchaus immer auch gesetzliche Merkmale entscheiden sollten. Sie hatte sich nicht klar gemacht, daß die Frage nach manchem gesetzlichen Merkmal noch ganz andere als thatsächliche Erwägungen zur Beantwortung erfordere; sie hatte sich auf der anderen Seite ebenso wenig klar gemacht, daß den Geschworenen etwas Wesentliches entzogen werde, wenn sie statt nach der betreffenden gesetzlichen Bestimmung allein nach dem concreten Umstande gefragt würden. Es schwebte ihr bei den Vorschriften über die Fragestellung nur im Allgemeinen die Anklage vor. Die wesentliche Eigenthümlichkeit dieser aber ist es, gesetzliche und concrete Merkmale neben einander zu enthalten, einige Theile der dem Angeklagten vorgeworfenen Handlung genau specialisirt anzugeben, andere aber nur in der Form der Merkmale des gesetzlichen Thatbestandes hinzustellen.

Auf diese Weise löst sich das obige Dilemma ganz leicht, und zwar in einer Weise, die vielleicht nicht sehr von dem Tiefblicke der französischen Legislation zeugt, dennoch aber der Kindheit der Jury auf dem neuen Boden gewiß ganz entsprechend ist.

Beispiele aus der Praxis jener Zeit zeigen deutlich, wie wenig man sich des Unterschiedes, über den nachmals bis auf den heutigen Tag so lebhafter Streit geführt worden ist, damals bewußt war.

Der objective Thatbestand findet sich fast immer in concreter Weise angegeben, und zwar mitunter mit großer Ausführlichkeit und Genauigkeit. Dies erklärt sich leicht daraus, daß in Betreff seiner die Anklage regelmäßig die meisten Specialitäten enthält oder, wenn dies nicht der Fall sein sollte, es doch für den Richter nicht schwer ist, solche Umstände des objectiven Thatbestandes aus den Ergebnissen der Verhandlung auszusuchen, welche von den Geschworenen mit großer Wahrscheinlichkeit müssen bejaht werden. So wird z. B. gefragt: „Est-il constant, qu'il ait été mêlé du poison dans un potage destiné spécialement au citoyen B. et qu'il en ait fait usage?“ [1]) Die Versuchshandlung wird hier also nur in Gestalt des äußerlichen Factums angeführt. Wenn die Geschworenen dasselbe bejahend festgestellt haben und ebenso durch sie constatirt ist, daß der Angeklagte es war, welcher das Gift in die Speise mischte, und ferner daß er es in der Absicht that, den citoyen B. zu tödten, so ist es dann Sache des Richters zu entscheiden, ob in den festgestellten Umständen der

---

1) Sirey, recueil général des lois et des arrêts en matière civile, criminelle, commerciale et de droit public, 1801 u. 1802 I, 31.

Thatbestand eines Versuchs des Mordes enthalten sei. Es ist offenbar, daß dabei den Geschworenen das Urtheil darüber entzogen ist, ob die betreffende Handlung eine wirkliche Versuchshandlung war oder nicht [1]). — Der objective Thatbestand wurde oft in einer so großen Detaillirung in die Fragen aufgenommen, daß gerade hier die Bestimmung, daß keine Frage complex sein sollte, ihre Anwendung fand. So kam es denn oft zu einer außerordentlich großen Anzahl von Fragen; jeder einzelne Umstand wurde in eine besondere Frage aufgenommen. Die französischen Schriftsteller erwähnen Processe, in denen es auf diese Weise bis zu 6000 [2]), ja bis zu 20 u. 30000 [3]) Fragen kam, Zahlen, die übrigens zum sehr großen Theil auch aus einer bedeutenden Menge von Angeklagten und Anklagegegenständen zu erklären sind. Vor der Complexität der Fragen war man so sehr besorgt, daß man sogar solche Fragen wie die oben angeführte als complex angriff [4]). Diese enorme Zersplitterung der Fragen hat man

1) Uebrigens ist es zudem nicht eine bloße Subsumtion einer concreten Thatsache unter die gesetzliche Norm, wenn der Richter darin, daß der Angeklagte dem X Gift in die für ihn bestimmte Speise streut, eine Versuchshandlung erkennt. Denn es ist jene Handlung durchaus nicht immer und nothwendig eine Versuchshandlung, sondern kann den Umständen nach recht wohl bloße Vorbereitungshandlung sein. Vgl. L. Bar, zur Lehre von Versuch und Theilnahme, Hannover 1859. S. 32.

2) **Trebutien**, a. a. O. II, p. 418.

3) **Bourguignon**, a. a. O. p. 84.

4) Der Cassationshof verwarf in diesem Falle die Nichtigkeitsbeschwerde, indem er sich folgende Gründe aneignete: „Que le législateur n'avait pu ordonner la décomposition des questions à ce point que chacune d'elles ne présentât qu'une idée simple, la perception d'une sensation unique; qu'une telle decomposition conduirait à un état de simplicité, tel qu'il n'y aurait plus de résultat; car un être, un fait quelconque présente un certain composé de qualités et de circonstances; que le législateur a voulu seulement défendre cette espèce de complicité qui renferme dans une même question plu-

meistens als entscheidenden Grund für die Behauptung angesehen, daß die damaligen Geschworenen nur factische Umstände festzustellen gehabt hätten. Demgegenüber ist nachdrücklich hervorzuheben, daß es meist nur der objective Thatbestand war, welcher eine solche Zerreißung in lauter Details erfuhr, und daß auch hier durch die Genauigkeit des factischen Materials an und für sich gar nicht ausgeschlossen wird, daß die Geschworenen nicht daneben auch noch nach dem objectiven Thatbestande im Sinne des Gesetzes gefragt werden könnten [1]).

Wie die erste Frage oder, wenn diese in verschiedene einzelne zerlegt wurde, die erste Reihe der Fragen, so wurde meistens auch die zweite Frage, resp. die zweite Kategorie derselben den Geschworenen in concreter Form vorgelegt. Besonders wenn es sich um Anstiftung oder Theilnahme handelte, fragte man gewöhnlich nach den speciellen Handlungen des Angeklagten und nicht nach dem gesetzlichen Thatbestand der Anstiftung oder Beihülfe.

Anders aber verhielt es sich mit den Fragen nach der der „moralité du fait" und nach etwa vorhandenen Schuldausschließungsgründen. Es liegt in der Sache selbst, daß sich hier seltener concrete Umstände behaupten lassen. Man nahm daher der Regel nach die vom Gesetze als Merkmal des Thatbestandes eines Verbrechens aufgestellte Absicht in die Frage auf. Die Fragen nach dem Vorhandensein von Schuldausschließungsgründen wurden meistens nach dem Wortlaut der gesetzlichen Bestimmung gefaßt; man fragte die Geschworenen also nicht nach den speciellen Umständen, aus denen sich ergeben könnte, daß der Angeklagte bei Begehung der That im Zustande der Nothwehr sich befunden habe, sondern sehr häufig direct nach „légitime défense" [2]). Hierbei kommt beson-

sieurs questions, dont chacune présente une circonstance qui modifie ou le crime ou l'excuse".

1) So z. B. Sirey, recueil 1801 und 1802 II, p. 387.

2) Sirey, recueil 1807 II, p. 964.

ders jene bekannte **question intentionnelle** in Betracht. Diese wurde in unzähligen Fällen gestellt und mußte dann natürlich den Sinn haben, daß die Geschworenen entscheiden sollten, ob der Angeklagte zurechnungsfähig gewesen sei und ob keine anderen Schuldausschließungsgründe vorlägen. Bei ihr kann also von einer Beschränkung der Geschworenen auf reine Thatsachen in keiner Weise die Rede sein. Wurde doch dieselbe oft in einem so weiten Sinne genommen, daß sie sogar über jeden strafrechtlichen Inhalt hinausging. Wenn die Geschworenen nach der That an sich, nach dem Antheil des Angeklagten an derselben und ferner nach der für das in Rede stehende Verbrechen erforderlichen Absicht gefragt waren, und ihnen nun noch außerdem die Frage vorgelegt wurde, ob der Angeklagte „**dans l'intention du crime**" gehandelt habe, so lag das Mißverständniß nahe, daß sie vermutheten, sie sollten nun noch darüber sich erklären, ob der Angeklagte in der ausdrücklichen Absicht, dies Verbrechen zu begehen, die That verübte. Dies führte dann zu den auffallendsten Widersprüchen. So bejahten die Geschworenen z. B., daß die Angeklagten falsches Geld in Umlauf gesetzt hätten und daß sie dies wissentlich gethan, verneinten dagegen, daß sie es „**dans l'intention du crime**" gethan hätten [1]).

Mit der Cassation solcher sich widersprechender Wahrsprüche hatte der Cassationshof reichlich zu thun. Eine Cassation konnte aber dann nicht eintreten, wenn die Möglichkeit vorlag, daß die Geschworenen durch die Verneinung der **question intentionnelle** das Vorhandensein eines Schuldausschließungsgrundes hatte constatiren wollen. Es hatten in solchen Fällen also die Geschworenen — die übrigen Fragen mochten so concret gefaßt sein wie möglich — einen nicht kleinen Theil der Rechtsfrage definitiv entschieden.

Dafür, daß sie von dieser keineswegs principiell ausge-

1) **Sirey, recueil 1801** und **1802 II, p. 387.**

schlossen werden sollten, ist das beste Beispiel folgendes. Die Geschworenen waren in einem Processe wegen Todtschlags u. A. danach gefragt: „Cet homicide est-il la suite d'une provocation violente?“ Der Cassationshof vernichtete; nicht etwa weil der gesetzliche Begriff der provocation den Geschworenen zur Feststellung vorgelegt worden, sondern weil „d'après les termes de l'article cité du Code pénal (art. 9) qui porte que dans le cas qu'il prévoit, l'accusé pourra être, et non pas sera déclaré excusable, après avoir posé la question relative à la provocation violente, le tribunal criminel du département de l'Yonne devait en poser une seconde sur le point de savoir si la provocation violente, dont il s'agissait, rendait l'accusé excusable ou non“ [1]).

Nach allem diesen wird wohl zugegeben werden, daß die französische Gesetzgebung und Praxis der damaligen Zeit eine principielle Unterscheidung zwischen der Competenz der Geschworenen und der der Richter in Betreff ihres Antheils an der Beantwortung der Schuldfrage nicht gekannt habe.

2. Nach der Gesetzgebung und Praxis seit 1808.

Die vielfachen Widersprüche, welche die Zersplitterung der Fragen und die gefährliche question intentionnelle in den Antworten der Geschworenen veranlaßten, legten das Bedürfniß einer Abänderung dieses wichtigen Punktes des Strafverfahrens nahe. Auf eine solche Reform beziehen sich zwei Vorschläge des Cassationshofes [2]), welche freilich wenig geeignet waren, jenem Uebelstande abzuhelfen.

1) Sirey, recueil 1807 II, p. 964.

2) S. Bourguignon, mémoire p. 53. p. 70 ff. — Feuerbach, Betrachtungen über das Geschworenengericht S. 209 ff. — Biener, das englische Geschworenengericht Bd. I. S. 371. — Auch Bourguignon, jurisprudence des codes crim. Paris 1825 II p. 560 f.

Der erste (vom Jahre IX) wendet sich hauptsächlich gegen die intentionelle Frage, der zweite (vom Jahre XI) gegen die Vielheit der Fragen. Nach dem ersten sollen an die Geschworenen drei Reihen von Fragen gerichtet werden, die eine nach den einzelnen „faits“, welche den Gegenstand der Anklage bilden, die andere dahin, ob der Angeklagte „convaincu d'avoir commis chaque délit ou d'y avoir coopéré, ou d'avoir fait les différens actes auxquels la loi attache le caractère de complicité“, die dritte, „sur les faits circonstantiels, qui sont de nature à manifester l'intention: tels sont les moyens employés pour l'exécution du crime, la répétition des violences, la barbarie qui les aurait accompagnées“, und zwar sollten sie nach diesen letzteren Umständen gefragt werden „avant que les jurés prononcent sur l'intention“.

Feuerbach [1]) meint, daß hierin deutlich eine Beschränkung der Jury auf reine Thatfragen ausgesprochen sei. Betrachtet man aber die Ausdrucksweise besonders in Betreff der zweiten Reihe der Fragen und erwägt ferner, daß den Geschworenen durchaus nicht die Entscheidung über die intention (ob diese in concreter oder in der Form des gesetzlichen Merkmals erfolgen soll, darüber wird gar nichts festgesetzt) genommen werden, sondern sie nur zugleich auch über die einzelnen thatsächlichen Umstände befragt werden sollen, aus denen das Dasein der intention sich folgern läßt, so kann eine Abweichung dieses Vorschlags von den damals geltenden gesetzlichen Bestimmungen nur darin gefunden werden, daß der Cassationshof die Geschworenen in Betreff der question intentionnelle controlirt wissen will. Diese Controle würde allerdings eine Beschränkung der Geschworenen in sich geschlossen haben, aber nicht eine Beschränkung auf reine Thatsachen, sondern eine Beschränkung in Bezug auf die Beweisfrage. Ebenso wenig wie man in dem art. 374 des Code des délits et des peines mit Feuerbach eine Zu-

1) a. a. O. S. 210.

weisung der ganzen Schuldfrage an die Geschworenen erblicken darf, ebenso wenig muß jener Vorschlag des Cassationshofes durchaus von reinen Thatfragen verstanden werden.

In dem zweiten Vorschlage (vom Jahre XI) wird dagegen deutlich eine Beschränkung der Jury auf rein factische Umstände verlangt; aber demgegenüber klingt es fast räthselhaft, wenn die Geschworenen ganz allgemein gefragt werden sollen: „l'accusé est-il coupable?“ Die Worte lauten: „peut-être la seule question à leur proposer devroit-elle être: l'accusé est-il coupable? et ce seroit aux juges à spécifier le délit d'après les faits et les circonstances et à en déterminer le caractère avant que d'appliquer la peine“. Feuerbach sieht hierin den vollkommensten Widerspruch und meint, dem Verdicte der Geschworenen werde auf diese Weise sein ganzer Inhalt genommen, und ihr „schuldig“ stände ganz in der Luft, ohne sich auf irgend eine That oder ein Verbrechen zu beziehen [1]). In diesem Sinne wäre jener Vorschlag allerdings geradezu widersinnig Darum muß aber doch wohl eine andere und nicht fern liegende Erklärung angenommen werden, nämlich die, daß den Geschworenen zwar nicht einzelne Fragen vorgelegt werden, daß sie aber über den Inhalt der Anklageakte entscheiden sollten. Wenn sie diesen durch ihr „schuldig“ bejahen, dann soll es Sache des Gerichtshofes sein, denselben zu einem Verbrechen zu qualificiren. Der Irrthum ist nur der, daß dadurch die Jury auf bloße Thatsachen beschränkt werden soll. Die Anklage wird vielmehr manche Merkmale des Verbrechens als gesetzliche enthalten. Auf

1) a. a. O. S. 213: „Will man die Antwort von ihrem bestimmten Gegenstande trennen, ihr die Bedeutung geben: schuldig irgend eines Verbrechens, so sind wir berechtigt, noch um einen kleinen Schritt weiter zu gehen und zu sagen: wenn die Geschworenen „schuldig“ sprechen, so heißt dies nicht gerade: der Angeklagte A ist schuldig, sondern nur irgend Einer ist des Verbrechens schuldig“.

der anderen Seite kann dann auch der Gerichtshof nicht durch bloße Subsumtion unter die gesetzliche Norm die fragliche That des Angeklagten zu einem Verbrechen stempeln, sondern auch dazu sind (in Betreff etwa vorliegender Schuldausschließungsgründe) stets noch wieder thatsächliche Erwägungen nöthig. —

Im Code d'instruction criminelle vom Jahre 1808 [1]) kam es zu folgender neuen Vorschrift über die Fragestellung. Der art. 337 bestimmte:

„La question résultant de l'acte d'accusation sera posée en ces termes:

L'accusé est-il coupable d'avoir commis tel meurtre, tel vol ou tel autre crime, avec toutes les circonstances comprises dans le résumé de l'acte d'accusation?"

Hiermit scheint zweifellos den Geschworenen die Entscheidung auch über den gesetzlichen Thatbestand des Verbrechens überwiesen zu sein. Der Gesetzgeber sagt ausdrücklich, sie sollten prüfen, ob der Angeklagte des Mordes, des Diebstahls u. s. w. schuldig sei. Die Bestimmung „avec toutes les circonstances comprises dans le résumé de l'acte d'accusation" kann freilich nicht von den thatsächlichen Behauptungen der Anklage verstanden werden. Wäre dies der Fall, so könnte man aus dieser besonderen Erwähnung des concreten Thatbestandes mit um so größerer Gewißheit darauf schließen, daß unter den Ausdrücken „tel meurtre, tel vol", „tel crime"

---

1) Ueber die Staatsrathssitzungen, in denen über den Entwurf berathen wurde, s. Locré, la législation civile, commerciale et criminelle de la France ou commentaire et complément des Codes français. Tome 25 p. 573 ff. Die hier mitgetheilten Debatten über den art. 337 drehen sich jedoch nur darum, ob und wie an die Stelle der vielen Fragen eine einfache gesetzt werden, besonders darum, ob eine intentionelle Frage gestellt werden oder die Geschworenen durch das coupable über die intention entscheiden sollten. Irgend einen klaren und deutlichen Ausspruch über das Verhältniß der Jury zu der Feststellung der gesetzlichen Verbrechensmerkmale sucht man vergebens.

der gesetzliche Thatbestand gemeint sei. Aus den art. 344 und 345 ergiebt sich, daß unter den „circonstances“ Erschwerungsgründe des Verbrechens gemeint sind, wie sie etwa schon in der Anklageakte enthalten sind [1]). Es muß also in den Worten „tel meurtre“ u. s. w. selbst die Beziehung auf die factischen Umstände enthalten sein. Aber jedenfalls scheinen diese Worte doch nicht nur die factischen Umstände ausdrücken zu sollen, sondern zugleich auch die gesetzliche Qualification der That.

Aus dem Worte „coupable“ allein läßt sich nichts folgern, da dies allerdings die rechtliche Verantwortlichkeit des Angeklagten ausdrücken kann, ebensowohl aber auch vielleicht nur die Beziehung der That auf den Angeklagten damit gemeint ist; seinen eigentlichen Inhalt erhält es erst durch die Interpretation der auf dasselbe folgenden Ausdrücke.

Die französischen Schriftsteller reden fast sämmtlich von der Nothwendigkeit der Beschränkung der Jury auf reine Thatsachen; bei näherer Betrachtung dagegen wollen sie eine solche Beschränkung dennoch nicht. Fast alle nämlich sehen als den wahren Sinn des art. 337 die Befragung der Geschworenen nach den einzelnen im Gesetze aufgestellten Verbrechensmerkmalen an. So spricht z. B. einer der neuesten Schriftsteller, Trebutien [2]), des Langen und Breiten von der Trennung der Fragen „in jus“ und der „in factum“ und zieht am Ende doch nur die Folgerung, daß die Jury nicht nach der allgemeinen Verbrechensbezeichnung (meurtre, vol) u. s. w. gefragt, sondern in die Frage **toutes les circonstances légalement constitutives du crime** aufgenommen werden sollen.

Die deutschen Schriftsteller sind von diesen Widersprüchen frei. Die meisten erkennen in jenem art. des Code die Zu-

1) Von den während der Verhandlung hervortretenden handelt art. 338.

2) Cours élémentaire de droit criminel. Paris 1854 II p. 425 ff.

weisung der gesetzlichen Qualification der That an die Geschworenen und sehen hierin eine wirkliche Entscheidung von Rechtsfragen durch dieselben. Wie Feuerbach sagt, daß durch jene gesetzliche Bestimmung „die vollständige Thatfrage in ihren historischen und rechtlichen Bestandtheilen zur Beurtheilung der Geschworenen ausgesetzt und dadurch die Jury bei Wesen und Würde erhalten worden sei" [1]), so sind auch Mittermaier [2]), Zachariä [3]), v. Kräwel [4]) u. A. derselben Ansicht.

So sehr nun aber der Wortlaut des **art.** 337 für diese Auffassung spricht, so ist nicht zu übersehen, daß andere Artikel des **Code** ihr zu widersprechen scheinen. Man hat in dieser Beziehung die art. 364, 365 und 342 genannt [5]). Die art. 364 und 365 bestimmen:

> „**La cour prononcera l'absolution de l'accusé, si le fait dont il est déclaré coupable n'est pas défendu par une loi pénale. Si ce fait est défendu, la cour prononcera la peine établie par la loi**" u. s. w.

Hierin hat man ausgesprochen gefunden, daß der Gerichtshof die von den Geschworenen, festgestellten factischen Umstände erst seinerseits nach dem Maßstab des gesetzlichen Thatbestandes prüfen und danach die gesetzliche Qualification der That bestimmen oder eine solche überhaupt nicht annehmen solle. Demgegenüber jedoch kann man sich nicht nur [6]) darauf berufen, daß jene Artikel sich recht wohl von dem Falle verste-

---

1) Feuerbach, a. a. O. S. 222.

2) Deutsches Strafverfahren, 2. Theil S. 568. Gesetzgebung und Rechtsübung S. 525 ff.

3) Das mündlich-öffentliche Verfahren mit Geschworenen im Königreich Hannover. Erstes Heft. Gött. 1850. S. 56 ff.

4) Archiv des Criminalrechts 1854 S. 410 ff.

5) S. **Boitard, leçons sur les codes, p. 539.** v. Daniels, Grundsätze des rheinischen und französischen Strafverfahrens S. 189 ff.

6) mit v. Kräwel, a. a. O. S. 412 („einzelne erschwerende Umstände" steht hier wohl nur aus Versehen).

hen lassen, wenn die Geschworenen einzelne Merkmale verneinen und „der Gerichtshof annimmt, daß für den so modificirten Fall eine Strafe vom Gesetze nicht verhängt ist"; sondern es hat jene Bestimmung ihre Bedeutung auch für die Fälle, in denen schon die Anklage den Begriff eines Verbrechens nicht erschöpfte und der Gerichtshof schon in die Frage nicht alle Merkmale des gesetzlichen Thatbestandes aufnahm; und endlich ist darin auch die Ermächtigung für den Gerichtshof zu finden, im Falle der Schuldigerklärung durch die Geschworenen den Angeklagten dennoch aus dem Grunde freizusprechen, weil ihm die in der Frage und in dem Verdicte enthaltenen factischen Umstände dem von den Geschworenen constatirten gesetzlichen Thatbestande zu widersprechen scheinen.

Der art. 342 wird deshalb für die Beschränkung der Geschworenen auf concrete Umstände der That angeführt, weil er sie bei der Beantwortung der an sie gerichteten Frage ganz allein an ihre intime conviction weise und ihnen ausdrücklich vorschreibe, nicht an die dispositions des lois pénales zu denken. Abgesehen jedoch davon, daß diese letztere Bestimmung sich auch dahin verstehen läßt, daß die Geschworenen sich nicht durch etwaige Härte der Strafgesetze in der Beantwortung der ihnen vorgelegten Fragen beirren lassen sollen [1]), würde jene Abweichung nur das beweisen, daß die Geschworenen nach ihrem Wissen und nach nichts Anderem über die ihnen vorgelegten Punkte entscheiden sollen; ob diese selbst aber sog. factische Umstände oder gesetzliche Merkmale des Verbrechens sein müssen, darüber folgt aus ihr gar nichts. Wir werden unten sehen, wie die französische Praxis, obgleich die Gesetzgebung nur eine Zusammenfassung der Beweise im résumé des Vorsitzenden, nicht aber eine Belehrung über das Recht, die der Präsident den Geschworenen zu ertheilen hätte, kennt, dennoch die Geschworenen ohne weitere Anleitung über bei

1) S. Zachariä, a. a. O. S. 58.

Weitem die meisten gesetzlichen Merkmale der Verbrechen selbstständig entscheiden läßt.

Die Unklarheit, in welcher sich diejenigen befinden, welche eine principielle Unterscheidung der That- und der Rechtsfrage verlangen, ist sehr groß bei v. Daniels in seiner Beurtheilung des art. 337 des Code d'instruction criminel [1]). Wenn er sagt, man habe diesen Art. irriger Weise dahin verstanden, daß die Frage „unmittelbar auf das Vorhandensein des gesetzlichen Thatbestandes gehen müsse, dagegen nicht in die einzelnen thatsächlichen Merkmale aufgelös't werden dürfe, welche den gesetzlichen Begriff eines Straffalles bilden", so kann, wenn hier überhaupt von einem Gegensatz die Rede sein soll, der Ausdruck „die einzelnen thatsächlichen Merkmale, welche den gesetzlichen Begriff eines Straffalles bilden" unmöglich richtig gewählt sein. Die thatsächlichen Merkmale, welche den gesetzlichen Begriff eines Straffalles bilden, sind eben die Merkmale des gesetzlichen Thatbestandes selbst. In der Anmerkung sagt v. Daniels denn auch deutlicher, daß er es für unrichtig halte, das „factum qualificatum" und nicht das „factum simplex" Gegenstand der Fragestellung sein zu lassen. Dem entsprechend giebt er auch einige Beispiele, in denen der specielle [2]) Thatbestand eines Todtschlags und einer Urkundenfälschung durch concrete Umstände vertreten erscheint. Auf der anderen Seite jedoch will er das Ideal der reinen Thatfrage schon dann erreicht sehen, wenn man nur in allen Fällen, wo das Gesetz die Voraussetzungen eines rechtlichen Begriffs selber bestimme, nicht die-

---

1) Grundsätze des rheinischen und französischen Strafverfahrens S. 188 ff. Vgl. gegen diese Darstellung v. Kräwel, im Archiv a. a. O. S. 410 ff.

2) Die thatsächliche Beurtheilung der allgemeinen Bedingungen der Schuld überläßt er dem Richter, ohne zu bedenken, daß dieser ja nach seiner eigenen Theorie nur die Rechtsanwendung vollziehen soll.

sen Begriff, sondern jene Voraussetzungen in die Frage aufnähme. Er tadelt die französische Praxis, daß sie nach „Einsteigen“, „Einbruch“, „bewohntes Haus“, „Einfriedigung“, „Nachschlüssel“ frage, obwohl diese Begriffe im Gesetze selbst definirt seien, und will wenigstens „überall, wo ein Zweifel vorherzusehen ist, dem Einflusse desselben durch Anpassung der Frage an die gesetzlichen Merkmale vorgebeugt“ [1]) wissen. Ferner spricht er von der „thatsächlichen Grundlage der Strafgesetzgebung“, auf welche in den rheinischen Assisenhöfen „die Fragen in neuester Zeit strenger zurückgeführt“ würden. Alles dies kann doch nur von den gesetzlichen Voraussetzungen verstanden werden, und es ist nicht einzusehen, wie dies mit dem zu Anfang aufgestellten Principe übereinstimmt, wonach die Geschworenen nur das **factum simplex** d. h. also doch wohl die factischen Voraussetzungen constatiren sollen. Es scheint daher, daß der Ausdruck „die thatsächlichen Merkmale, welche den gesetzlichen Begriff eines Straffalles bilden“ die Frage nach den gesetzlichen Merkmalen des Verbrechens trotz der angeführten Beispiele mindestens nicht ausschließen solle. Es gehen bei dieser Erörterung die beiden Gegensätze des allgemeinen Verbrechensbegriffs und seiner einzelnen (gesetzlichen) Merkmale und auf der anderen Seite dieser gesetzlichen Merkmale und der factischen Umstände der concreten That vollständig durch einander. Und dies ist nicht zufällig; es macht sich die Natur der Sache, welche eine mechanische Trennung des „**factum simplex**“ und des „**factum qualificatum**“ nicht zuläßt, ganz nothwendig geltend und führt von selbst zu solchen Widersprüchen und Unklarheiten.

Da die thatsächliche Beurtheilung eines Straffalles nie vollständig getrennt werden kann von der rechtlichen, eine Trennung der That- und der Rechtsfrage, also zu den größten Inconsequenzen führen muß, da ferner der Wortlaut des **art.**

1) a. a. O. S. 191 Anm. 2.

337 in keiner Weise auf eine solche Trennung hinweist, vielmehr als der ganz natürliche Ausdruck des Gegentheils erscheint, und da endlich die scheinbar für sie sprechenden anderen Artikel des Code ganz ungezwungen eine andere Erklärung zulassen, so muß als die Absicht des art. 337 angesehen werden, daß die Geschworenen danach gefragt werden sollen, ob der Angeklagte unter gewissen concreten Umständen das gethan habe, was das Gesetz als Voraussetzung seiner Anwendbarkeit festgesetzt hat.

Betrachten wir nun den Gang der französischen Praxis und zwar

1. wie in der Fragestellung den Geschworenen die Entscheidung über den gesetzlichen Thatbestand des Verbrechens gewahrt wurde und wie weit man sie auf factische Umstände zu beschränken suchte und

2. wie weit die speciellen Behauptungen der Anklage ihre gehörige Berücksichtigung in der Fragestellung fanden.

1. Die gesetzliche Qualification der That in der französischen Fragestellung.

Es hat sich in der französischen Praxis allmählich als Regel festgesetzt, daß die Geschworenen nach den einzelnen gesetzlichen Merkmalen des Verbrechens gefragt werden sollen. Abweichungen finden sich jedoch in der verschiedensten Art. Einestheils nämlich nahm man besonders früher, aber auch jetzt noch in einzelnen Fällen, statt der einzelnen Merkmale den zusammengesetzten gesetzlichen Begriff selbst in die Frage auf, und anderentheils fragte man und frägt man noch jetzt die Geschworenen sehr häufig nur nach den factischen Umständen der That und nicht nach dem entsprechenden gesetzlichen Merkmal.

In der ersten Zeit nach Erlaß des Code d'instruction kam es sehr oft vor, daß die Geschworenen genau mit den Worten des art. 337 gefragt wurden. Die einzige Abweichung war, daß man an die Stelle des allgemeinen „tel crime“ und der Beispiele „tel meurtre, tel vol“ die allgemeine Bezeichnung der Verbrechensart setzte, um die es sich handelte. So wurde z. B. gefragt:

„Laccusé est-il coupable d'avoir commis le crime de faux dont il s'agit, avec toutes les circonstances comprises au résumé de l'acte d'accusation?“ [1]).

Das résumé der Anklageacte, auf welches die Geschworenen verwiesen werden [2]), lautet im Allgemeinen: „En conséquence N. est accusé d'avoir commis tel meurtre, tel vol ou tel autre crime, avec telle et telle circonstance“ [3]), im speciellen Falle enthält es also die einzelnen Umstände der dem Angeklagten vorgeworfenen That. Diese sind der Natur der Anklage gemäß sehr häufig in Form gesetzlicher Merkmale angegeben. Es kann aber nach der ganz allgemeinen Fassung jener Frage nicht anders vermuthet werden, als daß die Geschworenen auch die gesetzliche Qualification der concret angegebenen Thatsachen und zugleich sämmtliche Erfordernisse des allgemeinen Thatbestandes zu prüfen berufen werden sollten. Erst auf diese Weise kommt die Entscheidung zu Stande, daß der Angeklagte coupable du crime de faux, dont il s'agit.

Diese allgemeine Bezugnahme auf die Anklageakte verlor sich bald aus der Praxis der Fragestellungen. Man fühlte das Bedürfniß, den Geschworenen den Kreis ihrer Beurtheilung in der Fragestellung genau abzustecken. Man nahm also die ganze That des Angeklagten in die Frage selbst auf. Hierbei findet sich nun sehr häufig eine ganz allgemeine Bezeichnung des dem Angeklagten schuldgegebenen Verbrechens, während die individuelle Seite der That nur etwa durch nähere

---

1) Sirey, 1811 I. p. 197.

2) Die Anklageakte wird den Geschworenen in das Berathungszimmer mitgegeben. art. 341.

3) art. 241 des Code d'instr.

Angabe von Zeit, Ort u. s. w. in der Frage vertreten erscheint. So wird z. B. gefragt: N. est-il coupable d'avoir, le 8. Sept. dernier, commis un attentat à la pudeur, avec violence, envers la nommée N. agée de sept ans et demi?" [1]). Oder: „N. est-il coupable d'offenses envers des membres de la famille royale par des discours proférés dans un lieu public, le 17. fevr. dernier?" [2]). Am häufigsten ist dies der Fall beim Diebstahl. Der Thatbestand des „vol" wird als so bekannt angesehen, daß man weder nach den einzelnen gesetzlichen Merkmalen fragt, noch nach einzelnen factischen Vorgängen sucht, aus denen sich dieselben ergeben könnten, und diese in die Frage aufnimmt, sondern daß man die Geschworenen selbst unmittelbar über „vol" entscheiden läßt [3]).

Während hier den Geschworenen die gesetzliche Qualification ausdrücklich zugewiesen wird, erscheint ihre Befugniß, dieselbe zu prüfen, schon zweifelhafter in den Fällen, in welchen sie zwar auch gefragt werden, ob der Angeklagte dieses oder jenes Verbrechens schuldig sei, zugleich aber eine ausführliche Angabe der concreten Begehungsart des Verbrechens in die Frage aufgenommen wird. Wenn die Frage z. B. lautet:

„N., ex-notaire, est-il coupable d'avoir commis un faux en écriture publique et authentique, en chargeant la marge du verso de la prémière feuille de l'expédition du contrat de mariage de G. C. et de M. P., du 8. février 1809, des mots „et Marie Cialis", qui n'existaient point dans la minute, avec les circonstances qu'il a commis cette altération dans l'exercice de ses

---

1) Sirey, 1815 I p. 221.

2) Sirey, 1820 I p. 322.

3) Sirey, 1826 I p. 236, 1832 I p. 116, 1824 I p. 333, 1824 I p. 320, 1834 I p. 430.

fonctions de notaire public, et postérieurement à la confection et clôture du susdit contrat de mariage?" [1]) so kann es bezweifelt werden, ob die Geschworenen wirklich entscheiden sollen, ob Fälschung einer öffentlichen Urkunde vorliege, oder ob die allgemeine Bezeichnung des Verbrechens nicht vielmehr ein unwesentliches Element der Frage sei, während den Geschworenen eigentlich nur die Prüfung zukomme, ob der Angeklagte die concrete Handlung wirklich verübte [2]).

Dieser Zweifel wird unterstützt durch eine Entscheidung des französischen Cassationshofes, nach welcher stets die **faits matériels du faux spécifiés** angegeben werden sollen, weil sonst die Jury eine ihr nicht zukommende Rechtsfrage entscheiden würde [3]). Allerdings verlangt hier der Cassationshof nur Aufnahme der vom Gesetze selbst aufgestellten Begehungsarten [4]); jedenfalls aber solle die Jury nicht über den zusammengesetzten Verbrechensbegriff selbst entscheiden. Daher kann sie nach der Ansicht des obersten Gerichtes in dem obigen Falle nicht berechtigt gewesen sein, zu entscheiden, ob der Angeklagte **„un faux en écriture publique et authentique"** begangen habe; sie war also auf die Constatirung concreter Thatsachen beschränkt und würde ihre Competenz überschritten haben, wenn sie den Angeklagten für nichtschuldig erklärt hätte, weil er zwar die betreffende Aenderung an dem Heirathscontracte vorgenommen habe, darin aber kein **faux en écriture publique et authentique** zu finden sei.

Wir sehen, wie die französische Praxis von einem Extrem zu dem anderen schwankt. In der Mehrzahl der Fälle jedoch ist eine gewisse Gleichmäßigkeit zu beobachten. Es hat

---

1) **Sirey, 1813 I p. 347.**

2) Wir werden später sehen, wie jene Art der Fragestellung in Baiern wirklich zu dieser letzteren Meinung geführt hat.

3) **Sirey, 1832 I. p. 344.**

4) **art. 147** des **Code pénal.**

sich allmählich eine Regel gebildet, nach welcher die meisten Fragen an die Geschworenen eingerichtet werden. Für gewöhnlich wird die Jury nämlich in der Art gefragt, daß die einzelnen vom Gesetze selbst aufgestellten Merkmale des gesetzlichen Thatbestandes dieses oder jenes Verbrechens in die Frage aufgenommen [1]), daß ferner diejenigen gesetzlichen Merkmale, welche vom Gesetzgeber selbst definirt sind, nach dieser Definition in der Frage angegeben werden.

Die Frage soll nicht lauten: **N. est-il coupable d'avoir le 4. Nov. 1832 commis un meurtre sur la personne de N. M.**" Denn „**la question telle qu'elle était posée, pouvait induire les jurés en erreur.**" Vielmehr „**elle aurait dû être décomposée dans les termes simples des faits élémentaires du crime**". Es hätte nicht nach „**meurtre**", sondern nach „**homicide commis volontairement**" gefragt werden sollen [2]). Anderentheils soll nicht nach den einzelnen Worten und Redensarten gefragt werden, welche der Angeklagte gebraucht habe, sondern die Jury darf auch darüber entscheiden, ob dieselben **le caractère du séditieux** gehabt haben [3]).

---

1) Die individuelle Seite der That ist dann meist durch äußere Nebenumstände vertreten, welche für gewöhnlich nicht so erschöpfend angegeben sind, daß aus ihnen das Vorhandensein dieses oder jenes gesetzlichen Merkmals unmittelbar erschlossen werden könnte.

2) **Sirey, 1823 I p. 374.**

3) **Sirey, 1820 I p. 57.** Aus dieser letzteren Entscheidung des Cassationshofes ist jedoch nicht die Folgerung zu ziehen, daß derselbe überall da, wo die Geschworenen auf concrete Thatumstände beschränkt waren, cassirt habe. Dies ist durchaus nicht der Fall; vielmehr wird sich zeigen, wie in solchen Beschränkungen der Praxis völlig freie Hand gelassen wird. Die erwähnte Cassation erfolgte nur deshalb, weil außer den einzelnen Aeußerungen auch die aufrührerische Absicht bewiesen werden mußte, diese aber in den an die Geschworenen gerichteten Fragen ganz fehlte. Die Art jedoch, wie der Cassationshof nach dieser Absicht ge-

Der Regel nach wird genau mit dem Wortlaut der einzelnen Artikel des Code pénal gefragt, d. h. nach den einzelnen Merkmalen des gesetzlichen Thatbestandes eines Verbrechens und nach den einzelnen gesetzlich aufgestellten Bestandtheilen eines oder des anderen dieser Merkmale selbst [1]). Am Entschiedensten wird diese Regel befolgt bei der Frage nach Versuch und Theilnahme; hier findet sich fast immer Aufnahme der gesetzlichen Definition beider in die Frage; es werden also die Geschworenen befragt, ob die Absicht des Angeklagten a été manifestée par des actes extérieurs et suivie d'un commencement d'exécution und ob die Handlung n'a été suspendue, ou n'a manqué son effet que par des circonstances fortuites ou indépendantes de la volonté de l'auteur [2]), und im Falle der Theilnahme nach den einzelnen im Code pénal [3]) aufgeführten Arten derselben [4]).

Die französischen Schriftsteller bezeugen ausdrücklich diese Art der Fragestellung als die regelmäßige [5]), wenn auch ein-

---

fragt wissen will, schließt zugleich die Frage nach dem objectiv strafbaren Character der einzelnen Aeußerungen in sich, und darum kann jene Entscheidung als Beweis dafür dienen, wie der Cassationshof die Jury jedenfalls nicht principiell auf die factischen Umstände der speciellen That zu beschränken sucht, sondern es ihm durchaus angemessen erscheint, die Jury nach den gesetzlichen Merkmalen des Verbrechens zu fragen. Grund der Cassation war nicht die Beschränkung der Geschworenen auf concrete Thatsachen, sondern die mangelhafte Feststellung des thatsächlichen Materials.

1) Sirey, 1813 I p 46, 1816 I p. 68, 1823 I p. 373, 1826 I p. 4, 1826, I p. 153, 1826 p. 457, 1827 I p. 43, 1830 I p. 356 1847 I p. 859.

2) Code pénal art. 2.

3) art. 60.

4) Sirey, 1815 I p. 89, 1815 I p. 398, 1818 I p. 75, 1818 I p. 131, 1822 I p. 264, 1823 I p 325, 1826 I p. 196, 1832 I p. 729.

5) Boitard, leçons sur les codes p 542. Pagès, in der Re-

zelne von ihnen mit dieser Praxis nicht einverstanden sind. Der Cassationshof hat von jeher in dieser Form gestellte Fragen gebilligt.

Nur bei einigen wenigen gesetzlichen Merkmalen verlangt man eine Ausnahme. In dem großen Umfange der strafrechtlichen Begriffe giebt es gewisse Begriffe, über welche die Geschworenen nicht entscheiden dürfen. Als solche werden vom Cassationshof aufgestellt: der Erschwerungsgrund der „autorité légale" bei dem Verbrechen des viol, der Begriff einer écriture authentique et publique, écriture de commerce u. s. w." und endlich der Umstand, daß eine gewisse Münzsorte „cours légal" hat, oder zu den „monnaies d'argent" gehört. Um diese Begriffe festzustellen bedürfe es der Rechtskenntniß, die Geschworenen aber seien nur über „faits" zu entscheiden berufen. Daher dürften in solchen Fällen durch sie nur die factischen Umstände, welche im einzelnen Falle vorliegen, constatirt werden, die Subsumtion aber unter jene Rechtsbegriffe sei Sache des Gerichtshofes. In allen übrigen Fällen wird diese Subsumtion den Geschworenen überlassen; sie werden zwar nicht nach zusammengesetzten Verbrechensbegriffen, aber wohl nach den vom Gesetz selbst aufgestellten einzelnen Merkmalen gefragt, jedenfalls also immer danach, ob das im einzelnen Falle zutrifft, auf denselben seine Anwendung findet, was der Gesetzgeber als Voraussetzung der Strafbarkeit normirt hat. Dies ist die allgemeine Regel; von dieser sollen jene Ausnahmen in den genannten wenigen Fällen gemacht werden. Freilich ist der Cassationshof durchaus nicht consequent in Betreff dieser exceptionellen Rechtsbegriffe. Es finden sich nämlich Entscheidungen, in denen allerdings eine Auflösung derselben gefordert wird, aber durchaus keine andere, als bei allen den anderen Merkmalen eines Verbre-

---

vue des législ. 1851 I p. 293. **Trebutien**, cours de droit criminel II p 425. (**Paillet**, manuel de droit français p. 850, note x 5).

chensthatbestandes, welche der Gesetzgeber selbst definirt hat. So wird in einer Entscheidung vom 1. April 1826 [1]) zunächst nur gesagt, daß die Jury nicht nach „écriture de commerce“ hätte gefragt werden müssen, sondern nach den in art. 636 und 637 des Code de commerce angegebenen wesentlichen Voraussetzungen dieses Begriffs, also danach, ob das billet „eut pour cause des marchandises livrées pour une opération de commerce ou qu'il fut revêtu de la signature d'individus commerçans“. Nur diese Forderung könnte man ferner auch in folgender Entscheidung [2]) finden: „Attendu que la question de savoir si le demandeur avait autorité sur sa nièce, était une question de droit, qui ne pouvait être soumise au jury et par lui resolue; attendu que dans l'espèce le jury qui a répondu affirmativement sur cette question n'a été interrogé ni sur l'âge de la nièce du demandeur, ni sur la nature des rapports domestiques qui pouvaient exister entre eux, points de faits, desquels la Cour d'assises aurait tiré les conséquences qu'elle aurait jugé en résulter“; doch kann es sich in diesem Falle deshalb weniger um die Angabe bestimmter gesetzlicher Voraussetzungen handeln, weil die im art. 333 des Code pénal aufgeführten Arten von näheren Beziehungen des Thäters zu der verletzten Person nur als Beispiele angegeben sind. Es wird daher hier wie in den meisten übrigen Entscheidungen [3]) Auf-

1) Sirey, 1827 I, p. 81; vgl. 1827 I p. 478, p. 50, p. 541, 1828 I p. 37—39, p. 271, p. 288.

2) vom 4. April 1833, Sirey, 1833 I 411.

3) Vgl. Journal du Palais, 1853 II p. 384: „Attendu que la question de savoir si l'accusé avait autorité sur sa victime est une question de droit qui ne pouvait être soumise au jury, puisque, s'il appartient au jury de reconnaître et de constater des faits, ainsi que les rapports qui peuvent exister entre l'auteur de l'attentat et sa victime, et qui peuvent faire ranger le coupable dans la classe de ceux qui ont autorité sur la personne, la Cour d'ass a seule le droit d'apprécier les

nahme des concreten Sachverhalts gemeint sein. Entschieden ist dies der Fall in folgendem Cassationsurtheil, das sich auf die Frage bezieht, ob eine gewisse Münzsorte Silbergeld sei oder nicht: „En thèse générale et d'après les articles 334. 335. Code d'Instr. cr. il n'y a que les questions de fait, qui doivent être soumises au jury et non les questions de droit, c'est à dire celles, dont la solution dépend de l'appréciation et de l'application d'une loi criminelle ou civile, ce qui ne peut être fait que par des juges et que la question de savoir, si des pièces de 75 centimes sont monnaies d'argent ou de billon est de ce genre" [1]). Ferner in einer anderen Entscheidung, in welcher die Frage, ob eine specielle Geldsorte cours légal en France hatte, als allein dem Gerichtshof gebührend bezeichnet wird [2]). Man beurtheilt dies sehr richtig, wenn man sagt [3]), daß hier die Geschworenen auf „die factischen Prämissen zur Lösung der Rechtsfrage" beschränkt werden sollten. Nur ist es nicht consequent, hinzusetzen: „Man wendet also das Princip, was der Regel nach nur für den Thatbestand im Ganzen gilt, auf das darin liegende einzelne Merkmal an". Wenn man als das Regelmäßige der Fragestellung in Frankreich die Aufnahme der gesetzlichen Merkmale in die Frage ansieht, in jenen vereinzelten Fällen dagegen die Forderung der Feststellung rein concreter Umstände durch die Geschworenen erblickt, so kann man nicht in jener Regel und in diesen Ausnahmen dasselbe Princip erkennen. Dort bleibt die Fragestellung in dem Gebiete der rechtlichen

---

faits ainsi constatés pour leur attribuer leur qualification légale". Vgl. Sirey, 1845 I S. 604.

1) Abgedruckt bei Goltdammer, Archiv für preußisches Strafrecht Bd. III S. 187, in dem Aufsatze „Ueber That- und Rechtsfrage in der Fragestellung, insbesondere über die Nothwendigkeit der Auflösung von Rechtsbegriffen".

2) Sirey 1828 I p. 54.

3) Archiv für preußisches Strafrecht, a. a. O. S. 188.

Normen, hier steigt sie hinunter auf den Boden concreter Umstände. Die französische Praxis selbst ist sich freilich über diesen Unterschied nicht klar; ihre Entscheidungen gehen unmerklich aus dem einen Principe in das andere über.

„Die Jury soll nur Thatsachen entscheiden, jeder rechtlichen Beurtheilung soll sie fern bleiben". Um dieses Princip durchzuführen fragt die französische Praxis die Geschworenen in der Regel nach den gesetzlichen Voraussetzungen der Schuld und nur in drei oder vier Fällen allein nach den factischen Prämissen. Daraus ergiebt sich, daß man in Frankreich der Meinung ist, die Entscheidung über alle gesetzlichen Merkmale, mit alleiniger Ausnahme jener wenigen, sei nichts als Entscheidung von Thatfragen, d. h. es gehöre kein juristisches Urtheil dazu, sondern sie könnten beantwortet werden wie jede Frage des gewöhnlichen Lebens. Daß hierin, wenigstens dem Principe nach, eine Aufhebung des Strafrechts als eines wissenschaftlich zu erkennenden, zusammenhängenden Ganzen liegt, braucht hier nicht erörtert zu werden. Der Widerspruch macht sich auch in Frankreich sofort dadurch geltend, daß das Resumé des Präsidenten, welches nach gesetzlicher Vorschrift nur eine Zusammenfassung der vorgebrachten Beweise enthalten soll [1]), sich dennoch oft mit der rechtlichen Bedeutung dieses oder jenes gesetzlichen Verbrechensmerkmals beschäftigt, und ferner dadurch, daß man mit Abweichungen von der Regel (nach den gesetzlichen Merkmalen zu fragen) keineswegs zurückhaltend ist. Der Cassationshof darf zwar, gemäß seinem Principe, keine Nichtigkeit aussprechen, wenn die Geschworenen gesetzliche Merkmale festgestellt haben [2]), die Assisenpräsidenten dagegen sind keineswegs darin bedenklich, concrete Umstände statt der gewöhnlich

1) Code d'instr. crim. art. 336: »Le président résumera l'affaire. Il fera remarquer aux jurés les principales preuves pour ou contre l'accusé.«

2) Anders, wenn es sich um einen jener ganz besonderen vier Fälle handelt.

gewählten gesetzlichen Merkmale in die Frage aufzunehmen. Der Cassationshof mußte die Nichtigkeitsbeschwerde zurückweisen, welche sich darauf gründete, daß das, was der Angeklagte gethan, kein attentat à la pudeur im Sinne des Gesetzes sei. Da die Jury nach dem Wortlaut des art. 332 des Code pénal gefragt war, mußte er erklären „que le jury a satisfait par cette déclaration à toutes les prescriptions de la loi, et qu'il y a eu par conséquent application légale de la peine" [1]). Dem Assisenhofe aber wäre es nach französischer Praxis nicht verwehrt gewesen, die Frage auf die concrete Begehungsart zu richten.

Anstatt das Princip aufzugeben, daß die Jury nur über „thatsächliche" Umstände und gänzlich ohne rechtliche Erwägungen entscheiden solle, anstatt deshalb eine gründliche Belehrung der Geschworenen über das Recht zu verlangen, erklären die meisten französischen Schriftsteller die Fragen nach den Merkmalen des Verbrechens für reine Thatfragen, oder wenn sie nicht läugnen können, daß durch solche Fragen die Geschworenen auch über Rechtspunkte zu entscheiden aufgefordert werden, so meinen sie, daß dies doch nur in wenigen Fällen vorkomme. So sagt Pagès [2]) zwar: „il faut observer, toutefois, que le principe qui attribue à la Cour le pouvoir do statuer seule sur le fond du droit est plutôt fictif que rigoureusement pratique. — Mais enfin il importe de se conformer au principe, toutes les fois qu'on n'est pas obligé, par la nature même des choses, à confondre dans la même question le fait et le droit". In der weiteren Erörterung jedoch, in der er die einzelnen Verbrechen mit Rücksicht auf die Fragestellung bespricht, verlangt er durchweg nichts Anderes als Fragen nach den einzelnen gesetzlichen Merkmalen der Verbrechen oder, wo diese selbst wieder definirt sind, nach dieser Definition.

---

1) Sirey, 1854. I p. 577.

2) Revue de legislation 1851 I p. 301.

Wenn er wirklich überall da, wo sich jene Trennung durchführen läßt, sie eintreten lassen wollte, so müßte er nicht blos in den wenigen vom Cassationshof herausgehobenen Fällen nach concreten Umständen gefragt wissen wollen, sondern er müßte die Regel der Befragung nach den gesetzlichen Merkmalen selbst aufgeben. — Nur wenige sind so consequent dies zu verlangen. Zu diesen gehört Boitard [1]), welcher ausdrücklich fordert, daß die Geschworenen nach den concreten Umständen gefragt werden sollen, und nicht nach den gesetzlichen Merkmalen. Er will Ernst machen mit der Trennung der That- und der Rechtsfrage. Ihm genügt es nicht, daß man die Geschworenen nach der gesetzlichen Definition des Versuchs frage; denn die Feststellung der einzelnen Merkmale z. B. des Versuchs sei nicht weniger eine Rechtsanwendung. Der Art. 337, wenn auch sein Wortlaut dagegen zu sprechen scheine, verlange die Beschränkung der Jury auf factische Umstände. Dadurch, daß man nach dem gesetzlichen Thatbestande frage, sagt er, komme es, daß die jury „juge unique et souverain de l'existence matérielle et de qualité morale des faits, se trouve quelquefois, soit par l'effet d'une pratique vicieuse, soit par une conséquence littérale de la loi, appelé à quelque chose de plus", nämlich zur Entscheidung über Rechtsbegriffe; dies aber heiße nichts Anderes als „interroger le jury sur des points qu'il ne peut guère connaître", „lui soumettre une question de droit à laquelle il

---

1) Leçons sur les codes pénals et d'instr. crim. p. 538 ff., bes. p. 544, wo er die Forderung ausspricht, daß die jury z. B. gefragt werden möge, ob der Angeklagte „a acheté telle arme, s'est muni de telle échelle, s'est rendu dans tel lieu, a appliqué cette échelle à telle fenêtre, nicht aber „si ces actes matériels sont de simples préparatifs ou une exécution commencée". Vgl. auch Bonnier, de la preuve légale devant les tribunaux criminels in der Revue de legislation, 1843 I p. 330 ff., insbes. p 345 ff.

est étranger." — Diese an sich ganz unerfüllbare Forderung an die Fragen zu stellen, daß sie nur reine Thatsachen enthalten sollen, ist jedenfalls consequenter, als die Aufnahme von Rechtsbegriffen zu billigen und diese dann für reine Thatfragen zu erklären. Jene Forderung macht nur die Aufgabe der Jury, diese Theorie dagegen jede Rechtsanwendung im Strafrecht illusorisch.

Es wurde schon angedeutet, daß die Aufnahme der gesetzlichen Merkmale des Verbrechens in die Frage zwar regelmäßig in der französischen Praxis erfolge, durchaus aber nicht ein zwingendes Princip sei. Zwei Gründe sind es, welche die Assisenpräsidenten sehr häufig von dieser Regel abweichen lassen. Zunächst ist es das Bestreben, die Feststellung einzelner schwieriger Merkmale den Geschworenen zu entziehen. Wenn sie auch wissen, daß der höchste Gerichtshof die Ersetzung eines gesetzlichen Merkmals durch concrete Umstände nur in jenen wenigen Fällen verlangt, so meinen sie doch selbst oft die Nothwendigkeit der Beschränkung der Geschworenen auf concrete Thatsachen auch in anderen Fällen zu fühlen. Sodann aber führt, auch ohne eine solche Absicht von Seiten des Präsidenten, sehr häufig dazu das Bedürfniß der Individualisirung der That. Da das „coupable" der französischen Fragestellung nicht den Sinn hat, die rechtliche Erheblichkeit jedes einzelnen concret angegebenen Umstandes auszudrücken, so muß, wenn den Geschworenen die Subsumtion der concreten Umstände unter die entsprechenden gesetzlichen Merkmale gewahrt werden soll, stets eine Nebeneinanderstellung dieser gesetzlichen und concreten Thatsachen vorgenommen werden. Diese aber wird sehr oft recht schwerfällig und ungeschickt erscheinen, und da man ja in Frankreich die gesetzlichen Merkmale selbst für reine Thatsachen zu erklären liebt und folglich nicht allzu großen Werth darauf legt, daß die Geschworenen wirklich immer über diese und keine anderen Thatsachen entscheiden, so unterläßt man sehr häufig die Anführung des gesetzlichen Merkmals und fragt nur nach dem concreten Umstande. — Wo man als Beruf der Geschworenen nicht ausdrücklich anerkennt, daß sie über die Schuld des Angeklagten vor dem Gesetze entscheiden sollen, da kann die Aufnahme der gesetzlichen Merkmale in die Frage gewissermaßen nur eine Mode, eine Sitte, höchstens eine Durchschnittsregel, aber kein festes unabänderliches Princip sein.

So sieht denn die französische Praxis in jener Regel nur eine Schranke nach der einen, nicht aber auch nach der anderen Seite. Während im Allgemeinen feststeht, daß die Geschworenen nicht nach einem zusammengesetzten Verbrechensbegriff unmittelbar, sondern nach seinen einzelnen Momenten gefragt werden sollen[1]), steht dem Verlassen jener Regel nach der Seite der concreten Thatsachen kein Hinderniß im Wege. Eine solche Aufnahme concreter Thatumstände statt der gesetzlichen Merkmale wird vom Cassationshof regelmäßig gebilligt, sobald nur der auf solche Art constatirte concrete Sachverhalt mit Nothwendigkeit das oder die betreffenden gesetzlichen Merkmale ergiebt. Was also in den wenigen oben angeführten Fällen als zwingende Vorschrift vom Cassationshof ausgesprochen wird, gilt bei allen übrigen Verbrechensmerkmalen ganz allgemein als eine dem Präsidenten des Gerichtshofs zustehende Befugniß.

So wurde vom Cassationshof entschieden[2]), daß in der Frage: „N. est-il coupable d'avoir avec discernement, le 22 janvier 1816, commis avec un stilet dont il était por-

---

1) obwohl auch hiervon einzelne Ausnahmen vorkommen, wie bei vol und seinen Erschwerungsgründen. S. Pagès a. a. O. II. p. 246 f., welcher den Cassationshof tadelt, daß er es für genügend erklärte, im Allgemeinen nach effraction extérieure zu fragen und nicht nach der gesetzlich davon aufgestellten Definition. »La Cour de cass. a méconnu le principe que le jury, appelé seulement à résoudre les questions de fait, n'a pas à se préoccuper des dispositions ni des definitions légales.«

2) Sirey, 1818 I. p. 79.

teur, une tentative de meurtre, suivie d'un commencement d'exécution et qui n'a manqué son effet que par des circonstances indépendantes de sa volonté, sur la personne du X?" das gesetzliche Merkmal der manifestation par des actes extérieurs nicht besonders ausgedrückt gewesen zu sein brauchte, da es „resulte implicitement et necessairement de la déclaration en fait consignée dans l'arrêt dénoncé" Ebenso vernichtete der Cassationshof die Fragestellung: „N. est-il coupable d'avoir tenté de procurer l'avortement de la femme F., par une violence exercée envers elle?" nur deshalb, weil darin nicht das Merkmal des Versuchs ausgedrückt sei, daß der Thäter nur durch äußere Umstände von Volbringung der That abgehalten worden, während er die übrigen gesetzlichen Erfordernisse des Versuchs — Manifestation durch äußere Handlungen und Anfang der Ausführung — als durch die constatirte „violence exercée envers elle" festgestellt ansah [1]).

Aehnliche Beispiele ließen sich zahlreich anführen. Dem Grundsatze, daß es nicht darauf ankomme, genau dieselben Ausdrücke in der Frage zu gebrauchen, deren sich das Gesetz bedient, sondern daß dafür auch andere unzweifelhaft gleichbedeutende Ausdrücke in sie aufgenommen werden können [2]), gab man unvermerkt die Wendung, daß es überhaupt nicht nöthig sei nach den gesetzlichen Merkmalen zu fragen, sondern daß es genüge, irgend welche thatsächlichen Umstände von den Geschworenen constatiren zu lassen. Wenigstens wird nie eine solche Beschränkung der Geschworenen vom Cassationshof mißbilligt, geschweige denn eine Nichtigkeit deswegen ausgesprochen. Eine Ausnahme hiervon scheint ein Erkenntniß vom 23. Sept.

---

1) Sirey, 1818 I. p. 75. Vgl. ferner Sirey, 1830 I. p. 350.

2) S. 1818 I. p. 161; nach der hier mitgetheilten Entscheidung genügt es »si la question à laquelle se refère la réponse du jury, n'énonce pas le fait imputé dans les termes identiques de l'art. du Code pénal«, sobald die Frage nur »emploie des expressions ayant évidemment le même sens.«

1825[1]) zu machen. Die Fragestellung war folgende: „N. est-il coupable d'avoir pendant la soirée du 7. nov. 1824. étant armé d'un fourchat, et ce sur le chemin public de la Souterraine au village de Fay, attaqué le —, et tenté de le voler, après l'avoir terrassé et lui avoir porté un coup sur le nez qui lui a fait verser du sang par le nez et la bouche, ne l'ayant laissé aller qu'après avoir acquis la certitude qu'il ne possédait que six liards"? Es wurde cassirt, weil die Geschworenen nicht nach den élémens constitutifs des Versuchs gefragt seien. Es ist aber wahrscheinlich, daß dies nur deshalb vom Cassationshof verlangt wurde, weil ihm die thatsächliche Feststellung in diesem Falle nicht vollständig zu sein schien, nicht aber weil er eine Nichtigkeit darin sah, daß den Geschworenen die Entscheidung über die gesetzlichen Merkmale entzogen war. Wenn die festgestellten Handlungen des Angeklagten auch als solche erscheinen, die an und für sich als Versuchshandlungen qualificirt werden können, so vermißte doch der Cassationshof vielleicht die Feststellung, daß sie wirklich vorgenommen seien zum Zweck eines Diebstahls. Doch sollte er hier auch einmal wegen Verletzung der Competenz der Geschorenen nach dieser Seite hin vernichtet haben, so würde dies eine sehr vereinzelte Entscheidung sein und ein neuer Beweis dafür, welche Inconsequenz in Betreff der Fragestellung in Frankreich herrscht. —

In dem Aufsatze über die „That- und Rechtsfrage in der Fragestellung, insbesondere über die Nothwendigkeit der Auflösung von Rechtsbegriffen" in Goltdammers Archiv für preußisches Strafrecht Band III. S. 181 ff. wird von zwei verschiedenen Arten einer solchen Auflösung in der französischen Praxis gehandelt. Als die eine wird diejenige Ersetzung des gesetzlichen Merkmals durch concrete Umstände angeführt, welche der Cassationshof in gewissen Ausnahmsfällen verlangt.

---

1) S 1826 I. p. 196.

Sodann aber „zweitens", sagt der Verfasser jenes Aufsatzes [1]), „hält man es namentlich beim Verbrechen der Fälschung für zulässig, die verbrecherische Absicht, die Absicht zu betrügen, die Absicht zu schaden, in die concreten Thatsachen des Falles einzukleiden, sodaß dann durch diese Thatsache in Verbindung mit dem Ausspruche „schuldig" [2]) der gesetzliche dolus für festgestellt erachtet wird." Die beiden Entscheidungen des Cassationshofes, die er für diese letztere Art anführt, sind aber unter sich sehr verschieden. Die vom 26. Juni 1832 billigt es, daß die Geschworenen nur danach gefragt waren, ob der Angeklagte schuldig sei, einen falschen Schein (unter dem Namen eines Arztes) angefertigt zu haben, um darauf hin Gift zu erhalten. Sie schließt sich also ganz der Entscheidung an, welche oben als Beispiel für die allgemeine Billigung einer concreten Fassung beliebiger gesetzlicher Merkmale durch den Cassationshof angeführt wurde. Die zweite dagegen, vom 16. Juli 1818, nimmt an, daß die Erklärung: „schuldig des Verbrechens der Fälschung durch Anfertigung eines falschen Akts", „nothwendig den verbrecherischen dolus — les intentions criminelles — unterstelle und die Basis zur Verurtheilung abgeben könne". Während dort die Geschworenen in Rücksicht eines gesetzlichen Merkmals auf den concreten Sachverhalt beschränkt werden, wird hier gebilligt, daß sie über den ganzen, ungetheilten Begriff der Fälschung entscheiden. Dieses zweite arrêt ist also ein Beispiel für die Art der Fragestel-

---

1) a. a. O. S. 187.

2) Dies ist unklar; soll es aber heißen, daß durch das der Frage vorangestellte coupable die Geschworenen ermächtigt seien, die gesetzliche Qualification der in der Frage concret angegebenen Umstände zu prüfen, so ist es unrichtig. Die französischen Geschworenen entscheiden nur soweit über die gesetzliche Qualification, als sie ausdrücklich danach gefragt werden. Dies ist wenigstens die entschiedene Auffassung der französischen Praxis, mag auch der Art. 337 des Code d'instr. crim. vielleicht das Gegentheil beabsichtigt haben.

lung, welche wir in der ersten Zeit der Herrschaft des **Code d'instruction** oft finden, und nach welcher die Geschworenen nicht einmal in Betreff des Urtheils über die Vollständigkeit der gesetzlichen Merkmale beschränkt sind, sondern über den Verbrechensbegriff selbst sich erklären sollen. Es wurde erwähnt, daß diese Art der Fragestellung später der Sitte, die gesetzlichen Merkmale aufzunehmen, Platz machte und nur ausnahmsweise (bei dem Verbrechen des Diebstahls) sich noch behauptet. Eine Auflösung in thatsächliche Umstände kann also doch gewiß nicht in jenem Beispiel enthalten sein. — Wenn der Verfasser jenes Aufsatzes sagt, daß es „in diesen Fällen doch zuletzt der Assisenhof war, welcher darüber entschieden hat, ob in den von den Geschworenen festgestellten Thatsachen die betrügerische Absicht im gesetzlichen Sinne vorhanden sei", so ist dies nur für den ersten Fall zuzugeben. Wenn er ferner aber sagt, daß man zugeben könne, daß es sich hier „nur um eine einfache Auslegung des Verdicts der Geschworenen handelte", so ist dies auch für den ersten Fall nicht richtig; denn dabei wurde den Geschworenen wirklich ein Theil der Entscheidung über die Schuld entzogen und eine „einfache Auslegung des Verdicts" wird man es nicht nennen können, wenn der Gerichtshof dadurch die Möglichkeit erhält, im Widerspruch mit der Ueberzeugung der Geschworenen den Angeklagten zu verurtheilen [1]). —

---

1) Seite 189 sagt der Verfasser des oben citirten Aufsatzes, diese Art der Auflösung sei (außer in den vom Cassationshof bestimmten Fällen), „soviel bekannt, nur bei der Schriftfälschung zur Sprache gekommen; bei andern Verbrechen habe man die Feststellung der zum Begriffe des Verbrechens erforderlichen Willensrichtung in ausdrücklicher Weise gefordert". Wie jedoch schon bemerkt, kommt diese Auflösung vielfach vor, und was insbesondere die Willensrichtung betrifft, so verhält es sich mit dieser bei dem Verbrechen der Fälschung nicht anders, wie bei allen übrigen Verbrechen, d. h. entweder ist (in seltenen Fällen) Aufnahme des allgemeinen

Während es sich bisher um die Merkmale des speciellen Thatbestandes handelte und um die Frage, wieweit den französischen Geschworenen in Rücksicht auf sie das Urtheil über die gesetzliche Qualification der That überwiesen wird, kommen wir nun zu der Frage, wie es sich in dieser Hinsicht mit denjenigen Erfordernissen des allgemeinen Thatbestandes verhält, deren Mangel einen Schuldausschließungsgrund herbeiführt. Gerade hierbei wird sich die Inconsequenz der französischen Praxis am deutlichsten zeigen.

Es ist allgemein anerkannter Grundsatz, daß auf solche Schuldausschließungsgründe keine besondere Frage gestellt zu werden braucht [1]). Ob der Angeklagte bei Begehung der That zurechnungsfähig gewesen, ob er sich nicht in Nothwehr befunden u. s. w., diese Erwägungen werden unbestritten zur selbständigen Aufgabe der Geschworenen gerechnet. Während sie, was die Merkmale des speciellen Thatbestandes angeht, vielfach auf blos factische Umstände beschränkt sind und jedenfalls nur über die einzelnen ihnen namhaft gemachten Verbrechensmerkmale entscheiden dürfen, steht ihnen über alles das, was im Allgemeinen zu dem Dasein eines Verbrechens rechtlich nothwendig ist, ein unbeschränktes Urtheil zu. Sie müssen also wissen, welche Schuldausschließungsgründe vom Rechte überhaupt zugelassen sind und welchen Umfang jeder

---

Verbrechensbegriffs in die Frage gestattet (und dann entscheiden die Geschworenen über den objectiven und subjectiven Thatbestand ungetrennt), oder es wird, was das Gewöhnliche ist, nach einzelnen Bestandtheilen der Schuldfrage gefragt, also die Absicht des Thäters in der Frage besonders hervorgehoben. Dies Letztere geschieht dann, da, wie überhaupt bei inneren Vorgängen, eine nähere Angabe der speciellen Absicht meist nicht möglich sein wird, in den bei Weitem häufigsten Fällen durch Aufnahme des gesetzlichen Erfordernisses und nur selten durch Bezeichnung der concreten Absicht.

1) S. Mittermaier, Gesetzgebung und Rechtsübung über Strafverfahren S. 529.

einzelne von ihnen hat; sie müssen Kenntniß davon haben, ob z. B. der Nothstand vom Gesetze als ein solcher Ausschließungsgrund anerkannt und was unter Nothstand im Einzelnen zu verstehen ist. Nur darüber herrscht Streit, ob außer der allgemeinen Befugniß der Geschworenen, hierauf Rücksicht zu nehmen, es nicht dennoch gestattet sein müsse, zu ihrer besseren Anleitung besondere Fragen hierauf zu richten. Während die Einen der Ansicht sind, solche besonderen Fragen seien empfehlenswerth, weil die Geschworenen nicht immer an ihre Competenz in dieser Hinsicht dächten und deshalb besonders aufmerksam gemacht werden müßten auf solche Erwägungen, meinen die Anderen, gerade durch solche besonderen Fragen würden die Geschworenen über ihre Befugnisse und Pflichten irre geleitet. Darüber aber ist man einig, daß

„la question de culpabilité suffit pour mettre le jury en demeure d'examiner tous les faits justificatifs" [1]).

Während es als entschiedener Grundsatz gilt, daß die Geschworenen auf sogenannte excuses légales [2]) nicht von sich selbst aus Rücksicht nehmen dürfen, wird ihre Competenz in Betreff

---

1) Trebutien, cours du droit crim. II p. 427.

2) Dies sind Schuldausschließungsgründe welche aus gewissen die That begleitenden oder ihr folgenden Nebenumständen folgen (cf. Code pénal art. 100, 108, 321, 322. 325) und als Einschränkungen der Anwendbarkeit des speciellen Verbrechensthatbestandes anzusehen sind. Es versteht sich von selbst, daß die allgemeine Schuldfrage auch sie umfassen würde. Jedenfalls hat der Richter bei dem Urtheil ex officio darauf Rücksicht zu nehmen; wenn also die Geschworenen nicht ermächtigt sind, selbständig sie in Erwägung zu ziehen, so entscheidet durch Nichtstellung einer Frage auf sie der Richter einen Theil der Thatfrage. Seit 1832 ist der Assisenpräsident verpflichtet, sobald der Angeklagte ein fait d'excuse geltend macht, welches sich als einer der gesetzlichen Entschuldigungsgründe qualificirt, darauf eine besondere Frage zu stellen. — So weit diese „excuses" nur Strafmilderungsgründe sind, ist eine besondere Frage ganz berechtigt.

der Schuldausschließungsgründe des allgemeinen Thatbestandes allgemein anerkannt. Sie dürfen und müssen also z. B. den Angeklagten nichtschuldig erklären, wenn sie überzeugt sind, daß er im Zustande der légitime défense gewesen. Darin liegt, daß man sie für ermächtigt und für fähig ansieht, über die gesetzliche Bedeutung des Begriffs der Nothwehr und darüber zu entscheiden, ob im vorliegenden Falle concrete Thatsachen constatirt sind, welche jenem gesetzlichen Thatbestande der légitime défense entsprechen. — Wenn man die Geschworenen nach diesem oder jenem gesetzlichen Merkmal fragt, kann man wenigstens scheinbar die Theorie der reinen Thatfrage noch damit rechtfertigen, daß man behauptet, zu der Feststellung vieler solcher gesetzlicher Merkmale gehöre keine juristische Vorkenntniß, sondern nur gewöhnliche Lebenserfahrung, aber hier, wo den Geschworenen diese gesetzlichen Mekmale selbst gar nicht vorgelegt, sondern sie ganz im Allgemeinen ermächtigt werden, auf eine ganze Reihe strafrechtlicher Begriffe und deren Einfluß auf die Schuld des Angeklagten Rücksicht zu nehmen, hier noch von reinen Thatfragen als Gegenstand der Feststellung der Geschworenen zu reden, ist der offenbarste Widerspruch. Daher sehen wir denn auch Diejenigen, welche ausführlich von er Nothwendigkeit der Trennung der Fragen „in jus" und der „in factum" sprechen, plötzlich hier das Bedürfniß einer Rechtsbelehrung der Geschworenen anerkennen. Trebutien sagt: „Cette doctrine peut sans doute avoir un inconvénient: les jurés peuvent ne pas bien comprendre la portée du mot culpabilité, et ne pas se rendre suffisamment compte de son application aux deux éléments constitutifs [1]) de toute in-

---

1) Trebutien hegt die irrige Vorstellung, als bezögen sich alle Schuldausschließungsgründe des allgemeinen Thatbestandes auf die subjective Seite der That; die Rücksicht auf dieselben fällt ihm daher mit der Frage nach der **moralité du fait** (im Gegensatz zur **matérialité du fait**) zusammen.

fraction. C'est au président des assises à les éclairer sur ce point". —

Fassen wir das Resultat dieser Betrachtung zusammen, so zeigt sich, daß die französischen Geschworenen seit dem Code d'instr. crim. theils über gesetzliche Merkmale, theils über blos concrete Umstände und daneben über die Voraussetzungen des allgemeinen Thatbestandes zu entscheiden berufen werden. Abgesehen von der Aufhebung der Zersplitterung der Fragen, ist also ihr Antheil an der Beantwortung der Schuldfrage im Wesentlichen derselbe wie nach der Gesetzgebung vor 1808. In Betreff des allgemeinen Thatbestandes ist allerdings ihre Competenz eine erweiterte. Doch haben wir gesehen, daß auch vor 1808 wenigstens die Praxis die Geschworenen durch die ganz allgemeine question intentionnelle auch in dieser Beziehung mit ausgedehnter Vollmacht ausstattete. Man wollte in beiden Perioden die Geschworenen auf Thatsachen beschränken, machte sich aber in beiden nicht klar, daß man mit der Frage nach den gesetzlichen Voraussetzungen von selbst den Boden reiner Thatsachen verlasse. Man wollte in beiden Perioden die Geschworenen über die Schuld des Angeklagten entscheiden lassen, dachte aber nicht daran, daß ihnen ein wesentlicher Theil der Schuldfrage entzogen wird, wenn man sie auf der anderen Seite wieder statt nach den gesetzlichen Merkmalen beliebig nach concreten Umständen fragt.

Man hat mit vollem Rechte behauptet, daß es gerade diese zwitterhafte Stellung der französischen Geschworenen gewesen ist, welche zu zahlreichen Ueberschreitungen ihrer Competenz geführt hat. Da die Geschworenen stets wissen, daß von ihrem Ausspruche das Schicksal des Angeklagten abhängt, so werden sie da, wo sie nur nach concreten Thatsachen gefragt werden, dennoch leicht in Versuchung gerathen, den Inhalt der Frage etwa zu verneinen (möge er noch so unzweifelhaft sein), wenn sie der Meinung sind, daß darin keine Schuld begründet sein könne. Diese Versuchung bleibt ihnen fern, wenn ihr eigentlicher Beruf in der Entscheidung gefunden wird, ob der Angeklagte vor dem Gesetze schuldig ist, und wenn dafür gesorgt ist, daß das Strafgesetz einfach und deutlich ist und sein näherer Inhalt ihnen klar und verständlich vom Richter auseinandergesetzt wird.

2. Verhältniß der Fragen zu den Behauptungen der Anklage.

So verderblich eine willkürliche Mischung concreter Thatumstände und gesetzlicher Verbrechensmerkmale in den Fragen an die Geschworenen ist, so natürlich und gerechtfertigt ist dieselbe in der Anklage. Es ist früher hervorgehoben, wie gerade darin der rechtliche Charakter des englischen indictment besteht, daß es einzelne Umstände der That zwar als specielle, im einzeln Falle individuell hervorgetretene aufstellt, andere aber nur allgemein durch die betreffenden gesetzlichen Verbrechensmerkmale selbst ausdrückt. Dies ist nichts dem englischen indictment Eigenthümliches. Es verhält sich so bei jeder Anklage. Sehr häufig würde der Ankläger etwas vollständig Unmögliches unternehmen, wenn er seinen Verdacht, daß dieses oder jenes gesetzliche Merkmal eines Verbrechens im concreten Falle vorliege, durch die ausschließliche Aufstellung eines concreten Umstandes begründen wollte; noch häufiger würde er, wenn er auch solche concreten Thatsachen auffinden könnte, die Durchführung der Anklage auf das Wesentlichste gefährden. Es muß ihm überlassen sein, das Verbrechen seinem gesetzlichen Thatbestande nach in der Anklage hinzustellen und nur soviel individuelle Umstände hinzuzufügen, wie nöthig ist, um eine bestimmte in Raum und Zeit geschehene That genügend zu kennzeichnen.

Die französische Anklageakte unterscheidet sich zwar wesentlich von dem englischen indictment. Während dieses in einem Zusammenhange die dem Angeklagten zur Last gelegte

That, meist in großer Kürze, angiebt, besteht die französische Anklageakte, dem Umfange nach meist ohne Vergleich größer, aus zwei verschiedenen Theilen: einer weitläufigen Geschichtserzählung und einem kurzen sogenannten **resumé**. Man könnte denken, diese beiden Theile seien nach dem Unterschiede des thatsächlichen Materials und der rechtlichen Folgerung von einander verschieden. Nach der besprochenen Natur der Anklage jedoch ist eine solche Trennung unmöglich. Wie es in der Geschichtserzählung vielmehr vorkommen kann, daß für ein zum Thatbestande des Verbrechens gehörendes Merkmal trotz der Ausführlichkeit, mit welcher für die übrigen das Detail des einzelnen Falles zusammengetragen ist, keine solche concrete Erscheinung gefunden werden kann, so ist es auf der anderen Seite Regel für das **resumé**, daß es nicht das Verbrechen abstract nach seinem gesetzlichen Inhalt angiebt, sondern zugleich das dem Angeklagten **in concreto** schuldgegebene Verbrechen bezeichnet.

Das **resumé** der Anklageakte ist es, welches den entscheidenden, wesentlichen Theil der französischen Anklage bildet. Die Geschichtserzählung ist eine ausführliche Construction der That im Voraus und enthält fast immer so viele Einzelheiten der dem Angeklagten schuldgegebenen That, daß die Anklage unmöglich daran gebunden sein kann. Wegen dieser ihrer Ausführlichkeit ist es durchaus nothwendig, daß zu ihr eine genau bestimmte Formulirung der Anklage hinzutritt; dies geschieht durch das **resumé**. Dieses **resumé** theilt dann mit jeder anderen Form der Anklage die Eigenthümlichkeit, daß es eine Verbindung von concretem und allgemein gesetzlichem Material bildet.

Wenn es nun für die Competenz der Jury im höchsten Grade wichtig ist, in welcher Weise sie an der Feststellung der gesetzlichen Qualification theilnimmt, so ist es für die processualische Erledigung des **in judicium** deducirten Straffalles nicht minder wichtig, *wie sich die Fragestellung an die Geschworenen zu den concreten Umständen des beson-*

deren Falles verhält. Hier ist nicht die Rede von der Befugniß des Gerichtshofs, erschwerende Umstände, welche sich erst im Laufe der Verhandlung ergeben haben, zum Gegenstand besonderer Fragen zu machen, auch nicht von der Befugniß, welche die Praxis dem Assisenhof beilegt, eventuelle Fragen auf Versuch, wenn die Anklage auf Vollendung, auf Fahrlässigkeit, wenn die Anklage auf dolose Verübung der That, überhaupt auf solche Vergehen oder Verbrechen zu richten, welche nur eine „Modification" der zur Anklage gestellten That zu sein scheinen. Es handelt sich vielmehr von der Art, wie die concreten Behauptungen der Anklage (oder dieser neuen gegen den Angeklagten eventuell gerichteten Beschuldigungen) ihre Berücksichtigung in der Fragestellung finden.

Die zur Anklage gebrachte That soll Gegenstand der Fragestellung sein; eine Aenderung der Anklage wird daher nur durch Zusatz- oder eventuelle Fragen erreicht werden dürfen.

Dieser Grundsatz wird auf das Wesentlichste verletzt durch willkürliche Vertauschung der concreten und der gesetzlichen Bestandtheile in der Fragestellung. Die Willkür der französischen Praxis in dieser Hinsicht ist sehr groß. Es kommt häufig genug vor,

a. daß für einen in der Anklage nur in Form des gesetzlichen Merkmals aufgestellten Umstand eine vom Gerichtshof ausgewählte Thatsache des concreten Falles in die Frage aufgenommen,

b. daß ein concret aufgeführtes Merkmal in der Frage durch das entsprechende gesetzliche Merkmal vertreten wird.

In jenem Falle wird die Anklage beschränkt, in diesem erweitert.

Der Grundsatz, daß den Geschworenen solche Feststellungen nicht überlassen werden sollen, zu denen eine „appréciation légale" gehöre, bringt es mit sich, daß in den Fällen, in denen die Anklageakte nicht die einzelnen Merkmale eines Verbrechens aufzählt, sondern nur das Vorhandensein des allgemeinen Verbrechensbegriffs im einzelnen Falle behauptet, der Assisenpräsident nicht nur ermächtigt, sondern verpflichtet ist, statt dieses ungetheilten Verbrechensbegriffs die einzelnen Merkmale desselben in die Frage aufzunehmen, daß ferner solche einzelnen gesetzlichen Merkmale, von denen das Gesetz selbst eine Definition aufstellt, die aber die Anklageakte nicht nach dieser Definition, sondern unmittelbar selbst enthält, in der Frage durch ihre einzelnen gesetzlichen Bestandtheile ersetzt werden. Durch solche Abweichungen wird an dem Gegenstande der Anklage nichts geändert. Anders dagegen verhält es sich mit der weiteren, aus dem Bestreben Rechtsfragen von der Entscheidung der Geschworenen auszuschließen, hervorgegangenen Forderung, solche gesetzlichen Merkmale, wie „öffentliche Urkunde", „autorité légale", durch concrete Thatumstände zu ersetzen. Es wird allerdings hierbei selten vorkommen, daß nicht schon die Anklage einen concreten Sachverhalt für jene Begriffe aufstellt. Nichtsdestoweniger kann es auch hier der Fall sein, und z. B. bei „autorité légale" wird es nicht so ganz selten sein, daß die Anklage keine speciellere Beziehung des Thäters zu der Verletzten angiebt, sondern ganz allgemein behauptet, jener habe über diese „autorité légale" gehabt. Wenn dann in der Fragestellung nicht dieser umfassende Begriff, sondern dafür eine individuelle Thatsache, z. B. daß der Angeklagte Stiefvater der Verletzten gewesen, in die Frage aufgenommen wird, so liegt darin eine wesentliche Beeinträchtigung der Anklage. Bei einer Anklageänderung durch eventuelle Fragen wird jedenfalls zunächst über die ganze Anklage entschieden; hier aber bleibt ein Theil der Anklage gänzlich unerledigt. Wenn diese behauptet, der A habe über die B autorité légale gehabt, und die Geschworenen nur danach gefragt werden, ob er der beau-père derselben sei, so werden alle übrigen möglichen Beziehungen der beiden Personen zu einander unberücksichtigt gelassen. Wollte man hier ohne wesentliche Beeinträchtigung der Anklage der Geschworenen das Urtheil über den Rechtsbegriff der autorité légale entziehen, so wäre man gezwungen nach allen der thatsächlichen Verhältnissen zu fragen, welche möglicher Weise eine autorité légale begründen können. Der art. 333 des Code pénal enthält nur einige Beispiele der letzteren; es ist überhaupt fraglich, ob eine vollständige Aufzählung möglich sein würde: Wenn sie aber auch möglich wäre, so würde man sich doch wahrscheinlich nicht dazu verstehen, alle jene Möglichkeiten in der Frage herzuzählen. Dann aber bleibt nichts Anderes übrig, als überhaupt auf eine solche Ersetzung des gesetzlichen Merkmals durch concrete Thatumstände zu verzichten. Damit überläßt man allerdings den Geschworenen die Entscheidung einer Rechtsfrage. Hierzu aber ist man, wie gezeigt, processualisch gezwungen.

Man könnte sagen, es seien ja nur diese wenigen Fälle, in denen diese Ersetzung durch concrete Umstände nothwendig werde, und hier werde, wenn die Anklage wirklich einmal ganz allgemein lauten sollte, die Sache selten so liegen, daß ein anderes concretes Sachverhältniß überhaupt noch möglich sei; es sei meist nur zufällig, daß nicht schon die Anklage selbst diese Specialisirung enthalte. Daher könne man hier eigentlich nicht von einer Verletzung wesentlicher processualischer Grundsätze reden. Abgesehen jedoch davon, daß auch in jenen besonderen Fällen die Möglichkeit nicht geläugnet werden kann, daß die Anklage absichtlich allgemein gehalten wird (weil man voraussieht, es werde sich ein einzelnes individuelles Sachverhältniß nicht mit voller Gewißheit constatiren lassen), daß sie also nicht vollständig erledigt, und der gerechte Ausgang des Processes durch die Aufnahme eines vielleicht zweifelhaften speciellen Thatumstandes in die Frage gefährdet wird, so muß man sich daran erinnern, daß die französische Praxis nicht nur in jenen wenigen Fällen, in denen es vom Cassationshof unbedingt gefordert wird, eine solche Auflösung in individuelle Umstände der That eintreten läßt, sondern daß sie auch in vielen anderen Fällen, ganz willkürlich, eine solche vornimmt. Es wurde erwähnt, daß dies sowohl aus dem Bestreben, so viel wie möglich jede rechtliche Beurtheilung von der Entscheidung der Geschworenen fern zu halten, als aus dem Bedürfnisse, den vorliegenden Fall zu individualisiren, hervorgehe. Das nöthige concrete Material wird allerdings meistens schon in der Anklage enthalten sein; aber weil die französische Anklageakte in die weitläufige Geschichtserzählung und das kurze Resumé zerfällt, so wird es sich oft ereignen, daß je ausführlicher die Geschichtserzählung der Hergang und die näheren Umstände der That construirt, um so weniger concretes Material in dem zweiten Theile der Anklageakte enthalten sein wird. Das resumé aber ist es, welches den eigentlichen Anklagegegenstand bezeichnet. Wenn daher in ihm der Angeklagte beschuldigt wird, an einem gewissen Orte, zu einer gewissen Zeit eine näher bezeichnete Sache entwendet zu haben, so geht die Anklage, trotzdem daß vielleicht der erzählende Theil der Anklageakte in sehr detaillirter Weise die concrete Entwendungsthätigkeit schildert, dennoch allgemein auf „Entwendung" der fraglichen Sache, und es ist vollständig gerechtfertigt, den Angeklagten zu verurtheilen, wenn er zwar nicht jene speciellen Handlungen vorgenommen, aber doch, auf irgend eine andere Art, jenen Gegenstand entwendet hat. Es müssen daher diejenigen, welche jedenfalls über den ganzen Umfang der thatsächlichen Behauptungen der Anklage entscheiden sollen, d. h. die Geschworenen, durchaus freie Erwägung darüber haben, ob der Angeklagte irgend etwas vorgenommen habe, was eine Entwendung begründet. Wenn also die französische Praxis die Geschworenen willkürlich auf solche Einzelheiten beschränkt, trotzdem die Anklage allgemein lautet, so ist dies vollkommen unberechtigt. Ging z. B. die Anklage darauf, daß der Angeklagte eine Urkunde in betrüglicher Absicht gefälscht habe, so müssen die Geschworen unmittelbar nach der „betrüglichen Absicht" gefragt werden, und es kann dem Gerichtshof nicht freistehen, dies dahin umzuändern, daß er die Geschworenen allein danach fragt, ob der Angeklagte auf den Schein hin von einem Apotheker habe Gift erlangen wollen. Solche Abweichungen von dem Inhalte der Anklage sind aber, wie gesagt, in der französischen Praxis sehr häufig.

Nicht weniger häufig ist der umgekehrte Fall, daß nämlich trotz der concreten Fassung der Anklage die Fragestellung allgemein lautet. Die Neigung, die Frage auf concrete Thatumstände zu beschränken, ist allerdings in der französischen Praxis nicht gering. Nichts desto weniger bildet die Frage nach den gesetzlichen Merkmalen die Regel, und zwar so sehr, daß man oft gar nicht daran denkt, daß es sich in dem einzelnen Processe nicht um den abstracten Thatbestand des Mordes, des Diebstahls u. s. w. handelt, sondern um eine individuelle That des Angeklagten. Wenn die Anklage z. B. darauf geht, daß die Angeklagte ihr Kind durch Unterlassung aller Pflege getödtet habe, so glaubt man, es genüge, die Frage ganz allgemein auf den Thatbestand des Kindesmordes zu richten. Allerdings ist die Anklage nicht in jedem Falle verpflichtet, die That so weit zu specialisiren, daß die Begehungsart des Verbrechens im concreten Falle angegeben wird; es wird eine Anklage durchaus berechtigt sein, dem Beschuldigten vorzuwerfen, daß er diesen Menschen an dem und dem Orte zu einer gewissen Zeit mit Vorsatz und Ueberlegung getödtet habe, und ebenso wird auch bei Kindesmord eine bestimmte Art der Tödtung nicht angegeben zu werden brauchen. Specialisiren muß die Anklage nur insoweit, daß eine bestimmte That des Angeklagten daraus ersichtlich wird; wie genau specialisirt werden muß, darüber ist keine allgemeine Vorschrift möglich, oder es ist doch wenigstens fraglich, ob man hierfür einen ein für allemal entscheidenden Grundsatz wird auffinden können. Hat jedoch einmal die Anklage specialisirt, also z. B. eine concrete Begehungsart des Verbrechens aufgeführt, so sollte man meinen, müßte der Angeklagte, der mit Recht sich nur auf den ihm angekündigten Angriff mit seiner Vertheidigung vorbereitet hat, dagegen geschützt sein, daß man die specielle ihm zur Last gelegte Beschuldigung fallen läßt und die Anklage ganz allgemein gegen ihn richtet. Wenn die Anklage Jemanden beschuldigt, durch diesen oder jenen speciell angegebenen Ausspruch eine Majestätsbeleidigung verübt zu haben, so kann es nicht gerechtfertigt sein, den Angeklagten allgemein darauf hin zu verurtheilen, daß er sich beleidigender Ausdrücke gegen den Landesherrn bedient habe. Wie weit von dem Inhalt der Anklage abgewichen werden könne, darüber entscheiden allerdings die Grundsätze der Anklageänderung, und nicht die der Fragestellung; jedenfalls aber sollte man erwarten, daß jede solche Anklageänderung ausdrücklich und erkennbar in den Fragen hervortrete, daß also zunächst die Behauptung der Anklage und eventuell die neue Beschuldigung in die Frage aufgenommen werde.

Wenn man als Gegenstand der Anklage nicht mehr eine wirkliche bestimmte Handlung des Angeklagten, sondern den Thatbestand eines Verbrechens in abstracto ansieht, so führt dies leicht sogar dahin, daß man das in der Anklage etwa enthaltene concrete Material in der Frage ganz bei Seite läßt und dafür irgend einen anderen concreten Umstand in dieselbe aufnimmt. Mit der Frage nach dem gesetzlichen Merkmal wird wenigstens implicite immer noch über die Behauptung der Anklage entschieden; hier aber läßt man willkürlich an die Stelle der letzteren eine durchaus andere treten. Anstatt, wenn die Grundsätze der Anklageänderung es gestatten, principaliter nach dem in der Anklage behaupteten concreten Umstande, eventuell nach dem neu hervorgetretenen zu fragen, hält man den Platz des zum Thatbestande gesetzlich nothwendigen Merkmals für beliebig besetzbar mit irgend einer Specialität und wirft die ursprüngliche Behauptung der Anklage ganz über Bord.

In Zusammenhang mit dieser verkehrten Auffassung der Anklage steht ein anderer in der französischen Praxis anerkannter Grundsatz. Wenn nämlich in dem resumé de l'acte d'accusation und auch in dem dispositif de l'arrêt de renvoi, welches für jenes maßgebend ist, eines der den Thatbestand eines Verbrechens gesetzlich begründenden Merkmale ausgelassen ist, so entsteht die Frage, ob dieser Mangel in der Fragestellung verbessert werden darf oder nicht. Der Cassationshof hat entschieden [1]), daß eine solche Ergänzung zulässig sei, wenn die ausgelassene circonstance constitutive du crime „résulte de l'ensemble de ces deux actes et des débats." Hierbei beruft er sich auf den art. 338 des Code d'instr. crim., nach welchem es zulässig ist, erschwerende Umstände, welche erst während der Verhandlung hervorgetreten sind, durch besondere Zusatzfragen in die Fragestellung mit aufzunehmen. Aus dieser Berufung ist zu entnehmen, daß es weniger auf das „ensemble de ces deux actes" als auf die „débats" ankommen soll. Es soll also sogar schon in der Aufführung einzelner Verbrechensmerkmale in der Anklage die Beschuldigung des vollständigen Verbrechens liegen! So wenig beachtet man, daß es eine bestimmte Handlung ist, welche dem Angeklagten vorgeworfen wird, und so sehr wiegt der Gesichtspunkt des gesetzlichen Thatbestandes vor.

Wir haben gesehen, wie die Praxis der französischen Fragestellung die Competenz der Geschworenen zu einer äußerst schwankenden und unbestimmten macht und wie sie außerdem wesentlich die consequente Durchführung und Erledigung der Anklage beeinträchtigt. Es würde die Grenzen der vorliegenden Schrift überschreiten, wollten wir ferner ausführlich untersuchen, wie sich die That- und die Rechtsfrage auch in den übrigen Stadien des französischen Processes zu einander verhalten. Nur zwei Punkte heben wir kurz hervor: das Geständniß und die Nichtigkeitsbeschwerde.

---

1) Sirey, 1828 I. p. 192.

Was das erstere anlangt, so ist in Frankreich die Einrichtung des englischen Rechtes, nach welcher im Falle eines Geständnisses der Spruch der Geschworenen fortfällt, nicht angenommen. Ob dies freilich aus dem Grunde geschehen, weil das Geständniß nie eine Rechtsanwendung enthalten dürfe, sondern diese zur Competenz der Geschworenen gehöre, ist bei der Unbestimmtheit in der Auffassung dieser Competenz zweifelhaft. Möglicher Weise geschah es nur aus dem Grunde, weil man die Prüfung der Glaubwürdigkeit des Geständnisses den Geschworenen nicht entziehen wollte. Jedenfalls sah man in Frankreich das Geständniß nur als Beweismittel, und nicht als endgültiges Zugeständniß der Anklage an.

In Betreff der Nichtigkeitsbeschwerde kann hier nur die auf eine falsche Rechtsanwendung sich gründende in Betracht kommen. Diese ist gegen das Urtheil des Assisenhofes gerichtet. Es wurde erwähnt, daß die Befugniß des letzteren, zu prüfen, ob die durch den Wahrspruch der Geschworenen festgestellte That des Angeklagten eine gesetzlich strafbare sei, sich auch auf den Fall beziehe, daß die in dem Verdict enthaltenen concreten Umstände dem ebenfalls festgestellten gesetzlichen Thatbestande zu widersprechen scheinen [1]. In diesem Falle kann der Gerichtshof den Angeklagten ebenso freisprechen, wie er es kann, wenn die im Verdict bejahten gesetzlichen Merkmale des Verbrechens den Thatbestand des letzteren nicht erschöpfen und wenn die etwa allein (ohne die gesetzliche Qualification) in der Frage und im Verdict enthaltenen concreten Umstände als gesetzlich strafbar nicht anerkannt werden können. Gegen eine solche Freisprechung steht dem Staatsanwalt die Nichtigkeitsbeschwerde zu. Mit derselben kann er also eine unrichtige Rechtsanwendung der bezeichneten Art zur Kritik des Cassationshofes bringen. Wenn dagegen der Gerichthof in Folge des Schuldspruchs der Geschworenen den Angeklagten verur-

---

1) S. oben Seite 71.

theilt, so steht auch dem letzteren die Einlegung der Nichtigkeitsbeschwerde wegen falscher Rechtsanwendung frei. Er kann mit derselben ausführen, daß die im Verdict enthaltenen gesetzlichen Merkmale nicht das vom Assisenhof angenommene Verbrechen ausmachen, und ferner, daß die in ihm festgestellten thatsächlichen Umstände einen Schluß auf den gesetzlichen Thatbestand des Verbrechens nicht begründen. Daraus ergiebt sich, daß die Anwendbarkeit der Nichtigkeitsbeschwerde wegen unrichtiger Gesetzesanwendung sich zum Theil richtet nach der größeren oder geringeren Menge der concreten Thatumstände in der Fragestellung und im Verdict, und daß sie in Betreff der richtigen Feststellung aller derjenigen Merkmale, welche nur in allgemeingesetzlicher Form in beiden enthalten sind, gänzlich unanwendbar ist.

Es versteht sich jedoch von selbst, daß durch die Kritik des Cassationshofes nicht eine Abänderung der im Wahrspruch schon vorgenommenen Qualifikation in der Art erfolgen kann, daß der Gerichtshof, an den der Cassationshof die Sache zurückweist, einen andern als den von den Geschworenen festgestellten gesetzlichen Thatbestand des Verbrechens auf die That des Angeklagten anwenden könnte. Eine solche Umänderung der Qualifikation ist nur bei denjenigen Thatsachen möglich, welche die Geschworenen als bloß concrete Umstände festgestellt haben, indem ihnen in der Fragestellung die Entscheidung über deren gesetzliche Qualifikation vorenthalten war. Das Verdict und die in ihm enthaltenen Feststellungen sollen unberührt bleiben. Nur durch Vernichtung des Verfahrens wegen unrichtiger Fragestellung kann allerdings auch eine im Verdict enthaltene Subsumtion concreter unter gesetzliche Thatsachen umgeändert werden. Eine Verurtheilung des Angeklagten wird dabei aber nur dann erfolgen können, wenn eine neue Jury die neue Qualifikation bejahend feststellt.

Dies schließt aber nicht aus, daß der Cassationshof nicht

auch in Rücksicht derjenigen concreten Thatumstände, deren Subsumtion unter die gesetzlichen Bestimmungen den Geschworenen überlassen war, prüfen könne, ob sie wirklich eine That ausmachen, welche nach dem Gesetze strafbar ist oder nicht. Diese Prüfung kann immer noch zu einer Freisprechung des schuldig gesprochenen und verurtheilten Angeklagten in der Nichtigkeitsinstanz führen, indem der Cassationshof das einen rechtlichen Widerspruch enthaltende Verdict und das darauf gegründete Urtheil des Assisenhofes vernichtet.

Walther [1]) sagt, die Nichtigkeitsbeschwerde wegen falscher Gesetzesanwendung im Urtheil umfasse nicht von selbst auch die Fälle einer unrichtigen Rechtsanwendung im Verdict. Dies ist richtig, insofern die Nichtigkeitsbeschwerde eine Umänderung der Qualifikation der That durch den Nichtigkeitsrichter oder den Gerichtshof, an welchen dieser die Sache verweist, bezweckt. Doch die gesetzliche Vorschrift, daß der Gerichtshof freizusprechen habe, wenn er findet, daß die That durch kein Strafgesetz verboten sei, wird auch dahin zu verstehen sein, daß auch noch der Cassationshof dieselbe Prüfung anstellen könne. Nur eine Umänderung der von den Geschworenen angenommenen Qualifikation wird nicht anders erfolgen können als auf dem Wege einer neuen Fragestellung. — Walther ist übrigens der irrthümlichen Ansicht, daß in Frankreich die Geschworenen nur nach den Umständen des vorliegenden Falles und nicht nach deren Qualifikation gefragt würden [2]), und daß deswegen die französische Nichtigkeitsbeschwerde gegen eine jede dem Urtheile zu Grunde liegende rechtliche Schlußfolgerung gerichtet werden dürfe. Wir wissen aber, daß die französischen Geschworenen von der Entscheidung über die gesetzliche Quali-

---

1) Die Rechtsmittel im Strafverfahren, München 1855 II. Abtheilung S. 21 ff.

2) Die Rechtsmittel im Strafverfahren, I. Abth. S. 112. Anm. 2, II. Abth. S. 24. Anm. 2.

fikation keineswegs vollständig ausgeschlossen, vielmehr sogar der Regel nach über das Zutreffen der gesetzlichen Merkmale des Verbrechens befragt werden, und nichts desto weniger ist es der Cassationshof, der an letzter Stelle „détermine le caractère des faits dans leurs rapports avec les lois répressives,“ welcher prüft, ob man „a bien discerné les caractères constitutifs du délit, et si des faits constatés on a tiré exactement les conséquences légales“ (Trebutien). Mit welcher Beschränkung freilich diese Kritik des Cassationshofs zu verstehen sei, wurde vorher erwähnt.

III. Die Schuldfrage im deutschen Geschworenengericht.

Es handelt sich hier um die neuen Strafproceßgesetze seit 1848 und die aus ihnen hervorgegangene Praxis der Gerichtshöfe.

Die Art, wie in denjenigen Theilen Deutschlands, in denen seit dem Anfang des Jahrhunderts, seit der französischen Zeit, sich das Institut der Jury erhalten hatte, die Fragen an die Geschworenen gerichtet wurden, bedarf keiner besonderen Erörterung, da sie im Wesentlichen auf denselben Grundsätzen, die wir für Frankreich nachwiesen, beruht. Auch hier wollte man die Geschworenen auf Thatsachen beschränken und verstand unter Thatsachen doch im Wesentlichen nur die Merkmale, die das Gesetz aufstellt; auch hier verwechselte man beliebig concrete Thatsachen und gesetzliche Merkmale. Als charakteristisch hierfür seien zwei Entscheidungen hervorgehoben, die eine vom Cassations- und Revisionshofe zu Berlin vom 13. Juli 1840 und die andere vom Cassationshof zu Darmstadt vom 12. Mai 1829. —

Die erstere [1]) wies die wegen Beschränkung der Geschworenen auf bloße Thatsachen eingelegte Nichtigkeitsbeschwerde zurück, weil „aus dem art. 342 der Cr. P. O. hervorgeht, daß nur Thatsachen und nicht Rechtsbegriffe Gegenstand des Ausspruchs der Geschworenen sein können, der Ausdruck schuldig oder unschuldig in der Frage an die Geschworenen, wie dieselbe nach art. 337 gestellt werden soll, daher nur soviel be-

1) S. Gerichtssaal, Jahrgang 1850, Bd. 1, S. 186 f.

deutet, wie überführt oder nichtüberführt, da auch der art. 352 in Absatz 2 den Ausdruck „convaincu“ für gleichbedeutend mit „coupable“ gebraucht und nach art. 364 die Geschworenen einen Angeklagten für schuldig erklären und der Assisenhof dennoch annehmen kann, daß diese That unter kein Strafgesetz falle; weil daher die Frage auf die thatsächlichen Merkmale gerichtet werden müssen, aus denen sich der gesetzliche Begriff des Verbrechens bildet.“ Die gesetzlichen Begriffe: Mord und Diebstahl im art. 337 Abschnitt 2 seien „nicht so zu nehmen, als ob die gesetzliche Bezeichnung des Verbrechens in die Frage aufgenommen werden müßte, da in der vorgeschriebenen Frageform nur die Stelle bezeichnet werden solle, in welche der Assisenpräsident bei Stellung der Frage die concrete That einzurücken hat, welche Gegenstand der Anklage ist.“ — Es liegt auf der Hand, wie hiernach vollständig unklar bleibt, ob nur zusammengesetzte Rechtsbegriffe nicht zur Competenz der Geschworenen gehören, oder ob sie wirklich auf concrete Thatsachen beschränkt werden sollten. Fragen nach den gesetzlichen Merkmalen finden sich in der Praxis der rheinischen Assisenhöfe nicht weniger häufig als in Frankreich [1]). Nur bei einzelnen Rechtsbegriffen wird vom Cassationshof, gerade wie in Frankreich, eine Auflösung unbedingt gefordert [2]) —

Die zweite Entscheidung (des großh. hessischen Cassationshofs) lautet: „In Erwägung die Geschworenen durch die ihnen vorgelegte Frage: ist der Angeklagte schuldig, mittelst innerer

---

1) S. Archiv für das Civil- u. Criminalrecht der Königl. Preußischen Rhein-Provinzen, Band 39, 2. A. S. 60 (Entscheidung vom 3. Januar 1843), Band 5, 2, S. 13 (v. 12. März 1823), Band 30, 2. A. 18 (v. 25, Mai 1840), Band 41, 2. A. S. 22 (v. 28. Sept. 1846).

2) S. dasselbe Archiv, Band 6, 2. S. 58 (vom 14. April 1824), Band 36, 2. A. S. 39 (v. 10. Juli 1843), Band 41, 2. A. S. 17 (v. 13. Juli 1846).

Erbrechung gestohlen zu haben, offenbar zur Entscheidung über Rechtsfragen berufen wurden, da die innere oder äußere Erbrechung einen in den Art. 393 und 396 des Code pénal — juristisch definirten und der Diebstahl einen im art. 379 des Code pénal definirten Rechtsbegriff bildet, während das Gesetz die Geschworenen nur zu Richtern über die materielle Existenz von Thatsachen und ihre Imputation ernennt, und die Subsumtion einer Thatsache unter die Distinction des Strafgesetzes oder die juristische Qualification der angeschuldigten Handlung dem Gerichtshofe überlassen hat, — aus diesen Gründen cassirt u. s. w. [1])". Daß aber in Rheinhessen ebenso wenig wie in Rheinpreußen Fragen nach dem gesetzlichen Thatbestand principiell ausgeschlossen, sondern meistens die Geschworenen nach einem Gemisch von gesetzlichen Merkmalen und concreten Umständen gefragt wurden, beweisen die von Lippert mitgetheilten Beispiele von Fragestellungen [2]). —

Wenden wir uns nun zu den deutschen Gesetzgebungen, welche seit 1848 in den meisten der deutschen Staaten mit dem öffentlich-mündlichen Anklageverfahren zugleich das Geschworeneninstitut eingeführt haben, so ist augenscheinlich die wichtigste Frage in Betreff des letzteren die, ob sie das einzig consequent durchführbare Princip, nämlich die Befragung der Geschworenen nach der Schuld des Angeklagten, anerkannt haben oder nicht. Es wird wohl von Niemandem mehr bestritten werden, daß wenigstens das allgemeine Verlangen nach der Jury, welches sich vor 1848 aussprach, nicht auf eine Jury, die nur zur Constatirung gewisser Thatsachen da wäre, gerichtet war. Ganz unläugbar ist es, daß man ein Institut

1) Siehe diese und zwei ähnliche Entscheidungen des Darmstädtischen Cassationshofes, aus dem Rheinhessischen Archive abgedruckt bei Lippert, Anweisung zur Einführung und Anwendung des öffentlichen und mündlichen Strafverfahrens. Mainz 1848. S. 309 ff.

2) a. a. O. S. 311—330.

in die Strafrechtspflege eingeführt wissen wollte, welches die Schuld des Angeklagten, also seine Verantwortlichkeit vor dem Gesetz, zu einem Gegenstande volksthümlicher Entscheidung machen sollte. Ob man sich hierbei klar machte, daß zu der Beurtheilung der Schuld Rechtskenntnisse nothwendig seien, die den Geschworenen auf irgend eine Weise vermittelt werden müßten, oder ob man die Entscheidung über die gesetzlichen Voraussetzungen der Schuld für eine reine Thatfrage ansah, ist hierbei durchaus gleichgültig. Jedenfalls ging der Zug der allgemeinen Ansicht dahin, daß Niemand verurtheilt werden sollte, ohne daß vorher Geschworene darüber entschieden hätten, ob er das Gesetz verletzt habe oder nicht. Es muß daher zugestanden werden, daß bei der Einführung der Jury mindestens eine gewisse Präsumtion für ihre Competenz in der letzteren Hinsicht streitet.

Leider sind auf diesem Gebiete die Ausdrücke sehr zweideutig. Aus den Bestimmungen der Gesetze, durch welche die Jury in den deutschen Strafproceß eingeführt wurde, hat man daher das Verschiedenste herausgelesen. — In den theoretischen Erörterungen über die Competenz der Geschworenen bewegte man sich meistens in ganz allgemeinen Deduktionen. Man erörterte, was Rechtsfragen seien, was Thatfragen, was zu der Entscheidung der einen wie der anderen gehöre, und ob die Geschworenen zu dieser oder jener Entscheidung befähigt seien oder nicht. Die Einen behaupteten mit Entschiedenheit die Möglichkeit einer Trennung der Rechtsfrage von der Thatfrage, die Anderen läugneten eine solche Möglichkeit mit derselben Entschiedenheit. Die Ersteren sprachen sich meist zu Gunsten des Geschworenengerichts aus; von den Letzteren hingegen zogen viele aus der Unmöglichkeit jener Trennung den Schluß, daß niemals Geschworene urtheilen dürften, während andere kein Bedenken darin fanden, die Geschworenen auch über Rechtsfragen entscheiden zu lassen. In die Praxis kam das gefährlichste Schwanken. Während man an einigen Orten soviel wie möglich die Geschworenen auf Thatsachen beschränkte, überließ man ihnen anderwärts das Urtheil über die wirkliche Schuld; noch anderwärts machte man complicirte willkürliche Unterscheidungen. Dieser Verwirrung gegenüber ist es durchaus nothwendig, festzustellen, was der Sinn der positiven Gesetze ist. Einen sicheren Anhaltspunkt bei dieser Feststellung gewährt die Rücksicht auf die Natur der Anklage und die processualischen Grundsätze in Betreff ihrer Erledigung. Dieser Gesichtspunkt ist bisher so gut wie ganz außer Acht gelassen, und doch giebt er allein in der schwankenden Lehre von der Fragestellung einen festen Halt. Wir haben gesehen, daß die Rücksicht auf die Anklage bei dem Verdict der Geschworenen in England genau beachtet wird, daß man dagegen in Frankreich die Anklage als das Entscheidende für die Fragestellung zu betrachten allmählich ganz verlernte und dadurch zu dem willkürlichsten Verfahren bei der Fragestellung gelangte. Hätte man in Frankreich die Rücksicht auf die Anklage stets im Auge behalten, so würde man weder darauf gekommen sein, die Geschworenen auf concrete Thatsachen beschränken zu wollen, noch andererseits zu der bequemen, aber grundfalschen Manier, die Geschworenen regelmäßig nur nach den wesentlichen gesetzlichen Merkmalen des Verbrechens zu fragen.

Wir besprechen zuerst die einzelnen deutschen Strafprocessgesetze[1]), sodann die ihnen gemeinsamen Grundsätze und endlich die wichtigen Streitfragen, die in letzterer Zeit über die That- und Rechtsfrage in der Fragestellung in Preußen lebhaft verhandelt worden sind.

1) Die einzelnen deutschen Gesetze.

A. Preußen.

Es ist wichtig, den §. 101 der Verordnung vom 3.

---

1) Und zwar hauptsächlich mit Rücksicht auf That- und Rechtsfrage in dem speciellen Thatbestande des Verbrechens.

Januar 1849, welche das öffentliche mündliche Strafverfahren mit Geschworenen über alle Provinzen der Monarchie ausdehnte, näher in's Auge zu fassen, da er, obwohl später ersetzt durch den Art. 82 des Gesetzes vom 3. Mai 1852, den Ausgangspunkt für die Beurtheilung der Stellung der Jury in Preußen bildet. Er lautet:

„Die Frage beginnt mit den Worten: ist der Angeklagte schuldig? und muß alle thatsächlichen Merkmale des Verbrechens enthalten, wegen dessen die Anklage ausgesprochen ist".

Sieht man gänzlich ab von dem allgemeinen Zwecke der Jury und hält man sich rein an den Ausdruck dieser Bestimmung, so scheint allerdings in ihr eine große Unbestimmtheit und Zweideutigkeit zu liegen. Das Wort „schuldig" an und für sich kann nicht entscheiden, sondern nur die Bezeichnung des Inhaltes der Frage. Prüft man diese nach dem abstracten Gegensatze, ob darin eine Zuweisung bloß concreter Thatumstände oder der ganzen Schuld an die Geschworenen liege, so wird man kaum zu einer definitiven Entscheidung kommen. Sowohl der Ausdruck „thatsächlich" kann auf concrete Umstände wie auf gesetzliche Merkmale gehn (auch das Gesetz zählt ja Thatsachen auf, aus denen es den Thatbestand der Verbrechen zusammensetzt), als auch die Bezeichnung „Merkmale"; (von Merkmalen kann man ebenso gut bei einer einzelnen concreten Handlung sprechen, als bei einer Handlung im Sinne des Gesetzes) [1]). Es finden sich daher die entgegengesetztesten Auffassungen jenes Paragraphen. Die allgemeine Ansicht, wie sie vorherrschend in die Praxis überging, war die, daß die

---

1) v. Kräwel, im Archiv des Criminalrechts 1854 S. 424, drückt sich so aus: „Die Fassung des §. 101 hätte wohl die Deutung zugelassen, daß unter den aufzunehmenden thatsächlichen Merkmalen des Verbrechens nicht sowohl die jedesmaligen concreten Handlungen, sondern daß die im Gesetz aufgestellten thatsächlichen Merkmale, also die gesetzlichen Begriffe, welche den Thatbestand bilden, in die Frage aufzunehmen seien".

Verordnung eine Beschränkung der Geschworenen auf concrete Thatsachen gewollt habe. Hierfür berief man sich insbesondere auf zwei andere Paragraphen der Verordnung. Da §. 121 bestimme: „der Angeklagte oder sein Vertheidiger dürfen die in dem Ausspruche der Geschworenen festgestellten Thatsachen nicht mehr bestreiten oder in Zweifel ziehn; ihre Ausführung muß sich auf die aus denselben herzuleitenden gesetzlichen Folgen beschränken" und ferner §. 125: „Ist die That, deren der Angeklagte für schuldig erklärt worden ist, durch ein Strafgesetz nicht vorgesehen, so spricht der Gerichtshof den Angeklagten frei", so sei damit gewiß, daß die Geschworenen keine gesetzlichen Folgerungen zu ziehen, also nur Thatsachen zu entscheiden hätten. Daß aber diese §. §. dies nicht beweisen können, sondern sehr wohl auf den Fall der Unvollständigkeit der gesetzlichen Merkmale und des Widerspruchs zwischen concreten Thatsachen und gesetzlicher Folgerung bezogen werden können, ist keiner weiteren Ausführung bedürftig. Es ist daher nicht zu billigen, wenn Leue[1]) sagt: „Die Verordnung verbietet zwar nicht mit ausdrücklichen Worten die Formulirung der Frage in Uebereinstimmung mit den Worten des Gesetzes. Ein solches Verbot, das nur unnöthige Zweifel an der Weisheit des Gesetzes im Volke erregt hätte, war aber auch nicht nöthig, damit der Gesetzgeber seine Absicht erreichte", und wenn er meint, daß diese Absicht, nämlich die Geschworenen auf die Constatirung bloßer Thatsachen zu beschränken, durch die übrigen Bestimmungen der Verordnung erreicht sei. Diese Anordnungen zwingen durchaus nicht zu jener Interpretation des §. 101.

So viel ist als vollkommen gewiß aus dem §. 101 zu entnehmen, daß dasjenige Verbrechen Gegenstand der Frage an die Geschworenen sein soll, welches Gegenstand der Anklage

1) Motivirter Entwurf zu einer Kriminal=Proceß=Ordnung. 1850 S. 288.

war. Wir wissen aber, daß die Anklage manche Merkmale des Verbrechens durchaus nicht in concreter Weise, sondern in rein gesetzlicher Form angiebt, daß sie z. B. behauptet, der Angeklagte habe an einem gewissen Orte, zu einer gewissen Zeit eine bestimmte Sache sich rechtswidrig zugeeignet, ohne daß sie die concrete Absicht und die concrete Handlungsweise des Thäters irgend näher bezeichnet. Wir wissen ferner, daß in der willkürlichen Aufnahme concreter Umstände statt jener gesetzlichen Merkmale eine unzulässige Beschränkung der Anklage durch die Fragestellung liegen würde. Es ist also jedenfalls das gewiß, daß auch nach jenem Paragraphen der Verordnung die Geschworenen von gewissen gesetzlichen Merkmalen nicht ausgeschlossen werden durften. Wenn es sich nun aber ferner darum handelt, ob nach ihm die Geschworenen über die gesetzliche Qualifikation auch derjenigen Umstände des Verbrechens entscheiden sollten, welche die Anklage concret angiebt, also z. B. darüber, ob in diesen oder jenen von dem Angeklagten gebrauchten Ausdrücken objectiv eine Majestätsbeleidigung zu finden sei, so bedarf dieser Punkt noch einer besonderen Erwägung. Zwar könnte man meinen, hier müsse der allgemeine Zweck der Geschworenengerichte entscheiden, und da diesem die Bestimmungen der Verordnung wenigstens nicht widersprechen, so müsse man annehmen, der Gesetzgeber habe nicht die Inconsequenz begehen wollen, den Geschworenen einzelne Fragen der Rechtsanwendung zu überlassen, andere aber ihnen vorzuenthalten. Aber dieser Grund würde vielleicht für Manche nicht überzeugend sein, die in jener augenscheinlichen Inconsequenz lieber ein Argument gegen die Jury, als einen Beweis für die bezeichnete Absicht des Gesetzgebers sehen möchten. Darum ist nicht zu übersehen, daß der Gesetzgeber selbst diese Absicht deutlich ausgesprochen hat [1]). Es ist nämlich für die

---

1) Der §. 100 ist allerdings nicht entscheidend: die Vorschrift, daß der Präsident in seinem Resumé die zur Entscheidung der Thatfrage etwa

Competenz der Geschworenen in Betreff der Schuld des Angeklagten vor dem Gesetz unzweifelhaft entscheidend der Wortlaut des bei der Erörterung unserer Frage fast immer übersehenen Eides, den die Geschworenen nach §. 97 der Verordnung folgendermaßen zu leisten haben:

„Sie schwören und geloben vor Gott und den Menschen, in der Anklagesache gegen N. sich den Pflichten Ihres Berufes als Geschworene mit Gewissenhaftigkeit, Festigkeit und Treue zu widmen, und unparteiisch, Niemanden zu Liebe und Niemanden zu Leide, einen gewissenhaften Spruch zu fällen zwischen dem Angeklagten und dem Gesetze, dem Sie Geltung verschaffen sollen".

Danach ist es klar, daß die Geschworenen nicht feststellen sollten, daß der Angeklagte dies oder jenes gethan, sondern daß sie berufen wurden, zu entscheiden, ob die Bestimmungen des Gesetzes über den Thatbestand eines Verbrechens auf seine Handlung Anwendung fänden. Diese Deutung läßt die Verordnung nicht bloß zu [1]), sondern sie muß so ausgelegt werden.

Wenn oben gesagt wurde, daß in die Praxis vorzugsweise die entgegengesetzte Auffassung Eingang fand, so ist dies letztere doch nicht ausschließlich und durchweg geschehen. Es lassen sich viele Beispiele aus der preußischen Praxis in der ersten Zeit nach der Einführung des Geschworenengerichtes anführen, in denen die Fragen in durchaus allgemeiner Form, ja nicht nur auf die gesetzlichen Merkmalen, sondern sogar auf den ungetheilten Verbrechensbegriff gerichtet wurden. Allerdings war das Schwanken groß. So kam es nach Mittermaier [2]) vor, daß in Breslau in zwei Processen wegen

nothwendigen gesetzlichen Vorschriften zu erläutern habe, ist auch dann an ihrer Stelle, wenn man den Geschworenen die Subsumtion unter die gesetzlichen Merkmale nicht überlassen will.

1) v. Kräwel a. a. O. S. 424.

2) in dem Aufsatze im Gerichtssaal von 1852 Bd. I. S. 391 ff.

Majestätsbeleidigung das eine Mal, im November 1849, gefragt wurde: Ist der Angeklagte schuldig, durch ehrenrührige Schmähungen das Verbrechen der beleidigten Majestät begangen zu haben? und vierzehn Tage später vor demselben Gericht: Ist der Angeklagte schuldig, diese (näher angegebene) Aeußerung gethan zu haben? Das erste Mal wurde der Angeklagte freigesprochen, das zweite Mal wegen Majestätsbeleidigung verurtheilt. An diesem Beispiele kann man deutlicher wie an irgend einem anderen sehen, wie sehr Feuerbach Recht hat, wenn er die Jury, die man auf bloße Facta beschränkt, für ein „Spiel" erklärt, „das sich von anderen Spielen nur dadurch unterscheidet, daß es zum Lachen zu ernsthaft ist [1])", und wenn Andere eine solche Jury eine bloße „Rumpfjury" oder eine Jury genannt haben, „die ebenso wenig eine Jury zu sein scheint, als dasjenige Rechtsinstitut eine Ewiggilt, bei welchem der Giltberechtigte das Recht der Kapitalaufkündigung hätte [2])". — Das Obertribunal war sich durchaus nicht klar über das zu befolgende Princip. Am 19. Januar 1850 entschied es [3]), daß das Urtheil über die verbrecherische Willensrichtung, zwar nicht etwas rein Thatsächliches sei, gleichwohl diese Frage aber von den Geschworenen müsse und könne beantwortet werden, „weil die Bezeichnung dessen, was der Gesetzgeber unter der verbotenen Handlung verstanden wissen will, nichts Anderes ist, als die Beschreibung und Begrenzung nicht eines rechtlichen Begriffs, sondern einer rein menschlichen Thätigkeit mit einem gewissen Erfolge in der Reihe der Erscheinungen". Hiernach sollten die Geschworenen also doch sicher nach den gesetzlichen Voraussetzungen gefragt werden, und das Obertribunal geht sogar so weit, diese Frage für eine

---

1) Betrachtungen über das Geschworenengericht S. 170.

2) Walther, die Rechtsmittel im Strafverfahren II. S. 15.

3) S. Frantz, der preußische Strafproceß. 1855 S. 220.

reine Thatfrage zu erklären. Am 6. Nov. desselben Jahres dagegen entschied es[1]: „Nach §. 101 der Verordnung vom 3. Jan. 1849 soll die Frage an die Geschworenen alle thatsächlichen Merkmale des Verbrechens enthalten, wegen dessen die Anklage ausgesprochen ist, also nicht die juristischen Merkmale oder Bestandtheile des Verbrechens, den abstracten Thatbestand, sondern die concreten Erscheinungen und Begebenheiten, woran sich die juristischen Merkmale oder Kennzeichen eines Verbrechens nachweisen lassen, oder mit anderen Worten, welche unter den Thatbestand oder Begriff des Verbrechens subsumirt werden können[2])". — Der Widerspruch kann gar nicht größer sein.

An die Stelle des §. 101 der Verordnung traten drei Jahre später die Art. 81 und 82 des Gesetzes vom 3. Mai 1852, und diese sind jetzt geltendes Recht. Sie lauten:

Art. 81: „Die Fragen müssen bei Strafe der Nichtigkeit alle Thatsachen enthalten, welche die wesentlichen Merkmale der dem Angeklagten zur Last gelegten strafbaren Handlung bilden. Zu den Thatsachen, welche durch den Ausspruch der Geschworenen festzustellen sind, gehört insbesondere die Zurechnungsfähigkeit, sowie der Vorsatz und die Fahrlässigkeit, durch deren Vorhandensein der Begriff der strafbaren Handlung bedingt wird. Die Hauptfrage beginnt mit den Worten: ist der Angeklagte schuldig? Die Fragen sind darauf, ob der Angeklagte die That ohne Zurechnungsfähigkeit begangen hat, oder ob andere Gründe, welche die Strafe ausschließen, vorhanden sind, nur dann ausdrücklich zu richten, wenn dies besonders beantragt oder von dem Gerichte selbst für nöthig erachtet wird. Einem desfalls besonders gestellten Antrage muß bei Strafe der Nichtigkeit entsprochen

---

1) S. Frantz a. a. O.

2) Vgl. Entscheidung vom 10. April 1850, abgedruckt bei Frantz a. a. O. S. 258.

werden. Durch Bejahung der Hauptfrage wird, wenn in der Antwort der Geschworenen nicht etwas Anderes ausdrücklich ausgesprochen ist, zugleich festgestellt, daß der Angeklagte mit Zurechnungsfähigkeit gehandelt hat."

Art. 82: „Bei Bezeichnung der wesentlichen Merkmale einer strafbaren Handlung sind, soweit es geschehen kann, Rechtsbegriffe, welche nicht eine allgemein bekannte und in dem gegebenen Falle unbestrittene Bedeutung haben, durch solche gleichbedeutende Ausdrücke zu ersetzen, zu deren Verständniß Rechtskenntnisse nicht erforderlich sind."

Es sollen also in die Frage aufgenommen werden „die Thatsachen, welche die wesentlichen Merkmale der strafbaren Handlung bilden." Dieser Ausdruck ist aber ebenso zweideutig wie der der Verordnung. Auch das Gesetz macht „Thatsachen" namhaft, und auch bei einer concreten Handlung kann man von „Merkmalen" reden. Unmittelbar gewiß ist nur, daß durch die Frage die Anklage erledigt werden soll (abgesehen von Erweiterung der Anklage durch eventuelle Fragen), daß die Frage also gewisse Umstände der That nicht concret bezeichnen kann. Es handelt sich nun aber darum, ob die in der Anklage etwa concret angegebenen Umstände von den Geschworenen oder von den Richtern unter den Thatbestand des Verbrechens subsumirt werden sollen.

Aus der Prüfung der Vorarbeiten des Gesetzes [1]) ergiebt sich, daß die Kommission der 2. Kammer [2]) „nach dem Geiste

1) Vollständige Materialien zu der Verordnung vom 3. Januar 1849 und dem Gesetze vom 3. Mai 1852. Berlin 1852. S. 128—132. S. 457—490. S. 590—612. S. 774 u. 775.

2) Die Kommission der ersten Kammer war von der Nothwendigkeit der Trennung der That- und der Rechtsfrage überzeugt, entschied sich aber für Beibehaltung der Frageform: ist der Angeklagte schuldig? Aus ihrem Berichte ergiebt sich nicht, was sie unter jener Trennung verstanden. Im Plenum der ersten Kammer wurden die Art. 76—102 (Art. 74—100 des Gesetzes) ohne jede Discussion angenommen.

der Verordnung von 1849" diese Subsumtion als von der Competenz der Geschworenen ausgeschlossen ansah und bei diesem Princip beharren wollte. Obwohl ihr eigener Berichterstatter aussprach, daß die ganze Bedeutung der Jury in der Entscheidung über den gesetzlichen Thatbestand liege, so war doch auch er der Meinung, daß man vorläufig bei dem bestehenden Rechte beharren müsse, welches eine principielle Trennung der That- und der Rechtsfrage verlange. Wie falsch diese Auffassung der Verordnung war, ergiebt sich am besten daraus, daß die Kommission selbst, um an der Verordnung „festzuhalten", die Anträge stellte, die Eingangsformel der Frage: ist der Angeklagte schuldig? fallen zu lassen und statt dessen zu fragen: hat der Angeklagte die und die That begangen? und ferner in dem Eide der Geschworenen hinter den Worten „einen gewissenhaften Spruch zu fällen" den Zusatz „zwischen dem Angeklagten und dem Gesetze, welchem Sie Geltung verschaffen sollen" zu streichen. Daß die Kommission beantragte, Rechtsbegriffe, welche . . ., durch gleichbedeutende Ausdrücke des gewöhnlichen Lebens zu ersetzen, steht mit der Absicht der Beschränkung der Geschworenen auf concrete Thatsachen allerdings nicht im Widerspruch; es beweist nur, daß sie nicht in dem Wahne befangen war, die Geschworenen könnten auf s. g. reine Thatfragen beschränkt werden [1]). (Dasselbe gilt vom Art. 79, der dem Präsidenten zur Pflicht macht, die in Betracht kommenden gesetzlichen Vorschriften zu erläutern. Vgl. §. 100 der Verordnung).

Die Auffassung der Kommission ist aber nicht entscheidend.

---

1) Die Minorität der Kommission scheint dagegen den Art. 82 allerdings als eine Ausnahme von der Befragung der Geschworenen nach den gesetzlichen Merkmalen aufgefaßt zu haben, indem sie sich deshalb gegen diese ausnahmsweise Auflösung aussprach, „weil man mit der Auflösung der Rechtsbegriffe nicht weiter gehen dürfe, als das Gesetz selbst; man gelange sonst in ein Gebiet, wo der Streit über die Richtigkeit der Definition nicht zu vermeiden sei."

Bei der Berathung in der Kammer waren die Ansichten sehr getheilt. Von der einen Seite schloß man sich der Kommission an, indem z. B. beantragt wurde, den Eingang der Formel zu fassen: ist der Angeklagte überführt? Von der anderen Seite dagegen wurde entschieden hervorgehoben, daß der einzige Zweck der Jury die Entscheidung über den gesetzlichen Thatbestand sei. Auch der Regierungskommissar sprach von der Unmöglichkeit der Trennung der That- und der Rechtsfrage und hob nur das als durchaus nothwendig hervor, daß die Geschworenen sich nicht über das positive Gesetz hinaussetzen dürften. Da nun zudem der mit der ausführlichen Motivirung, daß den Geschworenen die Schuldfrage überlassen werden müsse, gestellte Antrag auf Beibehaltung der Eingangsformel: ist der Angeklagte schuldig? angenommen wurde, so ist auch das Gesetz von 1852 nicht anders zu interpretiren als in diesem zuletzt bezeichneten Sinne[1]). Der Art. 81

1) Zwar ließ die Kammer den Schluß des Eides, wie er nach der Verordnung lautete, fallen, aber gewiß aus keinem anderen Grunde — eine Discussion fand darüber gar nicht statt — als aus dem von der Kommission selbst angegebenen Motive, daß jene Worte: „Sie schwören ..... einen gewissenhaften Spruch zu fällen zwischen dem Angeklagten und dem Gesetze," dem ohnehin schon allzu sehr verbreiteten Mißverständnisse Nahrung gäben, als ständen die Geschworenen über dem Gesetze und hätten die Bestimmungen desselben wie die Anträge einer dem Angeklagten gegenüberstehenden Partei ihrer Kritik zu unterwerfen." Materialien S. 124. Es ist gewiß nicht zufällig, daß der Kommissionsbericht jene Worte des Eides nicht vollständig anführt; sie lauten „zwischen dem Angeklagten und dem Gesetze, welchem Sie Geltung verschaffen sollen", und dadurch wird doch alles Mißverständniß ausgeschlossen. Jene Art der Motivirung weist darauf hin, daß auch die Majorität der Kommission keineswegs ganz einig in der Auffassung der Trennung der That- und Rechtsfrage war, daß Einzelne vielleicht nur verhindern wollten, daß die Geschwornen sich über das Gesetz hinaussetzten, und durchaus nicht eine Beschränkung auf concrete Thatsachen beabsichtigten. Vergl. auch eine andere Stelle des Kommissionsberichtes, Materialien S. 109 gegen Ende.

desselben rechnet also die Subsumtion der concreten That des Angeklagten unter die gesetzlichen Verbrechensmerkmale zur Competenz der Geschworenen.

In dieser Auffassung des Gesetzes werden wir auf das Entschiedenste unterstützt durch die preußische Praxis. Da später diese noch näher berücksichtigt werden soll, genüge es hier anzugeben, daß sie nach dem Art. 81 als das leitende Princip der Fragestellung die Aufnahme der gesetzlichen Verbrechensmerkmale in die Frage betrachtet[1]). Durch zahlreiche Entscheidungen des Obertribunals ist dieser Grundsatz allgemeine Regel geworden. Leider aber tritt dieser Regel sogleich eine Ausnahme zur Seite, durch welche in gewissen Fällen den Geschworenen das Urtheil über die gesetzliche Qualification eines concreten Umstandes entzogen wird. Die Praxis nämlich, insbesondere das Obertribunal, legt den Art. 82, wonach Rechtsbegriffe, welche nicht eine allgemeine bekannte und im gegebenen Falle unbestrittene Bedeutung haben, durch solche gleichbedeutende Ausdrücke ersetzt werden sollen, zu deren Verständniß Rechtskenntnisse nicht erforderlich sind, so aus, daß solche Rechtsbegriffe durch die jedesmaligen concreten Umstände der That ersetzt werden sollen. Es werden also Ausdrücke wie „ein Pferdestall, in welchem die Knechte schliefen", „eine Schrift von diesem oder jenem Inhalt" für gleichbedeutend gehalten mit den Ausdrücken „bewohntes Gebäude", „Urkunde" u. s. w. Auf diesem Wege könnte es kommen, daß

---

1) Vgl. Goltdammers Archiv, Band IV. S. 191: „Es liegt von selbst vor, daß das Gesetz von Mai 1862 . . wesentlich mit den Grundsätzen des Code d'instruction criminelle übereinstimmt, und daß im Allgemeinen auch hiernach der volle Thatbestand des nach seinen gesetzlichen Merkmalen zu bezeichnenden Verbrechens der Beurtheilung der Geschworenen unterworfen werden soll." (Aus dem Aufsatze „Ueber That- und Rechtsfrage in der Fragestellung an die Geschworenen, insbesondere über die Nothwendigkeit der Auflösung von Rechtsbegriffen").

wenn über den Begriff „Thätlichkeiten gegen die Person des Königs“ sich Streit erhebt, die Geschworenen allein danach gefragt werden, ob der Angeklagte schuldig sei, dem Landesherrn einen starken Händedruck zugefügt zu haben, und der Gerichtshof in Folge dessen ihn wegen „Thätlichkeiten gegen die Person des Königs“ zum Tode verurtheilt. Es leuchtet wohl ein, daß eine solche Beschränkung auf concrete Thatsachen keine Ersetzung gewisser schwieriger Rechtsbegriffe durch verständlichere „gleichbedeutende“ Ausdrücke ist. — Es zeigt sich in dieser preußischen Praxis eine bedenkliche Aehnlichkeit mit dem französischen Verfahren.

Aehnlich wie in diesem wird auch in jener theils durch die abstracte Richtung der Fragen auf die gesetzlichen Merkmale die Anklage ungebührlich erweitert, theils durch beliebige Ersetzung gesetzlicher Merkmale durch concrete Thatumstände dieselbe beschränkt.

B. Hannover.

Der §. 188 der Strafproceßordnung vom 8. November 1850 [1]), jetzt §. 194 der revidirten St. P. O. vom 5. April 1859, bestimmt im vierten Absatz über den Inhalt der Fragen Folgendes:

„Die an die Geschworenen zu richtenden Fragen müssen bei Vermeidung der Nichtigkeit alle in dem Verweisungsurtheile enthaltenen wesentlichen thatsächlichen Verhältnisse, sowie die in der mündlichen Verhandlung hervorgetretenen neuen Thatumstände, welche die Strafe entweder erhöhen oder mildern oder gänzlich aufheben, erschöpfen und sich darauf beschränken“.

Ferner im fünften und sechsten Absatz:

„Die Hauptfrage ist dahin zu richten, ob der Angeklagte

1) Gleichlautend mit den §§. 108 ff. des provisorischen Gesetzes über das mündlich-öffentliche Verfahren vom 24sten December 1849.

der ihm zur Last gelegten That schuldig sei. Sie schließt sich unter Berücksichtigung der in der mündlichen Verhandlung neu hervorgetretenen Umstände möglichst an die im Verweisungsurtheile enthaltene Anklageformel oder die erhobene Beschuldigung an. Hierbei sind diejenigen Merkmale des Verbrechens, welche einen Rechtsbegriff enthalten, thunlichst auf das entsprechende thatsächliche Verhältniß zurückzuführen."

Die Anklageformel aber soll nach §. 124 (jetzt §. 131) enthalten „eine möglichst bestimmte Aufstellung der den Gegenstand der Beschuldigung bildenden That, unter Hervorhebung der Orts= und Zeitverhältnisse, sowie sämmtlicher für den Begriff des Verbrechens wesentlichen Merkmale".

Wenn in diesen Bestimmungen schon die Erwähnung der „wesentlichen Merkmale des Verbrechens" die Meinung fern zu halten im Stande sein könnte, als wollte das hannoversche Gesetz die Geschworenen auf die Constatirung factischer Umstände beschränken, so zeigen überdies die Motive auf das deutlichste, daß dies nicht in der Absicht der Gesetzgebung lag. Was schon die Bestimmung über den Schlußvortrag des Präsidenten [1]), daß dieser nämlich „soweit dies erforderlich, die Merkmale, welche das Gesetz zu der den Gegenstand der Anklage oder Beschuldigung bildenden Gesetzübertretung [2]) forbert", zu erklären habe, zweifellos in sich schließt, sagen die Motive [3]) hierzu ganz ausdrücklich: „Soll von den Geschworenen ferner die Frage beantwortet werden, ob eine bestimmte Handlung alle die Merkmale in sich faßt, welche das Gesetz zum Thatbestande

1) §. 187, jetzt §. 193.

2) Hier ist nicht die Rede von der Erläuterung einzelner Rechtsbegriffe (eine solche kann auch bei einer mehr oder weniger concret gefaßten Frage nöthig sein), sondern geradezu von den Merkmalen des gesetzlichen Thatbestandes selbst.

3) S. Leonhardt, die Justizgesetzgebung des Königreichs Hannover. Bd. I. S. 167; in der dritten Auflage (1859) S. 256.

der — Gesetzesübertretung fordert, so müssen diese Merkmale zuvor von ihnen gekannt sein. Der Schlußvortrag des Gerichtsvorsitzenden soll nicht die Frage nach dem Dasein dieser Merkmale in den gewonnenen thatsächlichen Resultaten beantworten; er soll, wenn dies erforderlich, ohne jene Frage zu berühren, abstract die Merkmale hervorheben, welche das Gesetz zum Thatbestande des in Frage kommenden Verbrechens fordert; ob sie vorhanden? darüber haben allein die Geschworenen zu urtheilen." Ebenso unzweideutig sprechen sich die Motive zu dem folgenden Paragraphen (über die Fragestellung)[1]) aus: „Die an die Geschworenen zu richtende Hauptfrage soll die sein: ob der Angeklagte der ihm zur Last gelegten That schuldig? In diese Frage soll alles das aufgenommen werden, was zum Thatbestande, zum Begriff des Verbrechens selbst gehört. Die Geschworenen haben die Frage, ob schuldig? nicht nach ihrer Ansicht über das eventuell zur Anwendung zu bringende Strafgesetz, sondern nach dem Dasein der gesetzlich feststehenden Merkmale des Verbrechens zu entscheiden ...... Es wird sich — will man nicht die Wirksamkeit der Geschworenen in durchaus ungeeigneter, dem Geiste des Instituts widersprechender Weise beengen — in keiner Weise vermeiden lassen, daß nicht die Geschworenen auch über Rechtsbegriffe zu entscheiden hätten; es wird jedoch möglichst darauf Bedacht zu nehmen sein, daß, um ihnen diese Entscheidung zu erleichtern, der Rechtsbegriff auf das entsprechende thatsächliche Verhältniß zurückgeführt werde".

Man sollte hiernach vermuthen[2]), daß durch die Gesetz-

---

1) S. Leonhardt, a. a. O. S. 172. 173, in der dritten Auflage S. 257.

2) S. Zachariae, das mündlich-öffentliche Verfahren mit Geschworenen im Königreich Hannover. Erstes Heft. Gött. 1850: „Es ist nicht zu fürchten, daß das hannoversche Gesetz bei der Anwendung eine solche, die wesentliche Bedeutung des Geschworenen-Instituts vernichtende Auf-

gebung ausreichend dafür gesorgt sei, daß die Vorschrift über die Fragestellung nicht in dem Sinne der Beschränkung der Geschworenen auf bloße Thatsachen, daß auch die Bestimmung über die Zurückführung von Rechtsbegriffen auf das ihnen zu Grunde liegende thatsächliche Verhältniß nicht als die Forderung einer Ersetzung wesentlicher Merkmale des Verbrechens durch concrete Thatumstände [1]) verstanden werde. Und dennoch wurden jene Stellen der Motive gerade deshalb so ausführlich mitgetheilt, weil beide Mißverständnisse in ausgedehnter Weise in der Praxis sich geltend gemacht haben. So hat z. B. das Ober-Appellationsgericht die Fragestellung: „Ist der Angeklagte schuldig, mittels gewaltsamer Eröffnung eines Fensters und Einsteigens durch dasselbe, in der Absicht daselbst zu stehlen, in das Wohnhaus des X. eingedrungen zu sein?" gebilligt und die Nichtigkeitsbeschwerde, welche sich darauf gründete, daß nicht danach gefragt war, ob in jener Handlung ein Versuch des Diebstahls liege, zurückgewiesen [2]). Die Entscheidungsgründe: „weil die an die Geschworenen gerichteten Fragen alle in dem Verweisungsurtheile enthaltenen wesentlichen thatsächlichen Verhältnisse erschöpfen und sich der Anklageformel des Verweisungsurtheils anschließen, welche die That, deren der Angeklagte sich schuldig gemacht hat, genau bezeichnet, mithin den Vorschriften des §. 108 und 109 des Gesetzes vom 24. December 1849 bei Aufstellung der Frage vollkommen Genüge geschehen ist, ohne daß es der

---

fassung erfahren werde, wie es anderwärts auf Grund der unnatürlichen schroffen Sonderung von That- und Rechtsfrage geschehen ist, und man wird jedenfalls festhalten, daß die Geschworenen nicht bloß über die nackten, die Anwendung des Strafgesetzes bedingenden Thatsachen, sondern auch über ihren verbrecherischen Charakter oder über die verbrecherische Schuld des Angeklagten zu richten haben".

1) Es ist offenbar nur von einer Umschreibung, Definition solcher Begriffe die Rede.

2) Magazin für hannov. R. Band II. S. 42 f.

Namhaftmachung des durch die That begründeten Verbrechens bei dieser Fragestellung bedurfte" verwerfen ausdrücklich allerdings nur die Frage nach dem Verbrechensbegriff (Versuch, des Diebstahls), billigen aber die Frage nach concreten Thatsachen durchaus. Es ist dem entsprechend in der Praxis der Schwurgerichtshöfe gar nichts Ungewöhnliches, Fragen wie diese an die Geschwornen zu richten: „1) Ist der Angeklagte schuldig, am 8. Dec. zu einer Speise, welche am genannten Tage von seiner Ehefrau in ihrer Wohnung bereitet ist, Gift, namentlich Arsenik, mit überlegtem Vorsatz hinzugethan zu haben? 2) War dem Angeklagten bekannt, daß gedachte Speise zum mittäglichen Genusse für seine Ehefrau bestimmt gewesen ist? 3) Ist die ad 1 erwähnte Handlung vom Angeklagten vorgenommen in der Absicht die ad 2 bezeichnete Person zu tödten [1]?" und im Falle der Bejahung den Angeklagten wegen beendigten Versuchs des Giftmordes oder eines anderen Verbrechens zu verurtheilen. Auf diese Weise wird den Geschworenen die ihnen gesetzlich gebührende Subsumtion der That unter den gesetzlichen Thatbestand des Verbrechens entzogen. Daß ihnen dieselbe zukomme, kann auch nicht nach folgender Entscheidung als vom Cassationssenat anerkannt betrachtet werden. Derselbe vernichtete nämlich in einem Falle das Verfahren „weil der zum Begriff des Verbrechens der Münzfälschung wesentliche Umstand, daß die betreffende Münze als Geld im Königreiche beim Handel oder sonstigen Verkehr im Umlauf gewesen, keineswegs schon aus der Natur der nach Annahme der Geschworenen verfälschten Münze folgt und deshalb ausdrücklich von den Geschworenen beantwortet werden mußte, um den Begriff des Verbrechens der Münzfälschung zu begründen, weil hiernach darin, daß in der Fragestellung jener Umstand übergangen ist, wäh-

---

1) Magazin f. H. R. Bd. I. S. 445 ff. (Vergl. übrigens auch oben S. 62. Anm. 1).

rend derselbe in die Verweisungsformel aufgenommen war, die erstere in Bezug auf ein wesentliches thatsächliches Verhältniß von der letzteren abweicht [1])." Hierin kann nämlich nur eine Mißbilligung mangelhafter thatsächlicher Feststellung gefunden werden, indem sich allerdings durch reine Rechtsanwendung entscheiden läßt, ob diese oder jene Münze gesetzlichen Cours hat [2]), nicht aber ob sie beim Handel oder sonstigen Verkehr im Umlauf ist. Aehnlich verhält es sich mit der Entscheidung, durch welche es für einen Nichtigkeitsgrund erklärt wurde, daß die Geschworenen unter bloßer Vorlegung des eisernen Werkzeugs (!) gefragt waren, ob der Angeklagte von demselben bei dem ihm zur Last fallenden Diebstahl Gebrauch gemacht habe [3]). Hier fehlte es an der Erkennbarkeit der thatsächlichen Feststellung im Verdict.

Ueber die Inconsequenz, welche in jedem Versuche einer Beschränkung der Geschworenen auf concrete Thatsachen liegt, hätte sich die Praxis am besten belehren können aus den Fällen, in welchen die Entscheidung der Sache von einer civilrechtlichen Vorfrage abhängt. Es ist doch gewiß wunderlich, die Geschworenen von der Beurtheilung, ob das fragliche Instrument ein Dietrich war, fernhalten zu wollen und auf der anderen Seite anerkennen zu müssen, daß sie es sind, welche z. B. zu entscheiden haben, ob unter jüdischen Eheleuten in Arenberg-Meppen Gütergemeinschaft besteht. In dem Falle, in welchem diese letztere Frage zur Sprache kam, lehnte sogar der Gerichtshof auf einen dahin gerichteten Antrag es ab, darüber zu entscheiden, da es vielmehr Sache der Parteien gewesen sei, ihrerseits über diese Frage Rechtsgutachten einzuholen,

1) Magazin f. h. R. Bd. II. S. 34. 35.

2) Weswegen der französische Cassationshof diese Frage als eine appréciation légale von der Competenz der Jury ausschließt.

3) Magazin f. h. R. Bd. I. S. 162.

und es daher lediglich dem Ermessen der Geschworenen überlassen bleiben müsse, über das Faktum, ob eine Gütergemeinschaft im vorliegenden Falle Geltung gehabt habe oder nicht, zu urtheilen [1]). Das richtige Verhältniß zwischen Geschworenen und Richtern ist allein dann hergestellt, wenn diese jenen in Betreff aller einschlagenden Rechtsfragen mit ihrer Belehrung zur Hand gehen (ohne daß darum ein Erkenntniß des Gerichtshofes über solche Punkte nöthig wäre), wenn aber aber unter dieser Voraussetzung die Geschworenen zur Entscheidung der ganzen Schuldfrage berufen werden. Wenn man die Geschworenen nur danach fragen will, ob der Angeklagte dies oder jenes vorgenommen habe, nicht aber danach, ob darin ein Anfang der Ausführung dieses oder jenes Verbrechens liege oder ob der Angeklagte alles gethan habe, was von seiner Seite zur Vollendung des beabsichtigten Verbrechens nöthig war [2]), so hat die ganze Einführung der Jury in das Strafverfahren keinen Sinn.

Abgesehen von den bestimmten gesetzlichen Vorschriften des hannov. Rechts ist, in vielen Fällen wenigstens, eine Ersetzung des gesetzlichen Merkmals durch factische Thatumstände schon durch die Natur der Anklage verboten. Sobald diese ein Merkmal des Verbrechens in allgemeiner Form aufstellt, muß dasselbe ganz in dieser allgemeinen Gestalt in die Frage aufgenommen werden. Sonst wird schon vor dem Wahrspruch ein Theil der Thatfrage entschieden. Aber ebenso wenig wie dies zulässig ist, kann auf der anderen Seite eine Frage gebilligt werden, welche blos die gesetzlichen Merkmale

1) Magazin für h. R. Bd. I. S. 429 f. Vergl. Mittermaier im Gerichtssaal von 1854 I. S. 17.

2) So Martin im Magazin für h. R. Bd. II. S. 137: „Thatfrage ist nur: was hat der Angeklagte gethan und in welcher Absicht? Ob er damit alles von seiner Seite zur Vollendung des beabsichtigten Verbrechens Nöthige gethan, fällt sodann als Rechtsfrage dem Gerichte zu.“

enthält. Neben der Angabe dieser ist stets die in der Anklage mehr oder weniger speciell aufgeführte Handlungsweise des Angeklagten in die Frage aufzunehmen. Weder ist es gerechtfertigt zu fragen: Ist der Angeklagte schuldig, ein Schriftstück von diesem und diesem Inhalte angefertigt zu haben? noch darf gefragt werden: Ist der Angeklagte schuldig, mit rechtswidrigem Vorsatze eine Urkunde auf den Namen einer öffentlichen Behörde ausgestellt zu haben? Das allein Richtige ist, daß die Geschworenen darüber zu entscheiden berufen werden, ob der Angeklagte schuldig sei, durch Anfertigung dieses oder jenes Schriftstücks eine Urkunde fälschlich auf den Namen einer öffentlichen Behörde ausgestellt zu haben.

C. Baiern [1]).

Das baierische Strafproceßgesetz vom 10. Novbr. 1848 bestimmt im Art. 173 Folgendes:

„Die Hauptfrage wird dahin gerichtet, ob sich der Angeklagte des Verbrechens, welches den Gegenstand der Anklage bildet, schuldig gemacht habe. Hierbei sind alle wesentlichen thatsächlichen Beziehungen, wie solche in der Anklageschrift enthalten sind oder sich bei der Verhandlung herausgestellt haben, in die Frage mitaufzunehmen".

Unverkennbar liegt hierin eine Ueberweisung des Urtheils über die gesetzliche Qualification der That an die Geschworenen. Wenn man aber aus dem Ausdruck „schuldig des Verbrechens" die Folgerung gezogen hat, daß das baierische Gesetz einen Gegensatz zu den übrigen deutschen Gesetzge-

1) Walther, Lehrbuch des bayerischen Strafproceßrechts. München 1859 S. 336 ff., bes. S. 354—356. v. Stengel, in der Zeitschrift f. Gesetzgebung und Rechtspflege in Baiern, Bd. II. S. 362 ff.

bungen bilde [1]), so ist dies unrichtig. Von Preußen und Hannover haben wir schon gesehen, und auch von den übrigen Gesetzgebungen wird es sich zeigen, daß sie den Geschworenen die gesetzliche Qualification der That nicht entziehen wollen. Daß sie aber nicht eine Entscheidung der Geschworenen über den ungetheilten Verbrechensbegriff beabsichtigen, würde, selbst wenn eine solche Absicht unzweifelhaft in dem baierischen Gesetze ausgesprochen wäre, keinen Gegensatz zu dem letzteren begründen. Das Wesentliche ist, daß das baierische Gesetz ebenso wie das preußische und hannoversche den Beruf der Geschworenen in der Entscheidung über die Anwendbarkeit des gesetzlichen Thatbestandes auf die concrete That erblickt.

Die Motive zu dem Gesetzentwurf [2]) erklären: Es genüge nicht, die bloße juristische Bezeichnung aufzunehmen, auch genüge es nicht, die Schuldfrage blos in die einzelnen factischen Beziehungen aufzulösen, ohne zugleich der gesetzlichen Merkmale des Verbrechens zu erwähnen; denn im ersten Falle hätte man keine beruhigende Ueberzeugung darüber, ob die Geschworenen die Thatsache richtig unter das Gesetz subsumirt haben; im zweiten Falle dagegen würde diese Subsumtion erst dem Assisenhofe allein anheimfallen, welcher sodann der Idee des Schwurgerichts geradezu entgegen den Ausspruch über die That- und Rechtsfrage zugleich in seiner Hand hätte. Deshalb werde die Frage am zweckmäßigsten so gestellt werden können, daß der gesetzliche Begriff des Verbre-

---

1) Mittermaier, Gesetzgebung und Rechtsübung S. 537, auch in der allgem. Schwurgerichtszeitung, Band IV. S. 273, ferner im Gerichtssaal von 1852 Band 2. S. 23. v. Arnold, im Gerichtssaal von 1855 Bd. 1, S. 146. Walther, Lehre von den Rechtsmitteln I. Abth. S. 111, Anm. 1, Abtheil. II. S. 24, Anm. 2.

2) Vgl. Holzinger, die Schwurgerichte Würtembergs. Stuttgart und Tübingen 1849. S. 249 ff.

chens und die wesentlichen thatsächlichen Beziehungen in die Frage mit aufgenommen werden, weil nur auf diese Weise die Gewißheit gewonnen werde, daß die Geschworenen in ihrer Antwort die Bedeutung der Anklage richtig erfaßt und dieser gemäß ihren Ausspruch gegeben haben. — Interessant ist es nun, mit dieser Forderung einer Nebeneinanderstellung des concreten und des gesetzlichen Thatbestandes die von den Motiven selbst gegebenen Beispiele von Fragestellungen zu vergleichen. Das erste lautet: „Ist die N. N. schuldig, am 25. Januar 1848 ihr neugeborenes uneheliches Kind durch Zuschnürung des Halses mit einem Strumpfband getödtet zu haben?" Vollständig sind hier nur die gesetzlichen Verbrechensmerkmale, die concrete That dagegen nur durch die beiden Momente „am 25. Januar 1848" und „durch Zuschnürung des Halses" individuell bezeichnet. Durch diese Fragestellung ist allerdings den Geschworenen das Urtheil über den gesetzlichen Thatbestand gelassen und die Jury nicht „der Idee des Schwurgerichts entgegen" auf bloße concrete Thatsachen beschränkt; aber was die Motive zugleich von der Fragestellung verlangen: „daß man durch sie beruhigende Ueberzeugung gewinne, ob die Geschworenen die Thatsache richtig unter das Gesetz subsumirt haben, diese Forderung ist hier gänzlich unerfüllt geblieben, da die beiden in der Frage aufgeführten individuellen Umstände nicht solche concrete Thatsachen sind, welche für sich allein die entsprechenden Merkmale des gesetzlichen Thatbestandes ergeben. Es lassen sich eben der gesetzliche Thatbestand und die concreten Umstände der That nicht mechanisch trennen und gegenüberstellen. — Das zweite Beispiel ist dieses: „Ist der Angeklagte schuldig, die Fälschung einer öffentlichen Urkunde dadurch begangen zu haben, daß er in dem von dem Lotteriecollecteur X. verfaßten Lotteriezettel eine Radirung zweier Nummern vornahm und von demselben sodann Gebrauch machte". Hier findet sich der Verbrechensbegriff gewissen einzelnen Merkmalen der dem Angeklagten zur Last gelegten Handlung gegenüberstellt. Diese Merkmale sind aber unter sich sehr verschiedener Art. Während „in dem — Lotteriezettel" ganz concret lautet und es erst einer Subsumtion unter die Vorschrift des Gesetzes bedarf, um festzustellen, ob das gesetzliche Merkmal „öffentliche Urkunde" vorliegt, — während dasselbe der Fall ist mit der „Radirung zweier Nummern", welche ebenfalls erst durch Gesetzesanwendung als eine Art der „Fälschung" qualificirt werden muß, so findet sich dagegen der von dem so verfälschten Schriftstück gemachte „Gebrauch" in ganz allgemeiner Weise angegeben. Wenn also mit der Forderung der Gegenüberstellung der „juristischen Bezeichnung" nicht die Gegenüberstellung des Verbrechensbegriffs und einzelner (gesetzlicher oder concreter) Merkmale gemeint ist (wogegen die übrigen Ausdrücke der Motive sprechen, welche ganz bestimmt von den „gesetzlichen Merkmalen des Verbrechens" reden), sondern die Gegenüberstellung des gesetzlichen und factischen Thatbestandes, so kann auch dieses zweite Beispiel nicht als eine Durchführung der Absicht der Motive angesehen werden. Einzelne gesetzliche Merkmale des Verbrechens werden als solche gar nicht, sondern enthalten in dem allgemeinen Verbrechensbegriff angeführt, und auf der anderen Seite finden sich auch die concreten Umstände der That in keiner Weise vollständig vertreten.

Daß die Durchführung einer solchen Gegenüberstellung des gesetzlichen und concreten Thatbestandes sogar in diesen beiden Beispielen mißglückt ist, bildet den besten Beweis dafür, wie wenig consequent sie sich überhaupt durchführen läßt.

Dennoch spricht auch der Bericht des ständigen Gesetzgebungsausschusses ungefähr dieselbe Forderung aus, indem er sagt, es müßten in der Frage die thatsächlichen concreten Umstände in ihrer Beziehung auf die im Gesetze bezeichneten Verbrechensmerkmale dargestellt werden. Jedenfalls müßten die Geschworenen die Subsumtion unter die Merkmale des Gesetzes haben; damit dies aber keine

Allgewalt über die abzuurtheilenden Thathandlungen sei, seien sie weder einfach zu fragen: schuldig dieser concreten Handlung (denn dann könnte das schuldig die willkürlichste Bedeutung gewinnen), noch allein: schuldig dieser gesetzlich angeführten Merkmale, weil dann gar keine Controle über die Gesetzesanwendung stattfinden könne. — Daß diese Zwecke der Natur der Sache nach nur unvollkommen erfüllt werden können, machte man sich auch hier nicht klar.

Unzweifelhaft gewiß jedoch ist, daß das baierische Gesetz den Geschworenen die Subsumtion der concreten That unter die Merkmale des Gesetzes zuweisen will. Dies geht aus dem Wortlaut des Art. 173, aus den mitgetheilten Stellen der Vorarbeiten und endlich aus der im Art. 171 enthaltenen Vorschrift über die Belehrung der Geschworenen durch den Vorsitzenden evident hervor.

Nach dem baierischen Rechte soll der Präsident nicht eine Zusammenfassung der Beweise liefern, auch nicht blos etwa einzelne in Betracht kommende gesetzliche Vorschriften erläutern, sondern seine Belehrung soll sich ausdrücklich auf die Auseinandersetzung der Merkmale beziehen, welche das Gesetz zum Thatbestande der den Gegenstand der Anklage bildenden Uebertretung fordert [1]). — Nichtsdestoweniger hat auch in Baiern die Praxis es verstanden, gegen den ausdrücklichen Sinn des Gesetzes die Geschworenen vielfach auf concrete Thatsachen zu beschränken. Es ist interessant zu beobachten, auf welchem Wege dies geschehen ist.

In dem baierischen Gesetze findet sich keine Bestimmung über eine exceptionelle Behandlung schwieriger Rechtsbegriffe in der Fragestellung. Da nun die Praxis dennoch eine solche für nöthig hielt, half man sich auf folgende Weise. Man faßte nämlich zunächst die Vorschrift des Art. 173 in dem Sinne auf, daß dieser Artikel eine Gegenüberstellung des

---

1) Walther a. a. O. S. 335.

allgemeinen Verbrechensbegriffs und der einzelnen Merkmale der That verlange. In Betreff der letzteren sei es sodann durchaus gestattet, nach Belieben concrete Umstände in die Frage aufzunehmen, da ja das Gesetz laute: „Hierbei sind alle wesentlichen thatsächlichen Beziehungen u. s. w.". So kam man zu derjenigen Art der Fragestellung, welche durch das oben angeführte zweite Beispiel der Motive characterisirt wird. Diesem Beispiele ganz entsprechend stellte auch das Justizministerium folgendes Fragformular auf [1]):

> „Ist der Angeklagte schuldig, das Verbrechen des Raubes vierten Grades dadurch begangen zu haben, daß er am 20. October 1848 Morgens den S. Alt aus Langenwied festgehalten, mit einem Messer in die Brust gestochen und dadurch lebensgefährlich verwundet, sofort demselben in diesem Zustande der Vergewaltigung zwei gegerbte Kalbfelle entwendet hat?"

Nach diesem Muster hat sich vorzugsweise die Praxis gerichtet. Wenn dies in demselben Sinne geschehen wäre, in welchem, wie wir gesehen, die Motive diese Art der Fragestellung auffaßten, so wäre dadurch an der Competenz der Geschworenen nichts geändert. Es stellte sich aber demgegenüber allmählich die Ansicht ein, daß die allgemeine Benennung des Verbrechens in der Frage (Raub vierten Grades u. s. w.), die „Rubrizirung", wie man es nannte, nichts sei als eine unwesentliche Förmlichkeit, die höchstens dazu diene „die Umsicht und Gewissenhaftigkeit der Geschworenen zu schärfen", während die eigentliche Competenz der Geschworenen sich nicht über die im Uebrigen in der Frage einzeln aufgeführten Umstände hinaus erstrecke. Wenn einmal auf diese Weise der Vorschrift des Gesetzes, daß die Geschworenen gefragt wer-

1) S. darüber v. Stengel, in dem Aufsatz in der Zeitschr. f. Gesetzgebung und Rechtspflege in Baiern. Band II. S. 362 ff.

den sollten, ob der Angeklagte des Verbrechens schuldig sei, nur durch eine rein formelle unwesentliche Zuthat zu der eigentlichen Frage Genüge geleistet wurde, so war es natürlich, daß man endlich auch dahin kam, sich überhaupt gegen jede derartige „Rubrizirung" auszusprechen. So deducirt v. Stengel [1]), daß der Ausdruck „Verbrechen" im Art. 173 nichts anderes bedeute, als die einzelnen „Thatsachen", aus denen erst das Gericht das Verbrechen herzustellen habe; auf das Entschiedenste polemisirt er gegen die Rubrizirung als „eine bei Richtigkeit zu beobachtende Zierlichkeit des Verfahrens", und man muß zugestehen, daß, wenn sie keinen andern Sinn haben soll, als die Praxis ihr einräumt, sie das überflüssigste Ding von der Welt ist.

Aber möchte man doch immerhin diese „Rubrizirung" beseitigen, — wenn man nur in dem übrigen Theile der Frage den Geschworenen das Schuldurtheil wahrte! [2]). Dies geschieht aber eben nicht. Während man gesetzlich verpflichtet ist, den gesetzlichen Thatbestand zur Entscheidung der Geschworenen zu stellen, glaubt man sich entweder durch die jeder Bedeutung entbehrende Rubrizirung mit jener gesetzlichen Anforderung abgefunden zu haben, oder setzt sich sogar ganz über

---

1) in dem angeführten Aufsatze.

2) Planck, Systematische Darstellung des deutschen Strafverfahrens S. 405. Anm. 11 faßt den Art. 173 des baier. Gesetzes dahin auf, daß er verlange, daß schon in der Fragestellung selbst die Merkmale zum Begriff eines bestimmten Verbrechens, welches darin zugleich anzugeben sei, zusammengeordnet werden; außerdem aber müsse, in dem übrigen Theile der Frage, die Angabe der einzelnen Merkmale des gesetzlichen Thatbestandes (neben den concreten Thatsachen) enthalten sein. — Auch Walther, Lehrbuch des bayerischen Strafproceßrechts S. 354, 355 verlangt von der Fragestellung, daß sie außer der „juristisch technischen Bezeichnung des Verbrechens" noch sämmtliche gesetzliche Merkmale des fraglichen Verbrechens, d. h. die wesentlichen thatsächlichen Momente, welche zum fraglichen Verbrechensbegriffe gehören" enthalte.

dieselbe hinweg und hält sich für berechtigt, die einzelnen Merkmale nach Belieben concret aufzustellen. Da nun aber sich hier so gut wie anderwärts die Natur der Sache sich dahin geltend macht, daß in vielen Fällen (abgesehen davon, daß man sich schon durch die Anklage gebunden halten müßte) die Aufnahme von blos concretem Material mit erheblichen Nachtheilen verbunden, in anderen dieselbe sogar unmöglich ist, da man also von selbst zur Aufnahme gesetzlicher Merkmale gezwungen ist, so hat man sich bemüht, in Betreff dieser gesetzlichen Merkmale eine Grenze zu ziehen zwischen denjenigen, die man unbedenklich den Geschworenen überlassen könne und denjenigen, die man so viel wie möglich dem Gerichtshofe vorbehalten müsse. Hiermit beschäftigt sich v. Stengel in dem angeführten Aufsatze. Er kommt zu dem Resultate: „Nicht in der Uebertragung der Rechtsfrage an die Geschworenenbank liegt die Garantie sicherer und gründlicher Rechtsprechung für den Angeklagten, sondern darin, daß der Schwurgerichtspräsident wenigstens in den entscheidenden Punkten den Geschworenen eine reine Thatfrage zu lösen giebt".

Dieser Theorie, welche so entschieden wie möglich dem zweifellosen Sinn des Gesetzes widerspricht und zugleich für diejenigen Fälle, in denen die Anklage allgemein lautet und daher auch die Frage an die Geschworenen ebenso allgemein gefaßt sein müßte, die Grundsätze von der Erledigung der Anklage auf das Wesentlichste verletzt, folgt leider auch das Oberappellationsgericht zu München, welches z. B. in einem neueren Falle [1]) folgendermaßen entschieden hat:

„Die richterliche Function der Rechtsanwendung besteht darin, auszusprechen, ob die That, wie sie sich nach dem Wahrspruche der Geschworenen gestaltet, durch das Gesetz überhaupt mit einer Strafe bedroht ist, dann: mit welcher Strafe sie

1) S. Schletters Jahrbücher der Rechtswissenschaft Bd. V. S. 186.

vom Gesetze belegt ist, endlich: welche Gesetzesstellen diese Strafe androhen. Wenn daher die Richter das ihnen von den Geschworenen gelieferte thatsächliche Material prüfen, haben sie nicht mehr zu verlangen, als daß die Antwort auf die Thatfrage genau genug gegeben ist, um die Anwendung des Gesetzes in dem eben bezeichneten Sinne, also nach allen jenen einzelnen Merkmalen möglich zu machen, welche von dem anzuwendenden Gesetze aufgestellt werden, welche in ihrer Zusammenfassung den speciellen Thatbestand des Verbrechens bilden. Dieses Maß der Genauigkeit in Bezeichnung der einzelnen Thatsachen ist aber nicht in allen Fällen ein gleiches. In den vom Gesetze aufgestellten speciellen Thatbeständen giebt es einzelne Merkmale, deren wahre Bedeutung und Grenzen nur durch Anwendung einer anderweitigen Rechtsvorschrift gefunden werden können. Dieses ist insbesondere überall da der Fall, wo in den Thatbestand ein Begriff aufgenommen ist, den der Gesetzgeber selbst erläutert und imperativ festgestellt hat; dann da, wo die Begriffsbezeichnung des Gesetzgebers in Worte gefaßt ist, welche im gewöhnlichen Leben so unbestimmt sind, daß ihre gesetzliche Anwendung eine genauere Begrenzung derselben nothwendig macht, endlich überall, wo sonst die Rechtswissenschaft oder Rechtsübung einem Ausdrucke eine von der gemeinen Bedeutung desselben verschiedene Definition giebt. — Wo dagegen ein Thatbestandsmerkmal an sich so einfach ist, daß über die Subsumtion der Thatsache unter dasselbe kein rechtliches Bedenken angeregt werden kann, sowie da, wo der vom Gesetz aufgestellte Begriff von dem im gewöhnlichen Leben vorhandenen gleichnamigen Begriff sich nicht unterscheidet und daher bei seiner Anwendung der gesunde Menschenverstand des Laien mit der Wissenschaft des Juristen zu dem gleichen Resultate gelangen müssen, da kann es auch dem Richter gleichgültig sein, ob der Wahrspruch mehr oder weniger specialisirt und individualisirt sei, ob die dem gesetzlichen Begriffe entsprechende Thatsache in mehr concreter oder mehr abstracter Form ausgesprochen sei" [1]).

Wie bei dieser Anschauung der Praxis allgemein behauptet werden kann [2]), daß in Baiern die Geschworenen über die ganze Schuldfrage befragt würden, ist nicht wohl einzusehen.

D. Würtemberg.

Das Gesetz vom 14. August 1849 über das Verfahren in Strafsachen, welche vor die Schwurgerichtshöfe gehören, bestimmt in Art. 154:

> „Die Hauptfrage wird dahin gerichtet, ob sich der Angeklagte der That, welche den Gegenstand der Anklage bildet, mit den Umständen, wie dieselben in den Schlußworten des Anklageakts zusammengefaßt sind, schuldig gemacht habe".

Hält man an diesen Wortlaut den abstracten Gegensatz der That- und der Rechtsfrage, so kommt man auch hier zu keiner Entscheidung. Unmittelbar gewiß jedoch ist, daß die zur Anklage gebrachte That in die Frage aufgenommen werden soll, und darin liegt, daß von einer principiellen Beschränkung der Geschworenen auf concrete Thatsachen nicht die Rede sein kann. Es fragt sich nur, ob das Gesetz die Inconsequenz habe begeben wollen, den Geschworenen in Betreff derjenigen Merkmale, welche die Anklage zufällig concret aufführt, die gesetzliche Qualification zu entziehen. Dies

---

1) d. h. nur da, wo nichts darauf ankommt, soll die Aufgabe der Geschworenen intact gelassen, wo die Sache aber irgend von Erheblichkeit ist, sollen sie zu bloßen „Probirsteinen des Beweises" (Planck) gemacht werden.

2) Mittermaier, Gesetzgebung und Rechtsübung S. 537, auch im Gerichtssaal v. 1852 Bd. 2. S. 23. v. Arnold, im Gerichtssaal v. 1855 Bd. 1. S. 146. S. Mittermaier, Allgem. Schwurgerichtszeitung Bd. IV. S. 273.

aber muß nach den Vorarbeiten des Gesetzes verneint werden. Der von Holzinger [1]) gegebene Auszug aus den ständischen Verhandlungen [2]) zeigt allerdings, wie die meisten übrigen Kammerdebatten über diesen Punkt, eine große Meinungsverschiedenheit der Einzelnen; bei näherer Prüfung ergiebt sich jedoch, daß dieselbe ihren hauptsächlichen Grund in der Unklarheit der Meisten über das Sachverhältniß findet, und daß auch diejenigen, welche sich für Beschränkung der Geschworenen auf reine Thatsachen aussprachen, im Grunde nur den ungetheilten Verbrechensbegriff ihnen nicht überliefern, oder keine omnipotence der Geschworenen herbeiführen wollten [3]). — Auch Holzinger selbst drückt sich sehr unentschieden aus. Das eine Mal spricht er gegen eine „Einwirkung der Geschworenen auf das Rechtsprechen, auf die Gesetzesanwendung" [4]). und dann sagt er wieder [5]): „Es ist ganz richtig, was Dr. Köstlin sagt, daß davon keine Rede sein könne, daß man die Frage auf das rein Thatsächliche zu beschränken habe; man werde immer mehr begreifen, daß die wahre Aufgabe der Jury die Entscheidung der Schuldfrage begreife, wozu die rechtliche Qualification der That, aber freilich nicht nach eigenem Gutdünken, sondern nach Maßgabe der bestehen-

---

1) Die Schwurgerichte Württembergs. Stuttg. u. Tüb. 1849. S. 245 ff.

2) Verhandlungen der Ständeversammlung des Königreichs Würtemberg Bd. V. S. 4390 ff.

3) Die Aeußerung der Kommission: „Die Geschworenen haben auch die zum juristischen Begriff des Verbrechens gehörigen Merkmale zu würdigen und zu beantworten", ist klar und deutlich; höchst schwankend und zweifelhaft dagegen die Ausführung des Regierungscommissars, welcher sich bald nur gegen ein Hinwegsetzen über das Gesetz von Seiten der Geschworenen ausspricht, bald Beispiele von Fragestellungen mit concreten Thatsachen, bald wiederum solche mit gesetzlichen Merkmalen giebt.

4) a. a. O. S. 248. 253.

5) a. a. O. S. 248 unten u. f.

den Gesetze unfehlbar gehört". Doch scheint die letztere Stelle so unzweideutig, daß die erstere wohl nur von der Abweisung einer souveränen Stellung der Geschworenen über dem Gesetze zu verstehen sein wird.

Nichtsdestoweniger scheint die Praxis der würtembergischen Gerichte dasselbe Princip zu verfolgen, welches in den übrigen bisher besprochenen Staaten mehr oder weniger herrschend ist. Auch hier nämlich trägt man kein Bedenken, die Geschworenen von gewissen Rechtsbegriffen beliebig auszuschließen und sogar, mit Ausnahme solcher gesetzlicher Merkmale, welche einen ganz unzweifelhaften Sinn haben, sie auf bloße Thatsachen zu beschränken. Als Beispiel diene folgender Fall [1]). Die Geschworenen waren gefragt worden, ob der Angeklagte am 23. Juni 1849 mit einer etwa 14 Mann starken Bürgerwehrabtheilung nach Laßburg marschirt sei, um einen .Gefangenen aus der Gewalt der Obrigkeit zu befreien. Das Obertribunal zu Stuttgart vernichtete die Fragestellung und das Verfahren; aber nur deshalb, weil in der Frage die Beziehung darauf fehlte, ob der Angeklagte Kenntniß von dem widerrechtlichen Zwecke des Zuges gehabt habe (der Gerichtshof hatte sogar diese Frage für eine Rechtsfrage erklärt und seiner Entscheidung vorbehalten), nicht aber deshalb, weil durch die rein concrete Fassung der Frage die Geschworenen von der Subsumtion der That unter den gesetzlichen Thatbestand des Aufruhrs ausgeschlossen worden waren.

E. Baden.

Das Gesetz vom 5. Februar 1851 lautet in §. 96:

„Sodann eröffnet der Gerichtspräsident nach vorheriger Berathung mit dem Gerichtshofe die an die Geschworenen zu stellenden Fragen, welche sich jedenfalls über die strafbare

---

1) S. Temme, Archiv für die strafrechtlichen Entscheidungen der obersten Gerichte Deutschlands, 1858, S. 422.

That mit ihren Erschwerungs- und Milderungsgründen, über den Antheil des Angeklagten an derselben und über die vorgebrachten Entschuldigungsgründe zu erstrecken haben."

Der Ausdruck, daß die Fragen sich „über die strafbare That u. s. w. erstrecken" sollen, ist so unbestimmt, daß sich aus ihm für unsere Frage nichts feststellen läßt. Die Motive dagegen geben völlig genügenden Aufschluß. Sie berufen sich nämlich auf die Auffassung des Kommissionsberichtes der zweiten Kammer; diese aber [1]) geht so deutlich wie möglich dahin, daß die Geschworenen nicht über gewisse concrete Thatsachen, sondern darüber entscheiden müßten, ob „die That die Merkmale an sich trage, welche nach dem Gesetze vorhanden sein müssen, wenn die That strafbar sein soll." Es wird in dem Berichte gesagt, daß „die im Strafrecht vorkommenden Begriffe nur aus thatsächlichen Momenten zusammengesetzt sind, die dadurch Rechtsbegriffe werden, daß die Juristen sich ihrer bemächtigen und das im Volksbewußtsein Begründete als Rechtsbegriff aufnehmen." „Wir fragen alle Juristen — fährt der Bericht fort —, ob der Begriff des Versuchs, wenn der Gesetzgeber den Anfang der Ausführung, die That dazu fordert, obgleich ein Rechtsbegriff vorliegt, nicht aus thatsächlichen Momenten besteht, deren genaue Würdigung lehrt, ob in einem einzelnen Falle rechtlich Versuch vorliegt, z. B. wenn der Angeklagte mit der Absicht, Brand im Orte A. zu legen, mit Brennmaterialien versehen, vom Orte B. weggeht und auf dem Wege erwischt wird. Der Geschworene zergliedert hier ebenso gut, wie der rechtsgelehrte Richter, die Umstände des einzelnen Falles und prüft, ob hier ein Anfang der Ausführung der Haupthandlung anzunehmen sei." — So wenig es nun freilich gebilligt werden kann, wenn auf diese Weise sämmtliche von der Gesetzgebung aufgestellten wesentlichen Merkmale eines

1) S. das siebente Beilagenheft der Verhandlungen der zweiten badischen Kammer von 1848.

Verbrechens als an und für sich klar und deutlich hingestellt werden und gewissermaßen tadelnd erwähnt wird, daß die Juristen sich dieser so einfachen Begriffe „bemächtigten", so sehr vielmehr demgegenüber die vielfache Nothwendigkeit einer Belehrung der Geschworenen durch den rechtsgelehrten Richter hervorgehoben werden muß, so entscheidend ist dennoch diese Ausführung, auf welche sich die Motive ausdrücklich berufen, für die Interpretation des §. 96 des Gesetzes, welcher hiernach zweifellos dahin verstanden werden muß, daß die Geschworenen über die gesetzliche Qualification der That entscheiden sollen. Der Satz, welchen der Kommissionsbericht hervorhebt, und welcher so oft schon als Grundgedanke des Geschwornengerichtes ausgesprochen ist, daß nämlich, „wenn die Strafgesetze Vorschriften enthalten, welche den einfachen Bürger belehren sollen, welche Handlung strafwürdig ist, und von welchen Umständen eine gewisse Strafe abhängt, auch Bürger als Geschworene im Stande sein müssen zu beurtheilen, ob die Handlung worauf die Anklage geht, die Merkmale der Strafwürdigkeit an sich trägt", dieser Satz hat also auch in dem badischen Gesetze seine Anerkennung gefunden.

Wenn dies feststeht, so ist es augenscheinlich unrichtig, wenn z. B. Brauer [1]) (von der Mehrzahl der übrigen deutschen Gesetzgebungen und) von der badischen Gesetzgebung behauptet, daß danach die Geschworenen „in erster Reihe und wesentlich die Aufgabe hätten, über das Vorhandensein von Thatsachen zu entscheiden", daß sie „nebenher auch über den Rechtspunkt zu entscheiden hätten, sofern derselbe mit Thatsachen so innig verwachsen ist, daß er von denselben gar nicht getrennt werden kann," daß jedoch „Rechtsbegriffe thunlichst zu vermeiden" seien. Allerdings soll nach Brauer „das System der Verthatsächlichung nicht zu weit getrieben werden", und er macht zudem sogar

1) Archiv des Criminalrechts 1856 S. 491.

an dem Beispiele Shylocks deutlich, wie wenig oft eine vollständige Ausscheidung des Rechtspunktes aus der Frage möglich ist. Dennoch ist er weit entfernt von einer principiellen Zuweisung der gesetzlichen Qualifikation der That an die Geschworenen [1]). Auf diese aber kommt es vor Allem an, und es ist in hohem Grade erfreulich, daß die Praxis der badischen Gerichte fast durchweg in diesem letzteren Sinne verfährt. Wenigstens ergiebt sich aus den Beispielen, welche Stempf im Magazin für badische Rechtspflege und Verwaltung [2]) mittheilt, und aus der Darstellung von Zentner in demselben Magazin [3]), daß es die gesetzlichen Merkmale des Verbrechens sind, nach welchen in den verschiedenen Schwurgerichtshöfen Badens die Geschworenen gefragt werden. Wo von dieser Regel eine Ausnahme gemacht wird, geschieht dies nur aus dem formellen Grunde, daß mitunter die ausdrückliche Erwähnung des gesetzlichen Merkmals neben dem concreten Thatumstand als überflüssig und schwerfällig erscheint; es scheint aber niemals da vorzukommen, wo die Subsumtion des factischen Umstandes unter die gesetzliche Bestimmung von wesentlicher Bedeutung ist. Man findet also in jenen Beispielen wohl, daß etwa nur danach gefragt wird, ob es eine Summe baaren Geldes war, die der Angeklagte entwendet, und nicht außerdem noch danach, ob dieselbe „eine bewegliche Sache" sei, ferner danach, ob sie in der Inhabung des N. N. sich befand, und nicht zugleich danach, ob sie als eine „fremde" anzusehen sei, aber derartige Unterlassungen scheinen fast durchweg nicht auf dem Bestreben, den Geschworenen diese oder jene Rechtsfrage zu entziehen, zu beruhen, sondern nur aus jener erwähnten äußeren Veranlassung her-

1) Vgl. auch Brauer, die deutschen Schwurgerichtsgesetze in ihren Hauptbestimmungen S. 189.

2) Bd. I. S. 300 ff., Bd. II. S. 39 ff.

3) Bd. II. S. 55 ff.

vorgegangen zu sein. Im Allgemeinen ist durchaus richtig, was **Zentner**[1]) von der badischen Praxis sagt: „Nach der Praxis des unterrheinischen Schwurgerichtshofes (womit auch die Uebung der anderen Schwurgerichte übereinstimmt), pflegen unter Voranstellung des „Schuldig" die thatsächlichen Momente der Anklage einerseits und die dadurch begründeten Merkmale des bestimmten Verbrechens andererseits in die Hauptfrage aufgenommen zu werden, und insofern kann man allerdings sagen, daß das Verbrechen jeweils in die dasselbe constituirenden thatsächlichen Verhältnisse aufgelöst wird. Insofern als aber die Frage in ihrem zweiten Theil den gesetzlichen Thatbestand des in Frage stehenden Verbrechens darnebenstellt, entscheidet das Schuldig oder Nichtschuldig zugleich stets eine Rechtsfrage, gerade so, als wenn z. B. beim Verbrechen der Fälschung gefragt würde: hat der Angeklagte dadurch, daß er u. s. w., sich der **Fälschung einer öffentlichen Urkunde** schuldig gemacht? oder beim Verbrechen des Mordes: hat der Angeklagte dadurch, daß er u. s. w., sich des **Mordes** schuldig gemacht"[2])?

F. Thüringen (Sachsen-Weimar, Sachsen-Meiningen, Schwarzburg-Rudolstadt, Schwarzburg-Sondershausen, Anhalt-Dessau und Köthen, Sachsen-Coburg-Gotha).

Der Art. 287 der in Sachsen-Weimar am 20. März 1850 erlassenen Strafproceßordnung bestimmt:

„Die Hauptfrage beginnt mit den Worten: ist der Angeklagte schuldig? und muß die **thatsächlichen Bestandtheile des Verbrechens**, welches Gegenstand der Anklage ist, enthalten. Es ist verstattet, wenn mehrere Umstände bei einem Verbrechen zusammentreffen, auf einzelne

---

1) a. a. O. S. 55 ff.

2) Vgl. das Urtheil des Oberhofgerichts vom 21. Febr. 1851, abgedruckt a. a. O. Bd. II. S. 121 f.

Umstände besondere Fragen zu stellen. Auch kann die Frage über die That an sich und darüber, ob die That von der Eigenschaft sei, welche das Gesetz zum Begriffe des Verbrechens erfordert, getrennt werden."

Hier brauchen wir nicht auf die Vorarbeiten des Gesetzes zurückzugehen; aus dem Gesetze selbst ergiebt sich auf das Unzweideutigste, daß es den Geschworenen das Urtheil über die gesetzliche Qualifikation zuweisen will. „Die thatsächlichen Bestandtheile des Verbrechens, welches Gegenstand der Anklage ist" könnte man freilich so gut wie die Ausdrücke der übrigen Gesetzgebungen auf die factischen Umstände der That deuten; die Schlußbestimmung des Artikels jedoch zeigt klar, daß darunter die ganze Anklage gemeint ist, also auch die Behauptung, daß in der vorliegenden That dieses oder jenes Verbrechen enthalten sei. Indem sie gestattet, so oft es zweckmäßig erscheint, die Frage nach der That an sich und nach der gesetzlichen Qualifikation zu trennen [1]), spricht sie aus, daß für gewöhnlich diese beiden Theile in der Frage verbunden sein, daß also jedenfalls die Geschwornen stets nach dem gesetzlichen Thatbestand gefragt werden sollen. —

So gewiß nun aber eine vollständige Trennung des concreten und des gesetzlichen Thatbestandes nur selten möglich sein wird, so häufig die Anklage nur für einzelne Theile ihrer

1) Hierauf bezieht sich auch der Passus des Art. 292, in welchem es heißt: „Die Geschworenen können bei einer ihnen vorgelegten Frage die Frage über die That an sich und darüber, ob diese That von der Eigenschaft sei, welche das in Frage stehende Gesetz zu dem Begriffe des Verbrechens erfordert, trennen und, wenn sie die Frage über die That an sich bejahen, die andere Frage durch einfache Stimmenmehrheit dem Gerichtshofe zur Entscheidung überlassen. Die Geschworenen haben in diesem Fall das, was sie bejahen, bestimmt anzugeben und das, was sie dem Gerichtshofe zur Entscheidung überlassen, mit der Bemerkung zu bezeichnen, daß ihnen unbekannt sei, ob der Angeklagte rücksichtlich desselben schuldig sei oder nicht."

Behauptung concrete Thatumstände aufstellen, andere dagegen in ganz allgemeiner Weise durch gesetzliche Verbrechensmerkmale bezeichnen wird, so gewis wird auch von jener Erlaubniß, die beiden Theile der Frage zu trennen, nur selten vollständiger Gebrauch gemacht werden können. Wenn die Anklage ganz allgemein den Angeklagten beschuldigt, daß er diese oder jene Sache entwendet habe, so muß auch die an die Geschworenen zu richtende Frage das Merkmal der „Entwendung" oder „rechtswidrigen Zueignung" in dieser Allgemeinheit enthalten, und die Geschworenen dürfen nicht auf eine bestimmte Art der Entwendung beschränkt werden. Wollte man hier dem Vorsitzenden allein oder im Verein mit dem Gerichtshofe die Befugniß geben, eine bestimmte Art der Thätigkeit des Angeklagten herauszugreifen, so würde darin die Ermächtigung zu einer willkürlichen Beschränkung der Anklage liegen, welche in keinem Falle stattfinden darf [1]). Oft ist es überdies nicht einmal möglich, ein bestimmtes concretes Moment aus der Gesammtheit der Verhandlung herauszunehmen; brauchen doch die Geschworenen selbst z. B. nicht die absolut gewisse Ueberzeugung zu haben, daß der Angeklagte gerade auf diese oder eine andere bestimmte Art sich der fraglichen Sache bemächtigte, sondern können und müssen, mit gutem Gewissen, ihn verurtheilen, wenn sie im Allgemeinen fest davon überzeugt sind, daß er die Sache sich „rechtswidrig zugeeignet" habe. Gerade beim Diebstahl wird dies sogar der gewöhnliche Fall sein.

Enthält aber die Anklage wirklich einen concreten Thatumstand, dann ist es nichts als ein formeller Unterschied, ob

---

1) Eine solche Beschränkung der Anklage würde dann allerdings in diesem Verfahren nicht liegen, wenn man in einem solchen Falle die Geschworenen ausdrücklich ermächtigte, den concreten Thatumsstand zu verneinen und dennoch das gesetzliche Merkmal zu bejahen. Dies wäre aber deshalb sehr gefährlich, weil in anderen Fällen (wenn die Anklage concret lautet) die Geschworenen allerdings an die concrete Begehungsweise des Verbrechens gebunden sind.

die Geschworenen in einer Frage nach ihm und dem entsprechenden gesetzlichen Merkmal gefragt werden oder ob die Frage in zwei Hälften zerlegt wird.

6. Braunschweig.

Auch von dem braunschweigischen Gesetze ist es unmittelbar durch den Ausdruck des Gesetzes selbst gewiß, daß es den Geschworenen die Entscheidung über den gesetzlichen Verbrechensthatbestand zuweisen will. Die Strafproceßordnung vom 22. August 1849 bestimmte in §. 140 [1]) über die Fragestellung Folgendes:

„Die Hauptfrage soll dahin gehen, ob der Angeklagte schuldig sei? Dabei ist das Verbrechen nach seinen gesetzlichen Merkmalen anzugeben, mit Hinzufügung des Ortes und der Zeit der Begehung. Können sich die Geschworenen über diese Frage nicht einigen, so sind sie berechtigt, den Thatbestand des in Frage stehenden Verbrechens in dessen einzelne Bestandtheile von dem Gerichtshofe auflösen zu lassen und über die hiernach gebildete Reihe von Einzelfragen specielle Wahrsprüche abzugeben."

Hier ist also mit ganzer Bestimmtheit ausgesprochen, daß die Geschworenen nicht etwa bloß concrete Umstände feststellen sollen, auf die dann der Gerichtshof die gesetzlichen Bestimmungen anzuwenden habe, sondern daß sie es sein sollen, welche über den gesetzlichen Thatbestand, über die Schuld des Angeklagten vor dem Gesetz urtheilen. Darum hat man auch in Betreff des braunschweigischen Gesetzes niemals daran gezweifelt, daß die Geschworenen nach ihm zu einem Urtheil über die gesetzliche Qualifikation der That berufen seien, und vielfach Braunschweig als den einzigen deutschen Staat [2]) oder

1) In der neuen Redaction der Strafproceßordnung vom 21. Octbr. 1858 (mit Gesetzeskraft vom 1. Januar 1859) ebenfalls §. 140.

2) z. B. v. Kräwel, Archiv des Criminalrechts 1854 S. 433.

Baiern und Braunschweig als die beiden einzigen [1]) deutschen Staaten hingestellt (gepriesen oder getadelt), wo die Geschworenen über die wirkliche Schuld des Angeklagten zu entscheiden hätten.

Nach demjenigen, was wir über die bisher besprochenen deutschen Staaten gesagt haben, ist eine solche Verschiedenheit nicht vorhanden, da nach der richtigen Interpretation auch jene Gesetzgebungen die Geschworenen keineswegs von der Subsumtion des concreten unter den gesetzlichen Thatbestand ausschließen wollen. Der Unterschied kann nur darin gefunden werden, daß das braunschweigische Gesetz einen ganz unzweideutigen Ausdruck wählt, während die übrigen vielfach Mißdeutungen Raum geben.

War nun aber auf diese Weise die der Bedeutung der Jury allein angemessene Competenz der Geschworenen in Braunschweig gesetzlich anerkannt, so lag darin ein wesentlicher Mangel dieser Gesetzgebung, daß sie, in dem Bestreben, die französische Zusammenfassung der Beweise in dem Schlußvortrage des Vorsitzenden zu vermeiden, den letzteren ganz aufhob und damit die so wesentliche Belehrung der Geschworenen durch den Richter beseitigte. Dies war im Vergleich mit dem englischen Rechte, dem man im Uebrigen in der braunschweigischen Gesetzgebung gegenüber dem französischen Rechte einen sehr heilsamen Einfluß verstattete, ein wesentlicher Mangel. Erfreulicher Weise ist derselbe jedoch gehoben durch das neuere Recht. In der neuen Redaction der Strafproceßordnung vom 21. Oct. 1858 findet sich die ausdrückliche Bestimmung [2]), daß der Präsident des Gerichtshofes den Geschworenen die gesetzliche Be-

1) z. B. Mittermaier, Gesetzgebung und Rechtsübung über Strafverfahren S. 537, ebenso in der Allgemeinen deutschen Schwurgerichtszeitung Bd. IV S. 273 (hier wird die inzwischen erlassene Oldenburgische Gesetzgebung noch dazu gerechnet).

2) Schon vorher eingeführt durch Gesetz vom 4. Mai 1858.

deutung der fraglichen Normen des gesetzlichen Thatbestandes zu erläutern habe [1]).

Während also für die Feststellung der gesetzlichen Merkmale des Verbrechens durch die Geschworenen vollkommen richtig in Braunschweig gesorgt ist, ergiebt sich aus der früheren Darstellung, daß in Betreff der concreten Umstände der That von jenem §. 140 nicht dasselbe behauptet werden kann. Der Angeklagte soll nicht im Allgemeinen des Mordes, Diebstahls, der Majestätsbeleidigung u. s. w. schuldig erklärt werden, sondern es soll festgestellt werden, daß er diesen speciellen Mord, diesen bestimmten Diebstahl, diese specielle Majestätsbeleidigung begangen habe. Zur Constatirung dieser concreten That genügt die Bestimmung, daß Zeit und Ort der Begehung in die Frage mit aufgenommen werden sollen, nicht. Damit wäre die Identität der That oft höchst mangelhaft festgehalten. Noch nothwendiger ist es vielmehr sehr häufig, das bestimmte Object des Verbrechens und die specielle Art der Begehung desselben in der Frage concret aufzuführen. Mit Ausnahme von unwesentlichen individuellen Thatumständen, müssen die Geschworenen durchaus an die concreten Behauptungen der Anklage gebunden werden. Bei einer Anklage wegen Majestätsbeleidigung genügt es keineswegs, wenn man durch sie feststellen läßt, daß der Angeklagte an dem und dem Orte, zu der und der Zeit durch mündliche Aeußerungen die Ehrfurcht gegen den Landesherrn verletzt habe, sondern die Geschworenen müssen danach gefragt werden, ob der Angeklagte durch diese oder jene be-

1) §. 138: „Nachdem der Präsident sodann, wenn er dies für nöthig oder zweckmäßig findet, oder wenn die Geschworenen einen desfallsigen Antrag gestellt haben, den letzteren die in Frage stehenden Gesetze und die rechtliche Bedeutung der gesetzlichen Ausdrücke, nöthigenfalls auch die zum Thatbestande des angeschuldigten Verbrechens gehörigen Merkmale auseinandergesetzt hat, erklärt er die Sache für geschlossen."

stimmte Aeußerung Majestätsbeleidigung begangen habe. Ist nach den Grundsätzen über Anklageänderung eine Ausdehnung der Anklage auf noch andere Arten der Begehung des Verbrechens gestattet, so mag man eventuelle Fragen eintreten lassen; keineswegs aber kann es genügen, eine bestimmte Anklage in so durchaus unbestimmter Weise zu erledigen, wie dies durch alleinige Aufnahme der gesetzlichen Merkmale des Verbrechens in die Frage an die Geschworenen geschehen würde.

Dies Bedürfniß, an dem thatsächlichen Anklagegrunde in der Fragestellung festzuhalten, hat sich denn auch in der Praxis der braunschweigischen Gerichte deutlich herausgestellt. Man hat hier sehr häufig sich nicht bei der Aufnahme von Zeit und Ort der Begehung des Verbrechens beruhigt, sondern oft in sehr ausführlicher Weise den concreten Thatbestand in der Frage aufgestellt. Man handelte dabei in der richtigen Ueberzeugung, daß der Angeklagte nicht im Allgemeinen wegen „Mordes" u. s. w. verurtheilt werden dürfe, und daß die Geschworenen nicht einen beliebigen concreten Sachverhalt, der ihnen nach dem Ergebnisse der Verhandlungen bewiesen scheinen möchte, ihrem Verdicte zu Grunde legen dürften, sondern daß dem Angeklagten eine, wenn nicht nach allen Momenten, so doch im Wesentlichen individualisirte That zur Last gelegt sei, und daß man über diese eine Entscheidung der Geschworenen einholen müsse. Die Praxis ist zu diesem Verfahren vollkommen berechtigt. Die Bestimmung des Gesetzes kann nicht so interpretirt werden, daß nur die gesetzlichen Merkmale nebst Ort und Zeit in der Frage enthalten sein dürfen, sondern allein so, daß jedenfalls jene Punkte in sie aufgenommen werden müssen. Eine unzulässige Beschränkung der Anklage durch die Fragestellung würde nur dann vorliegen, wenn andere oder mehr concrete Thatumstände in die Frage kämen, als die Anklage aufstellt. So lange sich die Praxis in den Grenzen der letzteren hält, ist der Tadel, den man über sie wegen jener Aufnahme von Specialien ausgesprochen hat, durchaus unbegründet. So verlangt von Kräwel[1]) von ihr, sie solle beim Diebstahl nicht die einzelnen entwendeten Sachen, bei der Majestätsbeleidigung nicht die einzelnen Schmähworte mit aufnehmen, sondern nur im Allgemeinen fragen: „ob der Angeklagte überhaupt Sachen fortgenommen oder überhaupt Worte gesagt habe, durch welche das Staatsoberhaupt geschmäht sei.“ Allerdings will v. Kräwel die Geschworenen an die concreten Thatumstände gebunden wissen, meint aber, dies müsse durch die Anklageschrift geschehen. Diese solle den Geschworenen übergeben werden, und ihre eigentliche Aufgabe bestehe dann darin, über die in ihr aufgeführten concreten Behauptungen ein Urtheil dahin abzugeben, ob auf sie die ihnen durch die Frage einzeln namhaft gemachten gesetzlichen Merkmale anzuwenden seien oder nicht. Wenn aber überhaupt Fragen an die Geschworenen gerichtet werden sollen, so ist es doch jedenfalls angemessen, daß in sie alles das vereinigt aufgenommen werde, worüber sie zu entscheiden haben. In Braunschweig ist aber überdies eine solche Aufnahme der concreten Thatumstände in die Frage deswegen unbedingt nöthig, weil hier das Gesetz ausdrücklich bestimmt, daß „den Geschworenen die Fragen schriftlich zugestellt, dagegen weitere Aktenstücke ihnen nicht ausgehändigt werden.“ Daher ist es nur zu billigen, wenn in dem von v. Kräwel tadelnd angeführten Falle gefragt wurde: „Ist die Angeklagte schuldig, in dem Zeitraum vom Abend des 17. bis zum Morgen des 18. October 1851 ein lebendiges uneheliches Kind geboren und dadurch, daß sie dasselbe ohne ihm die nothwendige pflichtmäßige mütterliche Pflege angedeihen zu lassen, auf dem kalten Lehmboden ihres ungeheizten Wohngemaches nackt und von aller Hülle entblößt nach der Geburt liegen ließ, den Tod ihres neugeborenen Kin-

1) Archiv des Criminalrechts 1854 S. 436 ff.

des innerhalb der ersten 24 Stunden nach dessen Geburt zu B. vorsätzlich verursacht zu haben.“ Diese Billigung setzt jedoch voraus, daß schon die Anklage auf diese concreten Umstände ging; eine eigenmächtige Beschränkung derselben durch das Gericht in der Fragestellung wäre durchaus zu mißbilligen. Es kann die Anklage recht wohl in derartigen Fällen ganz allgemein auf die „Tödtung eines neugeborenen unehelichen Kindes“ gehen und die näheren Umstände der That vielleicht nur durch die Angabe von Zeit und Ort vertreten sein; dann muß auch die an die Geschworenen gerichtete Frage allgemein lauten. Bei anderen Verbrechen dagegen wird die concrete That in viel genauerer Weise durch individuelle Umstände in der Anklage bezeichnet sein müssen. Handelt es sich z. B. um Diebstahl, so wird man stets die Angabe des Objects in mehr oder weniger bestimmter Weise verlangen. —

Die abstracte Fassung der Frage nach den gesetzlichen Merkmalen des Verbrechens mit alleiniger Hinzufügung von Zeit und Ort führt oft zu so augenscheinlichen Mißständen, daß es sehr nahe liegt zu vermuthen, das Gesetz habe über dem Bestreben, den Geschworenen jedenfalls das Urtheil über die gesetzliche Qualifikation der That zuzuweisen, nur aus Versehen versäumt, der concreten That bei der Fragestellung noch anders, als durch die Erwähnung von Ort und Zeit der Begehung zu gedenken.

Diese Vermuthung wird bestärkt durch eine nähere Betrachtung der Schlußbestimmung des §. 140. Diese ordnet nämlich (ähnlich wie das thüringische Recht) eine Art Specialverdict an. Sie lautet: „Können sich die Geschworenen über diese Frage nicht einigen, so sind sie berechtigt, den Thatbestand des in Frage stehenden Verbrechens in dessen einzelne Bestandtheile von dem Gerichtshofe auflösen zu lassen und über die hiernach gebildete Reihe von Einzelfragen specielle Wahrsprüche abzugeben.“

Die Erklärung dieser Stelle bietet nicht unerhebliche

Schwierigkeiten. Nimmt man an, der Gesetzgeber habe bei der Vorschrift über die Fragestellung wirklich nur an die gesetzlichen Merkmale des Verbrechens (und Ort und Zeit) gedacht, so können die „einzelnen Bestandtheile des Thatbestandes", in welche die Geschworenen berechtigt sind sich die Frage auflösen zu lassen, eben nur jene einzelnen gesetzlichen Merkmale sein. Dann aber ist nicht einzusehen, worin die den Geschworenen dadurch verschaffte Erleichterung bestehen soll; denn es ist doch in der That kein Unterschied, ob sie in einer Frage nach einer Reihe gesetzlicher Merkmale gefragt werden oder in einer Reihe von besonderen Fragen nach je einem gesetzlichen Merkmal. Es wird daher nahe gelegt, eine andere Deutung zu suchen. Man hat nun [1]) angenommen, der eigentliche Sinn jener Bestimmung sei der, daß die Geschworenen verlangen könnten, der Gerichtshof solle ihnen die Thatsachen des vorliegenden Falles, die einzelnen factischen Umstände der That in Einzelfragen vorlegen. Dadurch könnten sie ausnahmsweise die Entscheidung über die gesetzliche Qualifikation der That von sich ablehnen und sich selbst auf dasjenige beschränken, was man gewöhnlich unter einem Specialverdict versteht, nämlich auf die Constatirung bloßer Fakta. Allein abgesehen davon, daß es ziemlich willkürlich erscheint, unter dem Ausdrucke „Thatbestand des in Frage stehenden Verbrechens" etwas so ganz Anderes zu verstehen, als unter dem unmittelbar vorhergehenden „das Verbrechen nach seinen gesetzlichen Merkmalen", so schiebt diese Auffassung dem Gesetzgeber den Irrthum unter, daß es überhaupt immer möglich sei, solche Thatsachen des vorliegenden Falles aufzufinden, und legt ihm für die Fälle, in denen ein solches Heraus-

1) Degener im Commentar zu §. 140. Die größeren Justizorganisationsgesetze für das Herzogthum Braunschweig aus den Jahren 1849 und 1850. Bd. 2. S. 84. S. Planck, Strafverfahren. S. 399. Anm. 2.

greifen factischen Materials aus den Ergebnissen der Verhandlung möglich ist, die höchst unwahrscheinliche Absicht unter, daß er den Gerichtshof habe ermächtigen wollen, da, wo die Anklage ein Merkmal des Thatbestandes nicht durch Aufstellung eines individuellen Umstandes, sondern allgemein als gesetzliches Merkmal enthält, seinerseits einen Theil der Thatfrage vorweg zu entscheiden und das Verdict der Geschworenen auf eine von den verschiedenen Möglichkeiten, wie das gesetzliche Merkmal hergestellt werden könnte, zu beschränken. Planck[1]) tadelt diese Interpretation deshalb, weil durch sie „den Geschworenen die Subsumtion der vorgelegten Thatsachen unter die gesetzlichen entzogen würde", und hat gewiß insofern Recht, als eine solche Ausnahme von der gewöhnlichen Function der Geschworenen klar und bestimmt aus dem Gesetze hervorgehen müßte. Im Uebrigen aber wäre die Gestattung einer Selbstbeschränkung der Geschworenen auf concrete Thatsachen an und für sich keine sehr unwahrscheinliche Maßregel des Gesetzes, da ja das englische Specialverdict wenigstens zu einem Theile sehr häufig eine solche Feststellung bloß factischer Umstände durch die Geschworenen enthält. Planck freilich faßt das englische Specialverdict unrichtig so auf, als ob es stets die Feststellung der gesetzlichen Merkmale des Verbrechens enthielte und nur die Zusammenordnung derselben zu dem Verbrechensbegriff dem Richter zuwiese. — Der entscheidende Grund gegen jene Erklärung der Bestimmung des braunschweigischen Gesetzes ist der vorher angegebene. Dieser aber spricht auch gegen Planck's eigene Auffassung von derselben.

Nach dieser soll durch jene Stelle in Ausnahmsfällen das zugelassen sein, was nach Plancks Meinung die übrigen deutschen Gesetze (mit Ausnahme Kurhessens) als Regel für die Fragestellung festsetzen[2]), daß nämlich „das Gericht den gesetz-

1) a. a. O. S. 399.
2) S. unten Abthlg. III, 2, a.

lichen Merkmalen des Thatbestandes (nach eigener Auswahl unter den Ergebnissen des Beweises) die einzelnen Thatsachen des vorliegenden Falles gegenüberstellen solle, die zur Ausfüllung jener dienstlich sein können, und in dieser Weise die Bestandtheile des Thatbestandes abgesondert feststellen lassen[1])". Eine solche „Auswahl aus den Thatsachen des vorliegenden Falles", eine solche „Gegenüberstellung der anscheinend erheblichen Thatsachen[2])" durch das Gericht ist so sehr der Natur der Anklage und ihrer processualischen Erledigung zuwider, daß eine solche Absicht des Gesetzgebers, zu deren Annahme die Worte jener Stelle durchaus keine Veranlassung bieten, in derselben nicht gefunden werden kann.

Welches ist denn aber der wahre Sinn der Stelle? die Antwort ergiebt sich von selbst, wenn wir annehmen, daß der Gesetzgeber, wenn er auch in der allgemeinen Anordnung über die Fragestellung nur von gesetzlichen Merkmalen spricht, dennoch eigentlich nicht an diese allein, sondern an den ganzen Inhalt der Anklage gedacht habe, also außer den gesetzlichen Merkmalen auch an die concreten Behauptungen der Anklage. Bei dieser Annahme ist dann die ausnahmsweise vorzunehmende „Auflösung des in Frage stehenden Verbrechens in dessen einzelne Bestandtheile" weder als Auflösung in einzelne gesetzliche Merkmale, noch als bloße Aufnahme concreter Thatsachen in die Frage, noch endlich als willkürliche Gegenüberstellung vom Gerichte ausgewählter factischer Umstände und der einzelnen gesetzlichen Merkmale zu verstehen, sondern als gesonderte Befragung nach den einzelnen Punkten des zur Anklage gebrachten Verbrechens. Eine Erleichterung für die Geschworenen liegt darin insofern, als dabei das einzelne gesetzliche Merkmal und die specielle Behauptung der Anklage einander genau gegenübertreten und dadurch die Uebersichtlichkeit mehr oder we-

1) a. a. O. S. 399.
2) a. a. O. 400 u. 401.

niger gefördert wird. Wenn die Geschworenen, auf ihren Wunsch, nicht gefragt werden: „Ist der Angeklagte schuldig, dadurch daß er in der Absicht, den X. zu berauben, denselben zu Boden warf, seine Taschen durchsuchte und, nachdem er fand, daß diese nur zwei Silbergroschen an Geld enthielten, den X. freiließ und selbst sich davon machte — Handlungen verübt zu haben, welche einen Anfang der Ausführung des Verbrechens des Raubes enthielten, an dessen Vollendung er nur durch äußere Umstände gehindert wurde?" sondern ihnen dafür die Fragen vorgelegt werden: „1, liegt darin, daß der Angeklagte den X., in der Absicht ihn zu berauben, zu Boden warf und seine Taschen durchsuchte ein Anfang der Ausführung des Verbrechens des Raubes? und 2, war der Umstand daß er nur zwei Silbergroschen bei ihm fand, ein äußerer Umstand, der ihn von Vollendung der That abhielt oder hat er aus freien Stücken die Vollbringung aufgegeben?" so tritt der entscheidende Punkt viel deutlicher hervor; die Geschworenen können nun viel leichter über die zweite (schwierige) Frage eine gesonderte Berathung anstellen. In complicirteren Fällen kann der durch eine solche Sonderung erreichte Vortheil noch größer sein.

Von dem Specialverdicte des englischen Rechts unterscheidet sich dies sog. braunschweigische Specialverdict hiernach dadurch, daß bei dem ersteren die Geschworenen meistens eine oder mehrere Rechtsfragen ablehnen können (je nachdem das indictment mehr oder weniger rein factische Behauptungen enthält), während bei dem letzteren stets die einzelnen Merkmale des gesetzlichen Thatbestandes von den Geschworenen festgestellt werden müssen [1]). Von dem sog. thüringischen Specialverdict ist die Einrichtung des braunschweigischen Rechts außerdem dadurch verschieden, daß sie nicht eine Theilung der

---

1) Planck kann nach seiner Auffassung des englischen Specialverdicts einen solchen Unterschied nicht anerkennen.

Frage in die Frage nach den reinen Thatsachen und in die nach der Subsumtion unter den gesetzlichen Thatbestand verlangt, sondern eine Befragung nach den einzelnen Merkmalen der Anklage vorschreibt und dadurch eine Reihe von Fragen herbeiführt, von denen einzelne in sich jene Gegenüberstellung von That und Recht enthalten können.

H. Oldenburg.

Hier geht nicht weniger bestimmt, als in Baiern, Thüringen und Braunschweig, schon aus dem Wortlaut des Gesetzes hervor, daß den Geschworenen die Subsumtion der concreten That unter die gesetzlichen Bestimmungen zustehen solle. Der Art. 324 der Strafproceßordnung vom 2. November 1857, durch welche Oldenburg neuerdings in die Reihe der Staaten, in welchen das öffentlich-mündliche Strafverfahren mit Geschworenengerichten besteht, eingetreten ist, setzt in Betreff der Fragestellung Folgendes fest:

> „Die Hauptfrage wird dahin gerichtet, ob sich der Angeklagte des Verbrechens, welches den Gegenstand der Anklage bildet, schuldig gemacht habe. Hierbei sind alle gesetzlichen Merkmale des Verbrechens, bei Strafe der Nichtigkeit, in die Frage mitaufzunehmen. Diejenigen von ihnen, welche einen Rechtsbegriff enthalten, sind thunlichst auf das entsprechende thatsächliche Verhältniß zurück zu führen".

Der Wortlaut dieses Artikels scheint theilweise dem bairischen, (der erste Satz), theilweise dem braunschweigischen (im Wesentlichen der zweite Satz) und theilweise dem hannoverschen Gesetze (der dritte Satz) entnommen zu sein. Während es nun nach demselben keinem Zweifel unterliegen kann, daß die Geschworenen über den gesetzlichen Thatbestand entscheiden sollen, findet sich leider auch hier, ähnlich wie in dem braunschweigischen Gesetze, keine ausdrückliche Erwähnung der concreten Behauptungen der Anklage. Sogar die Bestimmung des braunschweigischen Rechts über die Aufnahme der Zeit- und Ortsverhältnisse fehlt.

Doch liegt die Veranlassung dazu auch hier wohl nur in dem besonderen Nachdrucke, mit welchem man die gesetzlichen Merkmale hervorheben wollte. Deshalb darf man auch hier unter dem „Verbrechen, welches den Gegenstand der Anklage bildet" nicht den abstracten gesetzlichen Thatbestand, sondern die in der Anklage mehr oder minder specialisirt angegebene That des Angeklagten und deren gesetzliche Qualifikation verstehen.

Daß nicht der erste Satz des Artikels, wie es in Baiern geschehen ist, zu einer Gegenüberstellung der allgemeinen Verbrechensbezeichnung (Raub ersten Grades u. s. w.) und beliebiger factischer Thatumstände und dadurch schließlich zu einer Beschränkung der Geschworenen auf die Feststellung nur von letzteren führe, dafür ist durch den zweiten Satz genügend gesorgt. Dagegen wäre es nicht unmöglich, daß der dritte, der hannoverschen Strafproceßordnung entlehnte, ebenso wie dies vielfach in Hannover geschehen ist, in der Praxis die mißbräuchliche Anwendung erführe, daß in gewissen Fällen, nach dem Belieben des Gerichtshofes, den Geschworenen ein oder das andere gesetzliche Verbrechensmerkmal entzogen und ihre Aufgabe auf die Constatirung rein factischer Umstände beschränkt werden könnte. Hat doch die preußische Praxis sogar die „Ersetzung von Rechtsbegriffen, welche nicht eine allgemein bekannte und in dem gegebenen Falle unbestrittene Bedeutung haben, durch solche gleichbedeutende Ausdrücke, zu deren Verständniß Rechtskenntnisse nicht erforderlich sind" nicht von einer mehr populären Umschreibung solcher Rechtsbegriffe, sondern von einer Ersetzung derselben durch die concreten Thatsachen des vorliegenden Falles verstanden. Daß jedoch eine solche Auffassung nicht in der Absicht des oldenburgischen Gesetzes liegen kann, folgt, auch abgesehen von dem an und für sich schon nicht mißzuverstehenden Wortlaut der Bestimmung, aus der allgemeinen Stellung, welche das Gesetz den Geschworenen anweist, indem es, weitergehend als irgend ein anderes deutsches Gesetz, nach dem Vorbilde des englischen

Rechtes sie sogar ermächtigt, wenn sie der Ansicht sind, daß der Angeklagte zwar nicht des in der Anklage bezeichneten, aber doch eines in derselben stillschweigend mit enthaltenen Verbrechens (oder Vergehens) schuldig sei, über ihn wegen dieses Verbrechens das Schuldig auszusprechen, wenn auch keine Frage deshalb an sie gestellt war [1]). Ein Gesetz, welches sogar diese Befugniß den Geschworenen einräumt, kann nicht einzelne gesetzliche Merkmale einer verbrecherischen Handlung ihnen mißtrauisch entziehen wollen; man muß vielmehr annehmen, daß es unter der Voraussetzung der Unterstützung der Geschworenen durch die Rechtsbelehrung des Richters [2]) denselben die Entscheidung über den gesetzlichen Thatbestand habe überweisen und mit einer „Zurückführung von Rechtsbegriffen auf das entsprechende thatsächliche Verhältniß“ nichts anderes habe bezeichnen wollen, als etwa eine Definition solcher Begriffe, keineswegs aber eine vollständige Eliminirung derselben.

J. Hessen-Darmstadt.

Das Gesetz, die Einführung des mündlichen und öffentlichen Strafverfahrens mit Schwurgericht in den Provinzen

1) Vgl. Mittermaier, Allgem. Schwurgerichtszeitung Bd. V. S. 273.

2) Art. 320: „Der Präsident — setzt den Geschworenen, insoweit die Umstände dies erfordern, alle von dem Gesetze zu dem Verbrechen, worauf die Anklage gerichtet ist, geforderten Merkmale und die rechtliche Bedeutung der gesetzlichen Ausdrücke auseinander. Er macht sie aufmerksam, daß sie zu prüfen haben, ob die Handlung, worauf die Anklage gerichtet ist, mit den erforderlichen Merkmalen erwiesen, — ob der Angeklagte die Handlung als Urheber oder Theilnehmer (je nachdem die Anklage auf das Eine oder das Andere gerichtet ist) verübt habe, — ob der behauptete Willenszustand des Angeklagten als erwiesen angenommen, — endlich ob der Angeklagte hiernach des ihm von der Anklage zur Last gelegten Verbrechens schuldig befunden werden könne“.

Starkenburg und Oberhessen betreffend, vom 28. Octbr. 1848 setzt in den Art. 164 und 165 fest:

„Die vom Präsidenten an die Geschworenen zu richtenden Fragen müssen, bei Vermeidung der Nichtigkeit, alle aus dem Anklageurtheil hervorgehenden wesentlichen thatsächlichen Merkmale und Umstände erschöpfen und sich, unbeschadet der Bestimmung in den Art. 165 bis 169 [1]), darauf beschränken.

Der Präsident stellt dem zu Folge zunächst die Frage: „Ist der Angeklagte schuldig, die und die That begangen zu haben?"

Daß auch hier der Ausdruck „wesentliche thatsächliche Merkmale und Umstände" nicht auf rein concrete Thatsachen geht, ergiebt sich schon daraus, daß von den aus dem Anklageurtheil hervorgehenden thatsächlichen Merkmale die Rede ist. Aus dem Anklageurtheil gehen weder lauter concrete Umstände noch allein gesetzliche Merkmale hervor. Es ist also nicht zweifelhaft, daß auch nach diesem Gesetze die Frage an die Geschworenen nicht eine reine Thatfrage sein kann, ebenso wenig wie sie eine bloße Frage nach den gesetzlichen Merkmalen wird sein sollen. Nur das bleibt unentschieden, ob die Geschworenen auch zu einem Urtheil darüber berufen sein sollen, ob die in der Anklage concret angegebenen Umstände die entsprechenden gesetzlichen Merkmale ergeben. Wenn die Anklage behauptet, der Angeklagte habe in einem ganz speciell bezeichneten Schriftstücke eine ganz speciell bezeichnete Aenderung vorgenommen und sodann von demselben Schriftstücke zum Zwecke der Täuschung „Gebrauch gemacht", so steht damit fest, daß die Geschworenen über das „Gebrauchmachen zum Zwecke der Täuschung", also über ein gesetzliches Merkmal des Verbrechens der Urkundenfälschung, zu entscheiden haben; ob sie aber berufen sind zu prüfen, ob das fragliche Schriftstück eine „Ur-

1) über Zusatz- und eventuelle Fragen.

kunde“, die fragliche Aenderung in demselben eine „Fälschung“ sei, das hängt davon ab, ob ihnen die Entscheidung über den ganzen gesetzlichen Thatbestand principiell zugewiesen ist oder nicht. Mit voller Bestimmtheit läßt sich dies Letztere allerdings aus dem Wortlaut des Gesetzes nicht folgern; doch scheint die besondere Erwähnung der wesentlichen thatsächlichen Merkmale (nicht blos Umstände) und die Hinweisung auf das Verweisungsurtheil, in welchem [1]) „die aus den Akten hervorgehenden wesentlichen thatsächlichen Merkmale des zur Anklage gestellten Verbrechens“ enthalten sein müssen, in gewisser Weise darauf hinzudeuten. Ferner kann es nach der weiteren Bestimmung des Art. 165:

> „Ist in den Verhandlungen ein Zustand oder eine Thatsache zur Sprache gekommen, welche, ihre Wahrheit vorausgesetzt, die Strafbarkeit völlig aufheben würde (Str. G. B. Art. 37, 39, 40, 45, 46 bis 49 und Art. 50), so stellt der Präsident auch hierauf eine Frage. In einem solchen Falle hat er die erstere Frage nur dahin zu richten: „Ist der Angeklagte überführt, die und die That begangen zu haben?“

wohl nicht bezweifelt werden, daß das schuldig der Geschworenen in jedem Falle den Sinn haben soll, daß keine solchen Schuldaufhebungsgründe vorliegen, daß die Geschworenen also stets berechtigt und verpflichtet sind, den ganzen allgemeinen Thatbestand des Verbrechens ihrer Prüfung zu unterwerfen. Wenn die Geschworenen aber von der Entscheidung vieler und oft nicht der am Wenigsten schwierigen gesetzlichen Merkmale des speciellen Verbrechensthatbestandes nicht ausgeschlossen sind, und wenn sie ferner ganz allgemein über das Vorhandensein oder Nichtvorhandensein von Schuldausschließungsgründen zu urtheilen haben, so liegt, da der Ausdruck des Gesetzes dieser Auslegung mindestens nicht widerspricht, aller Grund vor,

1) nach Art. 86.

ebenso wie die bisher besprochenen deutschen Gesetze auch das hessen-darmstädtische dahin zu interpretiren, daß es den Geschworenen die Entscheidung über die gesetzliche Qualification der That (über die einzelnen Merkmale des gesetzlichen Thatbestandes) habe zuweisen wollen. Jene speciellen Gründe vereinigen sich mit dem von Planck[1]) angeführten allgemeinen Grunde, daß es bei Einführung des Geschworeneninstituts in Deutschland nicht die Absicht gewesen sei, die Geschworenen zu „bloßen Probirsteinen eines geführten Beweises" zu machen, sondern sie darüber entscheiden zu lassen, „ob das, was der Angeklagte gethan hat, ein Verbrechen ist", und alles zusammengenommen rechtfertigt gewiß die angegebene Interpretation.

Dabei aber ist die Anordnung einer Belehrung der Geschworenen durch den Vorsitzenden über schwierige gesetzliche Bestimmungen durchaus nöthig; leider fehlt dieselbe in dem citirten hessen-darmstädtischen Gesetze[2]) vollständig.

K. Frankfurt a. M.

Das Gesetz über das Verfahren in Strafsachen vom 16. September 1856, durch welches Frankfurt a. M. den andern freien Städten in der Reform des Strafverfahrens voranging, enthält in den Art. 232 und 233 folgende Bestimmungen:

„In der Regel beginnt die Hauptfrage mit den Worten: Ist der Angeklagte schuldig? und lautet dann wörtlich, wie die Schlußformel der Anklageschrift".

„Geeigneten Falls kann der Eingang der Frage geändert werden[3]). Auch ist es dem Ermessen des Präsidenten überlassen, von Amtswegen oder auf den Wunsch

---

1) Systematische Darstellung des deutschen Strafverfahrens S. 404 vgl. S. 400 Anm. 4.

2) Vgl. Art. 163.

3) Vgl. das hessen-darmstädtische Gesetz Art. 165.

der Geschworenen die Thatsachen, welche durch den Spruch derselben festgestellt werden sollen, nicht in eine Frage zusammenzufassen, sondern einzeln zum Gegenstande besonderer Fragen zu machen".

In der Verweisung auf die Anklageformel könnte man zunächst freilich nur die Anerkenntniß ausgesprochen finden, daß alle diejenigen gesetzlichen Merkmale, welche in derselben nicht rein thatsächlich, sondern in allgemeiner gesetzlicher Form enthalten sind, auch als solche gesetzlichen Merkmale zur Entscheidung der Geschworenen kommen müßten. Da jedoch die Anordnung des frankfurter Gesetzes über die Anklageschrift ausdrücklich dahin lautet [1]), daß sie

„am Schluß die dem Verweisungsurtheil genau sich anschließende Formel der Anklage nach Zeit, Ort und den übrigen wesentlichen thatsächlichen Umständen und rechtlichen Merkmalen der That, mit Bezeichnung des zur Anwendung kommenden Strafgesetzes"

enthalten soll, so ist es nicht zu bezweifeln, daß den Geschworenen die Entscheidung auch über die concret angegebenen Umstände und deren Subsumtion unter die entsprechenden Merkmale des gesetzlichen Thatbestandes zugewiesen werden soll. Dafür, daß hierdurch keine willkürliche Behandlung der gesetzlichen Merkmale von Seiten der Geschworenen herbeigeführt werde, sondern daß dieselben nach den Grundsätzen von Recht und Gesetz dabei verfahren, ist genügend gesorgt durch die Vorschrift [2]), daß der Präsident in seinem Schlußvortrage ihnen nicht nur eine Uebersicht der vorgelegten Beweise geben, sondern ihnen auch „einschlägige Rechtsbegriffe erklären und sie überhaupt zur Findung ihres Spruches anleiten" soll [3]).

1) Art. 169.

2) Art. 229.

3) „ohne seine eigene Meinung über etwas auszusprechen, was zur eigentlichen Entscheidung der Geschworenen gehört."

Diese Vorschrift für sich allein kann allerdings, wie schon früher bemerkt wurde, nicht die principielle Zuweisung der Feststellung des gesetzlichen Thatbestandes an die Geschworenen beweisen, da auch unter den sog. concreten Thatsachen noch recht wohl solche sein können, deren Constatirung rechtliche Kenntnisse voraussetzt, sie dient aber doch in gewisser Weise zur Unterstützung unserer Interpretation des Gesetzes, da nach dieser jene Vorschrift als um so nothwendiger und wesentlicher erscheint. Nicht unbemerkt darf ferner bleiben, daß in der Instruction der Geschworenen, wie sie nach dem französischen Vorbilde in den meisten anderen deutschen Gesetzgebungen vorgeschrieben ist und so auch nach dem frankfurter Gesetze [1]) in dem Berathungszimmer angeschlagen sein soll, die Bestimmung, daß die Geschworenen nicht „an das Strafgesetz denken" sollen, sehr richtig, um jedes Mißverständniß zu vermeiden, dahin geändert ist, daß ihnen

> „über die Zweckmäßigkeit des zur Anwendung kommenden Strafgesetzes kein Urtheil zustehe", und daß „die Schwere der Strafe, welche den Angeschuldigten treffen kann, auf ihre Entschließung nicht von Einfluß sein dürfe." —

Wenn wir nun zu diesen Gesetzgebungen noch hinzufügen:

L. Nassau,

welches sich in dem Gesetze vom 14. April 1849 ganz an das hessen-darmstädtische Gesetz vom 28. Oct. 1848 anschloß, ferner

M. Anhalt-Bernburg,

welches in dem Gesetze vom 18. März 1850, und

N. Waldeck,

welches in dem Gesetze vom 14. Juni 1850 der preußischen Verordnung vom 3. Januar 1849 folgte,

---

1) Art. 245.

so bleibt von den deutschen Staaten, in denen zur Zeit das Institut der Geschworenengerichte existirt, nur noch übrig

0. Kurhessen.

Dasselbe stellen wir deshalb an das Ende der ganzen Reihe, weil die kurhessische die einzige Gesetzgebung ist, in welcher die Vorschriften über die Fragestellung an die Geschworen nicht von der Zuweisung der Entscheidung über den gesetzlichen Thatbestand an die Geschworenen verstanden werden können, sondern eine Beschränkung der letzteren auf die Constatirung der Thatsachen des vorliegenden Falles auszusprechen scheinen.

Das Gesetz über die Umbildung des Strafverfahrens vom 31. Octbr. 1848 setzt in den §§. 317 und 318 fest:

„Nachdem sodann die von den Geschworenen zu beantwortenden Fragen von dem Gerichte, erforderlichen Falls nach dessen Abtreten in das Berathungszimmer aufgestellt und vom Präsidenten unterschrieben sind, verliest letzterer dieselben. Diese Fragen müssen sich jedenfalls über die strafbare That, über deren Erschwerungs- und Milderungsgründe, über den Antheil des Angeklagten an derselben und über die vorgebrachten Entschuldigungsgründe erstrecken. Sie müssen auf Thatsachen gerichtet sein; handelt es sich jedoch um das Vergehen der Beleidigung, so sollen darüber, ob eine solche in Aeußerungen oder Handlungen, welche Gegenstand der Anklage sind, enthalten sei, die Geschworenen ebenwohl entscheiden. Nur was im Anklageakt von strafbaren Handlungen des Angeklagten enthalten, und in der mündlichen Verhandlung vorgekommen ist, kann Gegenstand der Fragestellung sein. Die einzelnen Umstände einer That, namentlich Erschwerungs- und Milderungsgründe sind thunlichst zum Gegenstande abgesonderter Fragen zu machen.“

Es sollen hiernach die einzelnen Handlungen des Angeklagten Gegenstand der Fragestellung sein, nicht aber die Normen des Gesetzes, welches er dadurch verletzt hat. Dies letztere soll nur ausnahmsweise bei der Beleidigung der Fall sein. Bei diesem Vergehen wäre allerdings die Nichtigkeit einer Jury, welche nur über die concrete Handlungsweise des Angeklagten zu urtheilen hätte, gar zu offenbar. Freilich ist se bei anderen Vergehen und Verbrechen kaum weniger augenfällig. Während daher das englische Recht festgesetzt hat, daß die Geschworenen so gut in allen übrigen Processen wie in Libelprocessen und so gut in diesen wie jenen über die Schuld des Angeklagten vor dem Gesetzentscheiden sollen, ist jene Ausnahmsbestimmung des kurhessischen Gesetzes fast eine Ironie auf die Bedeutung der Geschworenen überhaupt. —

Die Frage ist jedoch, ob das die Frage feststellende Gericht berechtigt sei, auch diejenigen Merkmale der Handlung, welche in der Anklage in allgemeiner gesetzlicher Form enthalten sind, durch concrete Umstände, die es aus der Verhandlung heraushebt, zu ersetzen. Diejenigen Merkmale, welche in der Anklage concret aufgeführt sind — soweit sie nicht unwesentliche Nebenumstände betreffen — müssen ohne Zweifel von dem Gerichte in die Frage aufgenommen werden, und Plancks Ansicht [1]), daß in jedem Falle erst das Gericht es sei, welches die ihm erheblich scheinenden concreten Thatumstände aufstelle, muß als entschieden irrig bezeichnet werden. Wenn die Anklage behauptet, der Angeklagte habe einen Stein auf die Schienen gelegt in der Absicht, den kommenden Zug aus dem Gleise zu bringen, so muß der Gerichtshof diese Thätigkeit des Angeklagten in der Frage festhalten und darf nicht etwa sie fallen lassen und die Frage darauf richten, ob er eigenmächtig die Weichen verrückt habe [2]). (Etwas ganz

1) Systematische Darstellung des deutschen Strafverfahrens S. 407.

2) Die Anklage geht in einem solchen Falle nicht allgemein darauf,

anderes ist es, wie weit durch eventuelle Fragen die Anklage ausgedehnt werden kann). Was aber die in der Anklage in allgemeiner Form aufgeführten gesetzlichen Merkmale betrifft, so scheint das hessische Gesetz in Rücksicht dieser dem Gerichte allerdings die Befugniß zuzugestehen, an ihrer Stelle concrete Thatsachen aus den Ergebnissen der Verhandlung herauszugreifen. Sonst würde die Forderung, daß die Fragen auf concrete Thatsachen gehen sollen, sich oft wenig ausführen lassen. Damit aber ist unläugbar dem Gerichte nicht bloß die Rechtsanwendung, sondern zugleich ein Theil der Entscheidung der Thatfrage überwiesen; denn das Gericht ist es nun, welches vorweg entscheidet, daß der Angeklagte z. B. nicht auf diese, auch nicht auf jene Art sich in den Besitz der entwendeten Sache setzte, sondern daß, wenn er die betreffende Sache wirklich entwendete, dies nur auf diesem einen von dem Gerichte in der Frage namhaft gemachten Wege geschehen sein könne.

Hierbei aber wird dasjenige Anwendung finden, was Planck[1]) bemerkt, wenn er sagt, daß „in manchen Fällen das thatsächliche Material des vorgelegten Falles keine einzelne Thatsache darbietet, die zu einer Vergleichung mit dem gesetzlichen Merkmale sich eignete, daß vielmehr erst durch Schlußfolgerungen und Combinationen aus einer Reihe von thatsächlichen Untersätzen eine zur Vergleichung geeignete Unterlage gewonnen wird". „In solchen Fällen wird daher kaum etwas anderes übrig bleiben, als die zu ermittelnde Thatsache des vorliegenden Falles mit dem gesetzlichen Ausdrucke in der Fragestellung zu bezeichnen oder m. a. W. der Absicht des Gesetzes entgegen den Geschworenen die Subsumtion mitzuübertragen." —

---

daß der Angeklagte „Beschädigung an Eisenbahnen vorgenommen habe, wodurch Gefahr für Leben und Eigenthum entsteht" (oder wie sonst der betreffende Paragraph des Gesetzes lauten mag), sondern auf jene concrete Handlungsweise.

1) a. a. O. S. 407 u. 408.

Der Regel nach bildet die Fragestellung in der hessischen Praxis eine schwer überschbare Reihe von Einzelfragen, deren jede so viel wie möglich auf ein rein factisches Verhältniß gerichtet ist. Sie ist meistens eine in Form von Fragen gebrachte Geschichtserzählung der That. Ein Beispiel genüge für viele. Es wurden in einem Falle folgende Fragen gestellt [1]):

1) Haben G. C. und C. G. im Julius 1848 sich verabredet, in einem Hause zu N. einen Diebstahl zu begehen?
2) Sind dieselben zur Verübung eines Diebstahls in der Nacht vom 5ten auf den 6ten Juli nach N. zu der Wohnung des J. S. gegangen?
3) Hat hierselbst C. G. eine Leiter von dem Hofe geholt und unter ein Fenster des S.'schen Hinterhauses angesetzt?
4) (Für den Fall der Verneinung von 3) hat G. C. dies gethan?
5) Ist dies geschehen, um durch das fragliche Fenster in das Haus zu steigen und dort einen Diebstahl zu begehen?
6) (Für den Fall der Bejahung von 3) War Clemens hiermit einverstanden?
7) Ist das fragliche Fenster etwa 15' hoch vom Boden entfernt?

u. s. w. noch eine ganze Reihe anderer Fragen.

Wie weit man in der Forderung einer bloß thatsächlichen Feststellung durch die Geschworenen ging, beweist am Besten ein Erlaß des General-Staats-Procurators an die Staats-Prokuratoren und deren Substituten [2]), durch welchen dieselben angewiesen werden, darauf hinzuwirken, daß bei dem Verbrechen der Brandstiftung die Geschworenen allein danach gefragt werden, „wie weit von dem angezündeten Gebäude die

---

1) S. Temme, Archiv für die strafrechtlichen Entscheidungen der obersten Gerichtshöfe Deutschlands, 1858, S. 386 ff.

2) S. Heuser, Annalen der Rechtspflege und Verwaltung Kurhessens, Jahrgang 1854 S. 207.

nächsten Wohn- oder sonstigen Gebäude entfernt, ob sie mit feuerfangenden Gegenständen angefüllt, ob Löschmittel und Löschmannschaft zur Hand gewesen, ob der Brand bei Tag oder Nacht erfolgt sei, ob stürmische Witterung oder Windstille geherrscht habe und dergl. mehr", nicht aber danach, „ob und in welchem Umfange und Grade eine Gefahr sowohl für Leben als Eigenthum Dritter anzunehmen sei"; „das Urtheil hierüber, gleichwie überhaupt die Anwendung des Rechts auf die festgestellten thatsächlichen Verhältnisse" könne nur dem Gerichte zukommen.

Die Schwierigkeit (oft sogar Unmöglichkeit) der Auffindung concreten Materials jedoch und andererseits die Gefahr, welche in einer solchen willkürlichen Specialisirung für die gerechte Endentscheidung des Processes liegt, haben es veranlaßt, daß man in vielen Fällen sich dennoch entschließen mußte, manche gesetzliche Merkmale des fraglichen Verbrechens in die Fragen aufzunehmen. So erfahren wir aus einem Aufsatze in Heusers Annalen [1]), „daß es von allen Schwurgerichten für unzweifelhaft gehalten worden ist, daß z. B. der Begriff „entwenden" ohne Definition [2]) zur Frage gestellt werden könne." Das Ober-Appellationsgericht zu Kassel hat sogar ausdrücklich anerkannt, daß solche Verbrechensmerkmale, zu deren Feststellung keine besondere Rechtskenntnisse nöthig seien, unmittelbar in die Fragen aufgenommen werden dürften. So hat es z. B. (im Gegensatz zu dem angeführten Erlaß des General-Staatsprokurators) entschieden [3]) daß „die durch eine Brandstiftung verursachte Gefahr für Leben und Eigenthum Anderer kein Rechtsbegriff, sondern ein thatsächliches Verhältniß ist, dessen Aufnahme in die schwurgerichtliche

1) Jahrgang 1856 S. 523 ff.

2) Auch definirt würde es doch immer der Rechtsbegriff sein, über den Geschworene entscheiden; der Gegensatz, um den es sich handelt, ist die concrete Thätigkeit des Angeklagten und die gesetzliche Bestimmung.

3) Heuser, a. a. O. Jahrg. 1856 S. 482.

Fragestellung nach §. 318 des Str. Pr. G. von 1848 nicht für unstatthaft zu halten ist, „ferner hat es erklärt, daß ebenso „die betrügliche Absicht des Thäters im vorliegenden Falle ein so gemeinverständlicher Begriff ist, daß solche ebenfalls von der Beurtheilung der Geschworenen nicht ausgeschlossen erscheint."

Es wurde schon bemerkt, daß nach dem kurhessischen Gesetze das Gericht ermächtigt zu sein scheine, an Stelle allgemeiner (in Form der gesetzlichen Merkmale gehaltener) Behauptungen der Anklage specielle Umstände des vorliegenden Falles in die Fragen aufzunehmen. Das Oberappellationsgericht hat es nun über sich genommen, in einzelnen Fällen zu entscheiden, ob eine solche Specialisirung in der Fragestellung nöthig gewesen oder nicht. So hat es das eine Mal entschieden, daß es nicht genüge, wenn durch die Geschworenen festgestellt werde, „daß der Tod des Kindes Folge einer Handlung war, welche die Angeklagte mit demselben vorgenommen hatte", das andre Mal dagegen erklärt, es sei durchaus hinreichend, wenn die Frage an die Geschworenen laute: „Hat die Angeklagte durch absichtliche Thätigkeit verursacht, daß die Unterzeichnung des Testamentes in dieser (näher angegebenen) Weise erfolgte und hierbei die Errichterin über den Inhalt getäuscht war?" Im letzteren Falle sei eine nähere Angabe der speciellen Handlungsweise der Angeklagten nicht nöthig gewesen, weil „das Gesetz über das Maß der Specialität des Faktischen in der Fragestellung kein Erforderniß aufstelle, und ebendamit das Ergebniß der mündlichen Verhandlung zum deshalbigen Maßstabe mache"; im speciellen Falle habe aber „über die Art und Weise der Täuschung, die speciellen zur Anwendung gebrachten Täuschungsmittel oder Ueberredungskünste die Beweisaufnahme nichts ergeben" [1]). — Mag nach dem kurhessischen Gesetze diese Rücksicht auf die Ergebnisse der Ver-

1) S. Schletters Jahrbücher der Rechtswissenschaft Bd. V. S. 186.

handlung in Betreff der Specialisirung der That richtig sein, im Allgemeinen und nach den anderen deutschen Gesetzen muß daran festgehalten werden, daß überall da, wo die Anklage allgemein lautet, die Frage an die Geschworenen nicht auf specielle Thatumstände gerichtet werden darf. Die ganze Anklage soll zur Erledigung durch den Schuldspruch der Geschworenen kommen; zu einer vorgängigen theilweisen Erledigung ihres thatsächlichen Inhaltes durch den Gerichtshof müßte dem letzteren ausdrücklich und bestimmt das Recht ertheilt sein.

2) Gemeinsame Erörterung.

a. Kritik der Auffassung Plancks.

Während man die Bestimmungen der deutschen Gesetze über die Fragestellung an die Geschworenen vielfach in dem Sinne auffaßt, als forderten sie möglichste Beschränkung der Geschworenen auf die Constatirung rein factischer Umstände [1]) und nur von Braunschweig oder Baiern oder von Braunschweig und Baiern annimmt, daß sie abweichend von der französischen Art der Fragestellung [2]) die Subsumtion des factischen unter den gesetzlichen Thatbestand den Geschworenen überwiesen, so spricht dagegen Planck [3]) mit ganzer Entschiedenheit aus, daß nach allen deutschen Schwurgerichtsgesetzen (mit Ausnahme Kurhessens) die Geschworenen zwar nicht nach dem allgemeinen Verbrechensbegriff, aber doch nach den einzelnen darin enthaltenen

1) Vgl. Mittermaier, Gesetzgebung und Rechtsübung über Strafverfahren S. 537 ff., Allg. Schwurgerichtszeitung Bd. IV. S. 271 ff. v. Arnold, Gerichtssaal von 1855 Bd. 1. S. 144 ff.

2) Wir haben gesehen, wie in Frankreich die Jury zwar vielfach auf factische Thatumstände beschränkt, im Allgemeinen und sogar in der Regel jedoch nach den gesetzlichen Merkmalen gefragt wird (freilich ohne genügende Anerkennung dieser als wirklicher Rechtsbegriffe), daher ohne die nöthige Rechtsbelehrung der Geschworenen durch den Richter.

3) Systematische Darstellung des deutschen Strafverfahrens. S. 398 ff.

gesetzlichen Merkmalen gefragt werden sollen. Die oben angestellte nähere Prüfung der einzelnen Gesetze wird hoffentlich die Richtigkeit dieser Behauptung Plancks bestätigt haben. Was daher diesen Punkt betrifft, so ist den Ausführungen Plancks, als einem erfreulichen Beitrag zu der entschiedenen Zurückweisung jener Verkümmerung des Instituts der Geschworenen, wie sie unter angeblicher Befolgung der positiven Vorschriften in der Praxis der deutschen Schwurgerichtshöfe leider so häufig vorkommt, mit allem Nachdrucke zuzustimmen.

Den übrigen Punkten der Planckschen Darstellung dagegen kann man nicht durchweg beistimmen. Planck nämlich theilt die deutschen Gesetzgebungen in Betreff der Fragestellung ein in drei Gruppen. Die erste werde durch Braunschweig vertreten, die zweite durch die übrigen Staaten mit Ausnahme Kurhessens, welches die dritte bilde. Der charakteristische Unterschied zwischen diesen drei Gruppen bestehe darin, daß in der ersten, d. h. in Braunschweig, die Geschworenen nur nach den gesetzlichen Merkmalen des Verbrechens gefragt und in Betreff der concreten Thatumstände in keiner Weise beschränkt sein sollten, daß dagegen in der zweiten (Preußen, Baiern, Hannover, Würtemberg, Baden u. s. w.) das Gericht die Aufgabe habe, außer den Merkmalen des gesetzlichen Thatbestandes solche concrete Thatumstände in die Frage an die Geschworenen aufzunehmen, welche, den Ergebnissen der Verhandlung entnommen, sich nach seiner Meinung zur Herstellung jener gesetzlichen Merkmale eignen, während in der dritten (Kurhessen) das Gericht ebenfalls die factischen Umstände des vorliegenden Falles auszuwählen, die Geschworenen hier aber allein über diese concreten Thatsachen und nicht zugleich über deren Subsumtion unter die gesetzlichen Merkmale zu urtheilen hätten. Speciell von der zweiten Gruppe sagt Planck[1]): „Das Gericht hat, um die Frage

1) Systematische Darstellung des deutschen Strafverfahrens S. 400.

stellen zu können, zweierlei zu thun. Es hat zunächst den gesetzlichen Thatbestand der in Rede stehenden Verbrechensart in seine einzelnen gesetzlichen Merkmale aufzulösen, und zwar die letzteren so weit, als es immer geschehen kann, um die gesetzlich erforderten Thatsachen den behaupteten Thatsachen des vorliegenden Falles nahe zu bringen. Es hat ferner aus den behaupteten Thatsachen des vorliegenden Falles diejenigen auszuwählen, welche jenen gesetzlichen zu entsprechen scheinen. Aus beiden Elementen ist die Frage in der Weise zu bilden, daß die Geschworenen nach dem Dasein der einzelnen gesetzlichen Merkmale in der behaupteten Form gefragt werden".

In dieser von Planck geforderten Auswahl concreter Thatumstände durch das Gericht liegt jedoch nicht, wie man vermuthen könnte, die Ermächtigung des Gerichts zu einer willkürlichen Beschränkung des Umfanges der Anklage. Planck führt nämlich aus, daß bindend für die Geschworenen nur die gesetzlichen Merkmale in der Frage seien, daß hingegen die Auswahl factischen Materials durch das Gericht nur eine Anleitung für sie sei, welche ihnen die Erfüllung ihrer Aufgabe erleichtern, diese selbst aber nicht beschränken solle. Die Geschworenen seien ermächtigt, die gesetzlichen Merkmale auch in anderen concreten Thatumständen, als in den von dem Gerichte herausgehobenen, zu erblicken [1]), und eine Bejahung der gesetzlichen Merkmale unter Verneinung des factischen Theiles der Frage müsse unbedingt zur Verurtheilung des Angeklagten führen.

Dagegen liegt in dieser Auswahl durch das Gericht jedenfalls ein Verlassen des mehr oder weniger concreten In-

1) „Die Geschworenen können die gesetzlichen Merkmale auch in anderen Thatsachen, die sich durch die Verhandlung als festgestellt ansehen, wiederfinden, als denen, die das Gericht herausgehoben hatte."

haltes der Anklage. Wenn es nur auf den gesetzlichen Thatbestand ankommt, so kann Jemand leicht wegen einer ganz anderen That verurtheilt werden, als worauf die Anklage gerichtet ist. Ebenso liegt darin auf der anderen Seite wenigstens die Gefahr, daß die Geschworenen durch die willkürliche Auswahl des Gerichtes in den Fällen, wo die Anklage allgemein lautet, von der weiteren Prüfung ferngehalten werden, ob nicht noch anderes thatsächliches Material vorliegt, durch welches das oder die entsprechenden gesetzlichen Merkmale hergestellt werden. Nach der richtigen Ansicht dürfen die Geschworenen weder frei über die Herstellung der gesetzlichen Merkmale schalten (außer wenn die Anklage das einzelne Merkmal in allgemeiner, gesetzlicher Form enthält); denn sie haben nur über die Anklage (und etwaige Erweiterungen derselben durch eventuelle Fragen) zu entscheiden; noch kann es dem Gerichtshof überlassen sein, gewisse Thatsachen seinerseits auszuwählen. Es muß vielmehr den Geschworenen die Anklage in ihrer mehr oder weniger allgemeinen oder mehr oder weniger speciellen Form in der Frage vorgelegt werden, und es darf weder wo jene speciell ist, diese allgemein, noch wo jene allgemein ist, diese speciell lauten. Die Ausdrücke der deutschen Gesetzgebungen stehen der Planck'schen Erklärung geradezu entgegen. Die „Thatsachen, welche die wesentlichen Merkmale der dem Angeklagten zur Last gelegten Handlung bilden", die „in dem Verweisungsurtheile enthaltenen wesentlichen thatsächlichen Verhältnisse", die „That, welche den Gegenstand der Anklage bildet", die „strafbare That" — alles dies kann doch gewiß nicht von einer unbeschränkten Competenz der Geschworenen über den gesetzlichen Thatbestand und noch weniger von einer probeweisen Auswahl concreter Thatumstände durch das Gericht, sondern nur von der ganzen Anklage verstanden werden, d. h. von den einzelnen (gesetzlichen oder concreten) Merkmalen der Handlung (und von der Behauptung, daß durch diese zusammengenommen der gesetzliche Thatbestand einer gewissen Verbrechensart erfüllt werde).

Nach Planck steht die braunschweigische Gesetzgebung dem englischen Rechte am Nächsten. Dies soll sie aus dem Grunde, weil nach ihr die Geschworenen nur nach dem gesetzlichen Thatbestande des Verbrechens (unter bloßer Hinzufügung von Zeit und Ort der That) gefragt werden sollten. Dieser Umstand — wenn es wirklich mit ihm durchaus seine Richtigkeit hätte [1]) — wäre aber gerade im Gegentheil geeignet, eine bedeutende Verschiedenheit zwischen der braunschweigischen Gesetzgebung und dem englischen Rechte zu begründen. Das indictment, über welches die englischen Geschworenen zu entscheiden haben, enthält vielfach concrete Behauptungen, an welche die Geschworenen strenge gebunden sind [2]). Eine Gesetzgebung daher, welche nur gesetzliche Merkmale den Geschworenen vorgelegt wissen wollte, würde dem englischen Rechte ebenso fern stehen, als eine solche, welche Vorlegung gesetzlicher Merkmale mit willkürlicher, aber nicht bindender, Auswahl concreter Umstände durch den Gerichtshof verlangt. Ja man könnte sagen, daß die letztere dem englischen Rechte sogar näher stehe, wenn nicht der Unterschied, daß in England die concreten Thatsachen des indictment entscheidend und für die Geschworenen bindend sind, dagegen die concreten Thatumstände, welche nach der Auffassung Plancks die deutschen Gesetzgebungen in die Frage aufgenommen wissen wollen, beliebig von dem Gerichte ausgewählt werden können und für die Geschworenen nicht bindend sind, — wenn dieser Unterschied nicht in der That dennoch zu groß wäre.

1) Vgl. oben S. 154.

2) Nur unwesentliche, die That begleitende Umstände sind sie berechtigt und verpflichtet bei Seite zu lassen; aber keinem Zweifel unterliegt es, daß sie z. B. an dem Umstande, daß der Angeklagte gerade diese Versuchshandlung unternommen, daß er den Wechsel auf diese Art gefälscht habe u. s. w., durchaus festhalten müssen.

In Betreff der „Mehrzahl der deutschen Gesetzgebungen“ bemerkt nun Planck[1]) Folgendes: „Die Aufgabe des Gerichtes, die Frage so zu stellen, daß durch die Antwort der Geschworenen sowohl der Beweis der behaupteten Thatsache, als auch deren Uebereinstimmung mit dem gesetzlichen Merkmal festgestellt werde, ist leicht zu lösen, wenn das gesetzliche Merkmal einem Mißverständnisse von Seiten des Laien nicht ausgesetzt ist. Es wird alsdann genügen, unter Beibehaltung des gesetzlichen Ausdrucks aus dem behaupteten thatsächlichen Material nur die Angaben von Zeit, Ort und Nebenumständen beizufügen, durch welche jene gesetzliche Thatsache für den vorgelegten Fall als in Raum und Zeit wirklich geworden sich darstellt.“ — Es könnte scheinen, als seien hier unter den (neben Zeit und Ort erwähnten) „Nebenumständen“ solche concreten Thatumstände, welche das oder die gesetzlichen Merkmale ergeben, gemeint. Aus dem Zusammenhange jedoch, wie sich sogleich zeigen wird, ergiebt sich, daß hier nur wirkliche Nebenumstände der That gemeint sind, also an und für sich unwesentliche factische Umstände und nicht solche, in denen das betreffende gesetzliche Merkmal selbst liegt. Damit ist aber ausgesprochen, daß Planck in solchen Fällen, wenn das gesetzliche Merkmal dem Gerichte allgemein verständlich zu sein scheint, es für genügend hält, allein nach diesem zu fragen. Die Geschworenen sind dabei nach seiner Anschauung ermächtigt, dies gesetzliche Merkmal in beliebigen concreten Thatumständen, wie sie sich aus den Verhandlungen ergeben, zu erblicken. Hiergegen aber findet alles das Anwendung, was früher gegen eine bloße Aufnahme gesetzlicher Merknale in die Frage gesagt ist.

Planck fährt fort: „Dabei wird es gestattet sein, statt des gesetzlichen Ausdrucks einen nach der Absicht des Gesetzes gleichbedeutenden zu wählen, wenn die Fassung der Frage da-

1) a. a. O. S. 401 f.

durch verständlicher und geschmeidiger und einem Mißverständniß sicherer vorgebeugt wird." Dies ist nach Planck der Sinn des Art. 82 des preußischen Gesetzes vom 3. Mai 1852, nach welchem schwierigere Rechtsbegriffe durch verständlichere Ausdrücke ersetzt werden sollen. Er erklärt sich dadurch mit vollem Rechte gegen die oben schon erwähnte Praxis der preußischen Schwurgerichtshöfe und des Berliner Obertribunals, nach welcher jener Artikel von einer Ersetzung des gesetzlichen Merkmals durch den entsprechenden concreten Sachverhalt verstanden wird. Aehnlich faßt Planck die Bestimmung des hannoverschen Gesetzes (§. 188 der früheren, §. 194 der revidirten Str.-P.-O.) auf. Er citirt dieselbe zu dem Satze: „Um die Verschmelzung der gesetzlichen und behaupteten Thatsache zu ermöglichen, kann es mitunter dienlich sein, die gesetzliche Thatsache noch weiter in ihre Bestandtheile aufzulösen". Die „Zurückführung des Rechtsbegriffs auf das entsprechende thatsächliche Verhältniß" ist ihm also keineswegs eine Ausschließung der Geschworenen von der Beurtheilung eines solchen Rechtsbegriffs, sondern nur eine Inhaltsangabe dieses Rechtsbegriffs selbst. Nur das ist der Fehler Plancks, daß er meint, mit einer solchen Umschreibung des gesetzlichen Merkmals sei in allen Fällen eine „Verschmelzung der gesetzlichen und der behaupteten Thatsache" erreicht. Es ist vielmehr dann, wenn die Anklage das Merkmal nicht in allgemeiner Form enthielt, sondern einen concreten Umstand erwähnte, die Aufnahme dieses letzteren, wie sonst neben dem gesetzlichen Merkmal selbst, so auch neben jener Umschreibung nothwendig. Wenn aber das Merkmal in der Anklage ganz allgemein lautete, so kann von einer weiteren Verschmelzung der gesetzlichen und der behaupteten Thatsache nicht mehr die Rede sein; denn beide sind von vorn herein untrennbar verschmolzen.

Planck schreitet dann weiter fort, indem er sagt: „Allein in nicht seltenen Fällen ist die bisher betrachtete Verschmelzung nicht möglich, nämlich überall dann, wenn die behaupteten Thatsachen sich nicht zu einem auch im gewöhnlichen Leben unzweideutigen Ausdruck vereinigen lassen, der dem gesetzlichen Merkmal oder seinen Bestandtheilen vollkommen entspricht. Alsdann bleibt nichts übrig, als in der Frage die behauptete Thatsache und die gesetzliche einander gegenüber zu stellen und so die Geschworenen nicht nur zur Prüfung des Beweises für jene, sondern auch zur Vergleichung derselben mit der gesetzlichen aufzufordern." Also nur in solchen Fällen soll das eintreten, was früher als Regel hingestellt wurde. Nur wenn die behauptete und die gesetzliche Thatsache nicht zu einem gemeinschaftlichen gemeinverständlichen Ausdruck zusammengefaßt werden können, sollen beide neben einander in die Frage aufgenommen werden. Was aber diese Gegenüberstellung des gesetzlichen Merkmals und der concreten Thatsache sodann zu bedeuten habe, nach der Auffassung Plancks, wurde schon angegeben. Wie der Gerichtshof willkürlich concrete Umstände soll herausgreifen dürfen, so sollen auch die Geschworenen keineswegs an die letzteren gebunden sein; sie können die gesetzlichen Merkmale bejahen, obwohl sie die concreten Umstände verneinen. So kommt es also auch in diesem Falle darauf hinaus, daß der Spruch der Geschworenen von der concreten Grundlage der Anklage losgelöst wird. Auf der anderen Seite aber liegt, wenn auch die Geschworenen auf die ihnen vom Gerichte vorgelegten factischen Thatumstände nicht beschränkt sein sollen, dennoch die Gefahr nahe, daß sie dann, wenn die Anklage ganz allgemein lautet, z. B. allgemein „gewinnsüchtige Absicht" behauptet, ihre Prüfung nur auf den einen ihnen bezeichneten Punkt, z. B. ob der Angeklagte sich gerade diesen Vortheil habe verschaffen wollen, richten, und dadurch alle übrigen Möglichkeiten, welche sämmtlich von der Anklage umfaßt wurden, unberücksichtigt gelassen werden.

Endlich bemerkt Planck[1]): „Ja die behaupteten That-

1) a. a. O. S. 403.

sachen können sogar unter Umständen so zerstreut auseinander liegen, daß es unthunlich erscheint, sie alle in die Frage zusammenzufassen, zumal wegen der Gefahr, einen erheblichen Umstand zu übersehen, oder nicht scharf genug zu fassen oder einzelnen Umständen ein zu großes Gewicht den Geschworenen gegenüber beizulegen. Alsdann wird die Frage sich nothgedrungen darauf beschränken, die gesetzliche Thatsache allein aufzunehmen und etwa nach vorgängiger Rechtsbelehrung der Geschworenen über deren richtigen Sinn, ihnen die Auswahl der zur Vergleichung tauglichen Thatsachen aus dem Material der Verhandlungen zu überlassen." Hierbei ist zu erinnern, daß in solchen Fällen gewiß schon die Anklage allgemein lauten wird und daß dann das Gericht das gesetzliche Merkmal allein in die Frage aufzunehmen hat, ohne Rücksicht darauf, ob die Verhandlungen aufnehmbare concrete Thatsachen ergeben haben oder nicht. Bei eventuellen Fragen allerdings — soweit diese gestattet sind — tritt das erkennende Gericht an die Stelle der Anklagekammer, und insofern können auch für das erkennende Gericht jene Erwägungen am Orte sein. Insofern die Erörterung Plancks aber ganz im Allgemeinen von der Fragestellung handelt, sich also zunächst auf die Fragen bezieht, durch welche der Inhalt der Anklage seine Erledigung finden soll, muß sie als nicht zutreffend bezeichnet werden. —

So consequent die Darstellung Plancks zu sein, und so sehr sie Klarheit und Uebersichtlichkeit in die verwirrte Lehre von der Schuldfrage im Geschworenengerichte zu bringen scheint, so ist in ihr doch das Verhältniß des factischen und des gesetzlichen Thatbestandes in der Fragestellung unrichtig aufgefaßt. Das aber soll zum Schlusse nochmals mit Plancks eigenen Worten hervorgehoben werden: „Als fehlerhaft muß nach dem Systeme dieser Gesetze eine Fragestellung bezeichnet werden, welche sich darauf beschränkt, die behaupteten Thatsachen des vorliegenden Falles in sich aufzunehmen, ohne ihrer Beziehung zum Strafgesetz, zu den gesetzlichen Thatsachen, zu gedenken. Denn dadurch würde für das Gericht die Subsumtion der behaupteten Thatsachen unter die gesetzlichen in Anspruch genommen, die Geschworenen davon ausgeschlossen werden. Dies ist nicht die Meinung dieser Gesetze." Die Geschworenen „sollen durch ihren Wahrspruch die Schuld des Angeklagten feststellen."

b. That- und Rechtsfrage in Beziehung zu einer Anklageänderung in der Fragestellung.

Hier kommen vorzüglich drei Streitfragen in Betracht: 1) ob ein in der Anklage ausgelassenes Merkmal des gesetzlichen Thatbestandes in der Fragestellung ergänzt werden darf, 2) ob alle von der Anklage behaupteten gesetzlichen Merkmale oder nur diejenigen, zu denen in der Anklage selbst oder in der Verhandlung thatsächlicher Stoff beigebracht ist, in die Frage aufgenommen werden müssen und 3) wie es sich mit dem Verhältniß des concreten und des gesetzlichen Thatbestandes bei eventuellen Fragen verhält.

1. Die Frage, ob ein in dem Verweisungsurtheil ausgelassenes wesentliches Merkmal des gesetzlichen Thatbestandes in der Frage an die Geschworenen ergänzt werden dürfe, bezieht sich natürlich nur auf den Fall, daß auch kein thatsächliches Verhältniß in der Anklage erwähnt ist, aus welchem sich jenes Merkmal ergiebt. Denn in der Anklage kommt es durchaus nicht auf eine Vollständigkeit der rechtlichen Beurtheilung der That, sondern wesentlich nur auf diese That selbst an. Es wird vielmehr vorausgesetzt, daß in der Anklage das fragliche Merkmal weder in concreter noch in allgemeingesetzlicher Form erwähnt ist. Die Entscheidung darüber, ob eine solche Lücke in der Fragestellung ausgefüllt werden dürfe, hängt nicht allein von den Grundsätzen über Anklageänderung ab —

wäre dies der Fall, so gehörte die Erörterung dieses Punktes nicht in diese Arbeit, welche sich nur mit dem Verhältniß des gesetzlichen und concreten Thatbestandes beschäftigt —, sondern zum Theil schon von der Natur der Anklage selbst und steht also, da die Frage an die Geschworenen die letztere erschöpfen soll, in genauer Beziehung zu den Grundsätzen der Fragestellung.

Zunächst kann es nicht unbedingt und ausschließlich auf die Anklageformel ankommen. Diese soll vielmehr nur den Inhalt des Verweisungsurtheils zusammenfassen. Dieser ganze Inhalt des Verweisungsurtheils ist der Inhalt der Anklage. Wenn daher in der Schlußformel ein Merkmal des Verbrechens unerwähnt geblieben, in dem übrigen Theile des Verweisungsurtheils aber enthalten ist, so geht die Anklage mit auf dasselbe, und die Fragestellung muß es ganz ebenso wie die übrigen Merkmale des Verbrechens mitumfassen [1]). Dagegen ist die Ergänzung eines Merkmals, welches in dem ganzen Verweisungsurtheil ausgelassen ist, aus der Anklageschrift niemals gestattet. Die Anklageschrift soll die Anklage, wie sie von der Anklagekammer beschlossen ist, erheben, und jeder Zusatz, wie jede Weglassung in ihr ist unerheblich.

Bei der Besprechung des französischen Rechtes sahen wir, daß die französische Praxis die Ergänzung eines in dem Verweisungsurtheil gänzlich übersehenen Merkmales des Verbrechens in der Frage an die Geschworenen ganz allgemein gestattet. Da durch den art. 338 des Code d'instr. crim. die Ausdehnung der Fragen auf in der Verhandlung hervorgetretene erschwerende Umstände gestattet ist, hielt man auch eine solche Ergänzung für erlaubt, durch welche überhaupt erst ein strafbarer Thatbestand entsteht. Es wurde erwähnt, daß diese Anschauung zum Theil eine Folge davon war, daß man als wesentlichen Inhalt der Fragen der Regel nach die

---

1) Vergl. auch Planck a. a. O. S. 417 Anm. 7. — Leonhardt im Magazin für hannoversches Recht, Bd. I. S. 349 f., 352 f.

Merkmale des gesetzlichen Thatbestandes ansah. Indem man verlernte, als Object der Anklage eine mehr oder weniger specielle That des Angeklagten anzusehen, kam man allmählich dahin, anzunehmen, daß in der Anklage, sobald sie nur einige Merkmale eines bestimmten Verbrechens enthielt, so unzweifelhaft die Richtung auf dieses Verbrechen selbst ausgesprochen sei, daß man kein Bedenken zu tragen brauche, eine solche unvollständige Anklage einer vollständigen durchaus gleichzustellen.

Diese Anschauung hat auch in Deutschland eingewirkt. So sagt Planck[1]): „Von den in der Verhandlung selbst neu hervorgetretenen Merkmalen sind ausnahmsweise zu berücksichtigen: a) die Merkmale, welche zur Ausfüllung des in Rede stehenden Verbrechensbegriffs erforderlich sind, und im Verweisungsbeschluß und der Anklage fehlerhafter Weise übersehen sein sollten," und fügt hierzu erst unter b) diejenigen Merkmale hinzu, welche in Folge einer Anklageänderung Gegenstand der Fragestellung sein dürfen. Dies kann nicht das Richtige sein. Entweder muß man die Aufnahme jener vergessenen Merkmale aus den Grundsätzen der deutschen Gesetzgebungen über Anklageänderung folgern — und hier möchte es sehr schwer sein, aus den Bestimmungen der Gesetze über Zusatz- und eventuelle Fragen, bei denen stets schon ein strafbarer Thatbestand vorausgesetzt wird, die Zulässigkeit jener Ergänzung zu deduciren[2]), — oder eine solche Ergänzung ist, wenigstens in der von Planck behaupteten Allgemeinheit, unzulässig. Sie kann nur dann zulässig sein, wenn die Anklage dem Angeklag-

1) Systematische Darstellung des deutschen Strafverfahrens S. 417.

2) Hasenbalg, zur Strafproceßordnung. Von der Erhebung der öffentlichen Klage und ihrer Consumtion durch richterliches Urtheil. Hannover 1854. S. 77: „Das Recht auf Vertheidigung würde verletzt werden, wenn ein fehlendes fundamentales Element ersetzt werden dürfte. Der Beschuldigte durfte mit Recht jede Vertheidigung unterlassen gegen einen solchen Angriff."

ten ausdrücklich dieses oder jenes Verbrechen, das er unter diesen oder jenen, einzeln aber unvollständig angegebenen, Umständen begangen habe, Schuld giebt, wenn sie also zum Beispiel behauptet, er habe einen Diebstahl an dieser bestimmten Sache begangen, indem er sie sich zugeeignet habe. Hier aber kann von einer Ergänzung der Anklage eigentlich nicht die Rede sein, da die Anklage durch die Behauptung des allgemeinen Verbrechensbegriffs auch das einzelne nicht besonders erwähnte gesetzliche Merkmal in sich schließt. Es ist der Anklage nicht verwehrt, ihre Beschuldigung mit denjenigen speciellen oder allgemeineren Ausdrücken zu bezeichnen, welche das Gesetz gebraucht. Daher wird die Fragestellung in solchen Fällen nur dann die Anklage wirklich erschöpfen, wenn sie den ganzen Thatbestand des Verbrechens umfaßt [1]). Ob aber auch eine bloße Erwähnung des bezüglichen Paragraphen des Strafgesetzbuches im Verweisungsurtheil die Auslassung eines wesentlichen Merkmals in demselben unschädlich mache, scheint höchst zweifelhaft [2]).

In Hannover kam es in einem Processe wegen Unterschlagung durch Auslassung eines wesentlichen Merkmals im Verweisungsurtheil zur definitiven Freisprechung des Angeklagten. Der Schwurgerichtshof hatte das in dem Verweisungsurtheil irrthümlicher Weise ausgelassene Merkmal „mit rechtswidrigem Vorsatze" in die Frage an die Geschworenen dennoch mit aufgenommen. Das auf Grund des schuldigsprechenden Verdicts ergangene verurtheilende Erkenntniß wurde jedoch von dem

1) Leonhardt a. a. O. Bd. I. S. 357: „Ein Verweisungsurtheil, welches eine verbrecherische Handlung mit dem gesetzlichen Begriffe bezeichnet, umfaßt die wesentlichen thatsächlichen Verhältnisse, welche in diesem gesetzlichen Begriffe ausweislich des Criminalgesetzbuchs enthalten sind." Ebenso Martin a. a. O. Bd. II. S. 142.

2) Leonhardt a. a. O. entscheidet sich für die Bejahung dieser Frage.

Ober-Appellations-Gericht zu Celle vernichtet, weil der Schwurgerichtshof zu jener Ergänzung nicht befugt gewesen sei. Der Angeklagte wurde nun auf Grund desselben Verweisungsurtheils vor ein neues Schwurgericht gestellt, die Frage ganz dem Verweisungsurtheil conform gefaßt, und trotz des auf schuldig lautenden Verdicts war nun der Gerichtshof zu einer Freisprechung des Angeklagten genöthigt [1]).

2. Da die ganze in der Anklage ausgesprochene Beschuldigung zur Erledigung kommen soll, die Anklage aber in vielen Fällen sich der gesetzlichen Bezeichnungen einzelner Merkmale bedienen wird und nicht eine nach allen Seiten hin vollständig concret und speciell angegebene That des Angeklagten aufzustellen braucht, so liegt schon hierin die Unrichtigkeit des von Planck [2]) behaupteten Satzes: „Nur solche Merkmale können zur Frage gestellt werden, zu deren Ausfüllung thatsächlicher Stoff in der Anklage oder der Verhandlung beigebracht ist". Die Anklage braucht nicht zu jedem Merkmal thatsächlichen Stoff beizubringen, sondern auch die von ihr in gesetzlicher Form aufgestellten Behauptungen gelten als thatsächliches Anklagefundament [3]). Es kann dann in keiner Weise etwas darauf ankommen, ob die Beweisverhandlung näheres thatsächliches Material ergiebt oder nicht. Die Anklage muß ganz ohne Rücksicht auf die Ergebnisse der Beweisfüh-

---

1) Magazin für hannoversches Recht Bd. II. S. 29 ff.

2) a. a. O. S. 418 unter 3.

3) Planck sagt a. a. S. 313 von dem thatsächlichen Anklagegrund, daß in ihm „mit Vermeidung aller Rechtsausführung an dieser Stelle der vorliegende Thatbestand (der **casus obvius**) nur aus dem thatsächlichen Stoff des zu behandelnden Falles, nicht aus dem Gesetz" zusammengestellt werden müsse. Indem er aber sagt: „Es ist daher möglichst zu vermeiden, thatsächliche Behauptungen nur unter der Form der im Gesetze gewählten Bezeichnungen einzuführen," giebt er selbst zu, daß der thatsächliche Anklagegrund nicht immer aus rein factischen Umstände bestehen könne.

rung zur Erledigung durch die Fragestellung und das Verdict der Geschworenen kommen. Wenn Planck als Grund seiner Behauptung angiebt, daß „das Gericht das gesetzliche Merkmal nicht in seiner abstracten Gestalt, sondern unter Beifügung der ihm angeblich entsprechenden Thatsachen des vorliegenden Falles zur Frage stellen" solle, so beruht dies auf seiner oben geprüften Ansicht von der Fragestellung überhaupt, der gegenüber entschieden daran festgehalten werden muß, daß das Gericht nur dann specielle Thatsachen in die Frage aufnehmen darf, wenn die Anklage solche concreten Umstände behauptet oder die Grundsätze von der Anklageänderung dem Gerichte dies gestatten. Uebrigens giebt Planck selbst [1]) zu, daß dann, wenn die behaupteten Thatsachen des vorliegenden Falles „so zerstreut auseinanderliegen, daß es unthunlich erscheint, sie alle in der Frage zusammenzufassen," die alleinige Aufnahme des gesetzlichen Merkmals gestattet sei. Es ist aber doch gewiß kein Unterschied zwischen diesem Fall und demjenigen, wo die Verhandlung zwar nicht verschiedene zerstreut liegende factische Umstände ergeben hat, auf die sich das betreffende gesetzliche Merkmal anwenden läßt, aber wohl verschiedene Indicien, von denen — ohne Vermittlung durch sog. Tatsachen des vorliegenden Falles — unmittelbar auf das gesetzliche Merkmal geschlossen werden kann. Im letzteren Falle würde nach der Consequenz der Planck'schen Ansicht, das gesetzliche Merkmal von dem Gerichte aus der Fragestellung weggelassen werden müssen, eine der täglichen Erfahrung gegenüber ganz seltsame Folge, da es oft genug vorkommt, daß man am Schluß des Beweisverfahrens mit der größten Entschiedenheit z. B. behaupten kann, daß der Angeklagte die betreffende Sache sich „rechtswidrig angeeignet" habe, ohne daß man irgendwie näher anzugeben wüßte, wie er sich in ihren Besitz gesetzt habe. Aber auch wenn durch die Hauptverhandlung

1) a. a. O. S. 403.

nicht einmal Indicien, von denen auf das gesetzliche Merkmal zu schließen wäre, sich ergeben haben sollten, so hätte dies nicht den mindesten Einfluß auf die Aufgabe des Gerichtes. Dieses muß den Inhalt der Anklage ganz und vollständig in der Frage an die Geschworenen reproduciren. Der Fall, daß das Gericht „wegen Mangels eines nothwendigen Merkmals schon bei der Fragestellung die Nothwendigkeit einer Freisprechung selbst für den Fall der Bejahung voraussehen kann“ [1]), kann also, außer wenn schon die Anklage diesen Mangel enthält, nie eintreten.

3. Wenn in der Anklage nicht die gesetzlichen Merkmale des Verbrechens allein wesentlich sind, sondern es stets eine mehr oder weniger specialisirte That des Angeklagten ist, welche ihm vorgeworfen wird, so folgt daraus, daß eine Erweiterung der Anklage im Laufe des Processes in zwei verschiedenen Arten stattfinden kann. Es kann nämlich entweder durch das Hinzutreten oder Hinwegfallen einzelner Merkmale (oder Thatsachen, welche diese Merkmale bilden) die That unter den Begriff eines neuen Verbrechens [2]) fallen, oder es können sich die thatsächlichen Behauptungen der Anklage als unwahrscheinlich, dagegen andere thatsächliche Umstände, welche unter den Begriff desselben wesentlichen Merkmals, wie jene Behauptungen der Anklage, fallen, als wahrscheinlich herausstellen. Beide Arten von Erweiterung der Anklage sind innerlich gar nicht verschieden. Wenn es daher Regel ist, daß die erste nur durch Zusätze zur Anklage und nicht durch beliebige Aenderungen an derselben erreicht werden kann, so ist dasselbe auch für die zweite Art zu behaupten. Eine Aufnahme neuen factischen Materials in die Frage an die Geschworenen ist also nur durch Zusatz- oder eventuelle Fragen möglich. Hier ist na-

1) Planck a. a. O. S. 418.

2) oder einer schwereren Art desselben Verbrechens.

türlich nicht die Rede von unwesentlichen Nebenumständen der That, sondern von solchen factischen Umständen, welche durch Subsumtion unter die gesetzliche Bestimmung ein oder mehrere gesetzliche Merkmale ergeben. Wenn etwa der Name der beschädigten Person, des Ortes, wo sich die That zugetragen, nicht ganz richtig angegeben sein sollte, so wird nichts im Wege stehen, die betreffende Verbesserung ohne Weiteres in der Frage an die Geschworenen vorzunehmen [1]). Wenn dagegen der Angeklagte beschuldigt ist, an einer Urkunde eine genau bezeichnete Aenderung vorgenommen zu haben, in welcher die Anklage eine Fälschung findet, im Laufe der Verhandlung aber sich herausstellt, daß der Angeklagte höchst wahrscheinlich nicht auf diese, sondern auf eine andere Weise das Schriftstück gefälscht habe, so darf man in der Fragestellung nicht die von der Anklage behauptete Modalität fallen lassen, sondern muß — wenn hier eine Anklageerweiterung überhaupt gestattet sein soll — principaliter die Behauptung der Anklage und eventuell die neue Modalität zur Frage stellen.

Man sollte erwarten, daß die deutschen Gesetzgebungen bei den Bestimmungen über eventuelle Fragen auf diesen Fall nicht mindere Rücksicht genommen hätten, als auf den einer Veränderung des rechtlichen Gesichtspunktes. Nichsdestoweniger reden die Paragraphen fast sämmtlicher deutschen Gesetze, soweit sie von eventuellen Fragen sprechen, ausschließlich von neuen Verbrechensbegriffen, unter welchen durch eine Veränderung der Umstände die That fallen könnte. Darin stimmen sowohl diejenigen Gesetze, welche nur von eventuellen Fragen auf Theilnahme, Versuch, Fahrlässigkeit [2])

1) Dagegen kann schon eine geringe Abänderung z. B. der Zeitbestimmung im höchsten Grade wichtig werden. Wenn die Anklage behauptet, die That sei um sieben Uhr geschehen, in die Frage an die Geschworenen aber halb acht Uhr aufgenommen wird, so kann dadurch dem Angeklagten vielleicht ein Alibibeweis vollständig verloren gehen.

2) Hessen-Darmstadt, Art. 166.

oder auf einen minderen Grad desselben Verbrechens [1]) handeln, überein, als auch diejenigen, welche im Allgemeinen eventuelle Fragen zulassen „sobald durch die Veränderung der Sachlage die That unter den Begriff eines ganz andern Verbrechens fällt“ [2]).

Die Bestimmung des preußischen Rechts: „Wenn die Thatsachen, welche der Anklage zum Grunde liegen oder die etwa hervorgetretenen näheren Umstände, von welchen diese begleitet waren, verbunden oder vereinzelt von einem Gesichtspunkte aus als strafbar erscheinen, unter welchen sie die Anklage nicht gebracht hat, so sind geeigneten Falls darauf bezügliche besondere Fragen vorzulegen“, ferner der hannoverschen Strafproceßordnung: „Wenn durch das Hinzutreten oder Wegfallen des einen oder anderen Thatumstandes eine den Gegenstand der Anklage oder Beschuldigung bildende strafbare Handlung unter den Begriff eines verschiedenen Verbrechens fällt, so kann der Vorsitzende, selbst wenn die Anklage nicht auf sämmtliche Verbrechen gerichtet sein sollte, eventuelle Fragen stellen“, und ebenso der betreffende Art. der oldenburgischen Strafproceßordnung, welcher beinahe wörtlich mit dem preußischen Gesetze übereinstimmt, reden unzweideutig nur von einer veränderten rechtlichen Qualification der That. Nur das kurhessische Gesetz [3]) enthält ganz allgemein die Vorschrift: „Es können auch eventuelle Fragen gestellt werden“.

Man kann nun aber von Gesetzgebungen, welche, wie die preußische und hannoversche, wenn die Anklage darauf ging, daß der Angeklagte „sich eine gewisse fremde Sache rechtswidrig zugeeignet habe“ (Diebstahl), eine eventuelle Frage dar-

---

1) Baiern, Art. 174.

2) Preußen, G. v. 3. Mai 1852 Art. 86. Hannover, §. 194 Absatz 7. Oldenburg, Art. 326.

3) §. 318 a. E.

auf zulassen, ob „dem Angeklagten dieselbe Sache zur Aufbewahrung übergeben sei und er dieselbe zum Nachtheil des Eigenthümers bei Seite geschafft habe" (Unterschlagung), und ebenso von den übrigen Gesetzen, welche durch die Zulassung von eventuellen Fragen z. B. auf Theilnahme eine jedenfalls nicht unbedeutende Abänderung des thatsächlichen Anklagegrundes als erlaubt voraussetzen, unmöglich annehmen, daß sie solche Ausdehnungen der thatsächlichen Behauptungen der Anklage, wie sie vorhin erwähnt wurden, als unzulässig betrachteten. Es bleibt daher nichts übrig, als entweder jene Bestimmungen über eventuelle Fragen analog auch auf diese Fälle auszudehnen, oder eine Rücksichtnahme auf dieselben schon in den Vorschriften über die zu stellende Hauptfrage zu finden.

Diese letzteren Vorschriften lauten zwar in den meisten Gesetzgebungen dahin, daß die Hauptfrage die „That, welche den Gegenstand der Anklage bildet", „die thatsächlichen Bestandtheile des Verbrechens, welches Gegenstand der Anklage ist" u. s. w. umfassen solle. Dennoch finden sich zwei Gesetzgebungen, in welchen die von den Hauptfragen handelnden Stellen ausdrücklich von der Berücksichtigung neuen, erst in der Verhandlung hervorgetretenen thatsächlichen Materials sprechen. Der Art. 173 des baierischen Schwurgerichtsgesetzes bestimmt, daß die Hauptfrage dahin gerichtet werden solle, ob sich der Angeklagte des Verbrechens, welches den Gegenstand der Anklage bildet, schuldig gemacht habe, und daß hierbei alle wesentlichen thatsächlichen Beziehungen, wie solche in der Anklageschrift enthalten sind oder sich bei der Verhandlung herausgestellt haben, in die Frage mit aufzunehmen seien. Ferner die hannoversche St. P. O. redet zwar im vierten Absatze des §. 194 neben den wesentlichen thatsächlichen Verhältnissen, welche in dem Verweisungsurtheil enthalten sind, nur von solchen in der mündlichen Verhandlung hervorgetretenen neuen Thatumständen, welche die Strafe „entweder erhöhen, oder mildern oder gänzlich aufheben", bestimmt aber im sechsten Absatze desselben Paragraphen, daß die Hauptfrage „sich unter Berücksichtigung der in der mündlichen Verhandlung neu hervorgetretenen Umstände möglichst an die in dem Verweisungsurtheile enthaltene Anklageformel oder die erhobene Beschuldigung anschließen" solle. Unter den hier gemeinten neu hervorgetretenen Umständen sind andere zu verstehen, als die in dem vierten Absatze erwähnten. Denn nach ausdrücklicher Vorschrift des Gesetzes sollen auf die letzteren besondere Fragen gerichtet, die ersteren dagegen in der Hauptfrage berücksichtigt werden. Es sind also nicht Erschwerungs- oder Milderungs- oder Strafaufhebungsgründe gemeint, sondern concrete Umstände der That selbst, welche während der Verhandlung „neu hervortreten".

Es kommt nun darauf an, ob man unter denselben nur unwesentliche Nebenumstände, deren Abänderung nach den Ergebnissen der Verhandlung unbedenklich ist, zu verstehen hat, oder wirkliche factische Bestandtheile der That selbst. — In Hannover ist dieser Punkt zu einer mehrfachen Erörterung gekommen. Während hierbei von der einen Seite behauptet wurde, daß durch jene gesetzliche Bestimmung dem Gerichte die Ermächtigung ertheilt sei, die in dem Verweisungsurtheile enthaltenen Specialien der That beliebig zu verändern, indem es in der Anklage wesentlich nur auf die gesetzlichen Merkmale und deren Umfang ankomme, wurde dieser Meinung auf der andern Seite entgegengestellt, daß die Anklage auf eine bestimmte That des Angeklagten gehe, und daß derselben nicht willkürlich eine andere untergeschoben werden könne. Es war der Fall vorgekommen, daß Jemand angeklagt war, „seine Ehefrau aus der Bodenluke auf die darunter befindliche Diele auf lebensgefährliche Weise gestürzt zu haben", daß aber die Frage an die Geschworenen dahin gerichtet worden war, ob der Angeklagte „a) auf dem Boden seiner jetzt abgebrannten Scheune seine Ehefrau auf eine lebensgefährliche Weise mißhandelt, b) ob er sie aus der Bodenluke auf die darunter befindliche Diele auf lebensgefährliche Weise gestürzt habe". Diese Fragestellung sucht Martin[1]) dadurch zu rechtfertigen, daß er sagt, es handle sich in diesem Falle nur um eine „aequipollente Beweisführung", „indem die Anklageformel alle begriffswesentlichen Merkmale des Verbrechens erschöpfte und die Modalität der Handlung für die Identität der Anklage als unwesentlich erschien"[2]). Dem gegenüber macht Hasenbalg[3]) geltend, daß, wenn die Anklage einmal eine bestimmte Handlungsweise des Angeklagten behaupte, diese nicht bloß als Beweis für das gesetzliche Merkmal, sondern als Bestandtheil der Anklage selbst angesehen werden müsse. Wenn man eine solche Abweichung von der Anklage, wie sie in der mitgetheilten Fragestellung vorgenommen, zulasse, so mache man eine ganz andere That zum Gegenstande der Aburtheilung, dies aber sei durchaus unzulässig. — Beide Meinungen jedoch erscheinen als einseitig. Der ersteren gegenüber ist daran zu erinnern, daß die Anklage „Jemanden aus der Bodenluke gestürzt zu haben", niemals allgemein den Sinn hat, Jemanden „lebensgefährlich verwundet zu haben". Wenn es sich bei jener in der Anklage aufgestellten Modalität wirklich nur um einen Beweis der lebensgefährlichen Verwundung handelte, so stände nichts im Wege, sie ganz und gar fallen zu lassen und die Frage nur auf eine dem Gerichte wahrscheinlicher vorkommende Handlungsweise des Angeklagten zu richten. Wäre die Behauptung, daß es sich in solchen Fällen nur um eine „aequipollente Beweisführung" handle, richtig, so würde daraus ein ganz schran-

1) Magazin für hannoversches Recht, Bd. II. S. 145.

2) Vgl. auch Leonhardt im Magazin Bd. I. S. 361.

3) Hasenbalg, Zur Strafproceßordnung. Von der Erhebung der öffentlichen Klage und ihrer Consumtion durch richterliches Urtheil. Hannover 1854. S. 159.

kenloses Schalten des fragestellenden Vorsitzenden oder Gerichtshofes über die concreten Behauptungen der Anklage folgen. Die zweite Ansicht jedoch geht, während sie vollkommen richtig die mehr oder weniger concrete und specielle Natur der Anklage würdigt, darin ohne Zweifel zu weit, daß sie sich nicht nur gegen eine willkürliche Vertauschung der Specialien der Anklage mit anderen ausspricht, sondern auch die Unzulässigkeit einer Ausdehnung der Anklage auf derartige neue concrete Thatumstände behauptet. Dies ist gegenüber den Bestimmungen der hannoverschen St. P. O. über eventuelle Fragen gewiß nicht zu billigen. Es ist hier nicht der Ort, zu prüfen, ob aus dem Anklageprincip eine solche Unzulässigkeit gefolgert werden müsse, das aber steht fest, daß eine Gesetzgebung, nach welcher die durch Hinzutreten oder Wegfallen einzelner Merkmale modificirte That Gegenstand eventueller Fragen sein darf, einer Veränderung der concreten Behauptungen der Anklage nicht unbedingt entgegen sein kann.

Es scheint demnach inconsequent, wenn das Oberappellationsgericht zu Celle in Betreff der obenerwähnten Fragestellung entschieden hat, daß die unter a an die Geschworenen gerichtete Frage nicht gestellt werden durfte, und deshalb das Verfahren vernichtete. Es sprach dabei aus [1]):

„daß die an die Geschworenen zu stellenden Fragen bei Vermeidung der Nichtigkeit alle in dem Verweisungsurtheil enthaltenen wesentlichen thatsächlichen Verhältnisse, so wie die in den mündlichen Verhandlungen hervorgetretenen neuen Thatumstände, welche die Strafe entweder erhöhen oder mildern oder gänzlich aufheben, erschöpfen und sich darauf beschränken müssen, daß die in dem vorliegenden Falle den Geschworenen unter der Nr. 1. lit. a vorgelegte und von denselben bejahte Frage aber weder ein in dem Verweisungsurtheil enthaltenes, noch in den mündlichen Verhandlungen neu hervorgetretenes

1) Magazin f. h. R. Bd. II. S. 38.

thatsächliches Verhältniß, welches die Strafe zu erhöhen, zu mildern oder gänzlich aufzuheben geeignet wäre, vielmehr eine solche Thatsache bezielt, welche selbständig den Thatbestand eines Verbrechens bilden würde".

Diese Entscheidung setzt voraus, daß der Cassationssenat die „neuen Umstände" des sechsten Absatzes des §. 194 der Str. P. O. von unwesentlichen Nebenumständen der That versteht und die Vorschrift über eventuelle Fragen auf den Fall beschränkt, in welchem durch die Veränderung der Umstände die That unter den Begriff eines anderen Verbrechens fällt.

In einem anderen Falle dagegen (Magazin für hannoversches Recht Bd. II. S. 35 f.) hat das O. A. G. es gebilligt, daß in die Fragestellung noch andere concrete Begehungsarten des Verbrechens aufgenommen waren, als die, welche die Anklage enthielt. Es waren zwei Leute angeklagt, daß sie, nachdem sie als Kaufleute in den Zustand der Zahlungsunfähigkeit gerathen gewesen, ihre Gläubiger arglistiger Weise verkürzt hätten, und beispielsweise waren drei Fälle von solchen Verkürzungen im Verweisungsurtheil hervorgehoben. Zu diesen drei Fällen hatte der Präsident des Schwurgerichtshofes in der Fragestellung noch einige andere hinzugefügt. Dies erkannte der Cassationssenat als zulässig an. Der Unterschied zwischen diesem und dem ersten Falle beschränkt sich aber darauf, daß hier die Anklage beispielsweise einzelne Begehungsarten anführte, dort dagegen ausschließlich auf diejenige gerichtet war, welche sie speciell angab. Soll ein derartiger Unterschied in der Anklage, der fast immer mehr oder weniger nur von Zufälligkeiten abhängen wird, so wesentlich verschiedene Folgen nach sich ziehen, so ist es unumgänglich nöthig, gesetzlich genau zu bestimmen, in welchem Maße eine jede Anklage allgemein und in welchem Maße sie speciell gehalten sein muß. Dieses Maß ist nach der Natur der einzelnen Verbrechen sehr verschieden[1]).

1) Während eine Anklage auf Mord gewiß genügt, wenn sie die

c. Strafausschließungsgründe[1]).

Wenn durch die angestellte Erörterung der einzelnen deutschen Gesetze klar geworden ist, daß nach denselben (mit Ausnahme des kurhessischen) die Geschworenen über die Anwendbarkeit der Merkmale des gesetzlichen Thatbestandes eines Verbrechens auf die That des Angeklagten gefragt werden sollen, so bleibt doch noch der Punkt zweifelhaft, ob die Geschworenen nach jenen Gesetzen auch über das Vorhandensein oder Nichtvorhandensein solcher Bedingungen des allgemeinen Thatbestandes zu entscheiden haben, von denen das Dasein eines Verbrechens im Allgemeinen abhängt, und ferner ob sie über solche Thatumstände urtheilen sollen, welche bei einzelnen Verbrechen ausdrücklich als Strafausschließungsgründe gesetzlich festgesetzt sind; endlich kommt es darauf an, in welcher Weise sie darüber zu entscheiden haben.

Wird das Gericht consequent auf die Anwendung der Strafe auf die durch die Geschworenen festgestellte strafbare That beschränkt, so versteht es sich von selbst, daß jene beiden Arten von Strafausschließungsgründen der Entscheidung der Geschworenen unterliegen müssen. Das Dasein der strafbaren That hängt davon ab, daß im gegebenen Falle dergleichen Umstände nicht vorhanden sind. Für ihr Nichtvorhandensein sprechen keinerlei Präsumtionen; wer also auf den speciellen Thatbestand eines Verbrechens die gesetzliche Strafe erkennen will, muß entweder erst selbst eine Prüfung des Falles nach jenen Rücksichten vornehmen oder er muß gewiß sein, daß in dieser

---

Behauptung enthält, daß A. den B. zu einer gewissen Zeit und an einem gew. Orte vorsätzlich und mit Ueberlegung getödtet habe, wird es bei einer Anklage wegen Majestätsbeleidigung nicht hinreichen, wenn dieselbe darauf geht, daß der A. durch wörtliche Aeußerung die Ehrfurcht gegen das Staatsoberhaupt verletzt habe, sondern es wird nothwendig sein, daß sie angiebt, welcher Aeußerungen sich der A. bedient habe.

1) Ueber die Bezeichnung „Strafausschließungsgründe" vergl. die folgende Anmerkung.

Hinsicht schon entschieden ist. Im ersteren Fall wendet er nicht allein die Strafe an auf das festgestellte Verbrechen, sondern holt zunächst noch einen Theil der Entscheidung der Thatfrage nach; im zweiten Falle haben diejenigen, welche die Merkmale des speciellen Verbrechens bejahend festgestellt haben, mehr entschieden als diese einzelnen Merkmale, nämlich die ganze Schuldfrage.

Es giebt jedoch einige Umstände, welche nicht sowohl die Strafbarkeit ausschließen, als bei der im übrigen strafbaren That die Strafe zu vertreten bestimmt sind. Dies sind die Umstände der Begnadigung und der Verjährung [1]). Es liegt in der Natur der Strafe, daß über das Vorhandensein solcher Umstände derselbe zu urtheilen haben muß, welcher auf die Strafe erkennt; jenes sind Aequivalente der Strafe. Dies ist denn auch in den deutschen Gesetzen theilweise ausdrücklich anerkannt [2]) und ergiebt sich auch ohne ausdrückliche Anerkennung aus der Natur der Sache [3]).

Was nun die übrigen Strafausschließungsgründe betrifft, so haben wir bei der Besprechung des französischen Rechtes gesehen, daß in Frankreich als allgemeiner Grundsatz gilt, daß die Geschworenen über die Strafausschließungsgründe des allgemeinen Thatbestandes ohne besonders an sie gerichtete Fragen zu entscheiden haben, daß aber über die sog. **excuses légales** besondere Fragen an sie gerichtet werden müssen, wenn sie darüber urtheilen sollen. Der art. 339 des Code

---

1) Gewiß ist es richtiger, gerade diese Umstände Strafausschließungsgründe zu nennen, und die oben erwähnten Schuldausschließungsgründe oder Verbrechensausschließungsgründe; es sei jedoch gestattet, um den öfteren Wechsel mit den Ausdrücken zu vermeiden, in diesem Abschnite dem Sprachgebrauch der deutschen Strafproceßgesetze zu folgen.

2) S. Hannover, St. P. O. §. 194 Abs. 10. Thüring., St. P. O. Art. 300.

3) Planck, Strafverfahren S. 393. v. Arnold, im Gerichtssaal v. 1855, Bd. 1. S. 203.

d'instr. crim. schreibt vor: Lorsque l'accusé aura proposé pour excuse un fait admis comme tel par la loi, la question sera ainsi posée: „tel fait est-il constant?" Nach der Praxis wird dies nur auf specielle Strafausschließungsgründe bezogen (excuses légales), nicht aber auf jene allgemeinen, welche, wie Unzurechnungsfähigkeit und Nothwehr, einer jeden Handlung den verbrecherischen Charakter nehmen. Die Frage nach den letzteren Umständen wird angesehen als eingeschlossen in die allgemeine Frage: „L'accusé est-il coupable?"

Es wurde oben schon bemerkt, welche Inconsequenz darin liege, die Jury einer solchen allgemeinen Rücksichtnahme auf die Erfordernisse des allgemeinen Thatbestandes für fähig zu halten und sie dennoch in Betreff des speciellen Thatbestandes der Verbrechen so vielfach auf die Constatirung rein factischer Umstände zu beschränken, wie dies die französische Praxis thut. Es wurde auch schon angedeutet, daß, wenn das „l'accusé est-il coupable?" die ganze Schuldfrage umfassen sollte, die Geschworenen zu einer selbständigen Berücksichtigung auch jener excuses légales berechtigt sein müßten.

Wie verhält es sich nun mit einer jeden dieser beiden Klassen von Strafausschließungsgründen nach den deutschen Gesetzgebungen?

1. Planck[1]) sagt von den deutschen Gesetzen, daß sie die Frage darüber, ob die That als ein Verbrechen überhaupt zu betrachten sei und als solches dem Angeklagten zugerechnet werden könne, regelmäßig nicht zergliedert wissen wollten, sondern daß nach ihrer Vorschrift dieselbe den Geschworenen schon durch den der Hauptfrage als Eingang vorgesetzten Ausdruck zur Beantwortung vorgelegt werde, ob er der That „schuldig" sei. Er sagt: „der Beweis dieser weiteren Bedeutung (des „schuldig") liegt darin, daß der Ausspruch: Schuldig zugleich die Verneinung jeder die Strafbarkeit aus allgemeinen Gründen ausschließenden Thatsache, z. B. der Nothwehr, in sich be-

1) Systematische Darstellung des deutschen Strafverfahrens S. 409 ff.

greift". Ferner: „Nur *ausnahmsweise* soll das Gericht auch auf dem Gebiete des allgemeinen Thatbestandes den Geschworenen mit seiner Rechtskenntniß mittelst einer zergliederten Fragestellung zu Hülfe kommen".

Es ist jedoch fraglich, ob dies ohne Weiteres als Sinn der deutschen Gesetze angesehen werden kann. Da sie sämmtlich ausführliche Vorschriften über die Fragestellung geben, muß die Competenz der Geschworenen wohl mehr aus den einzelnen Bestimmungen über den Inhalt der Fragen zu erkennen gesucht werden, als aus dem allgemeinen Ausdruck „schuldig." Insbesondere kann der Umstand, daß nach einem schuldigerklärenden Verdicte, auch wenn dieses nicht die geringste Andeutung über die Erfordernisse des allgemeinen Thatbestandes enthält, der Gerichtshof nicht nachträglich wegen Unzurechnungsfähigkeit oder Nothwehr u. s. w. den Angeklagten freisprechen kann, *nicht* unmittelbar beweisen, daß die Geschworenen ermächtigt sind, auf solche Umstände *von sich selbst* aus Rücksicht zu nehmen. Denn es bleibt immer noch die Möglichkeit übrig, daß in dieser Hinsicht die *Fragestellung* entscheidend sein soll. Es läßt sich immerhin denken, daß der Vorsitzende, resp. der Gerichtshof *durch Nichtstellung einer Frage* auf Unzurechnungsfähigkeit, Nothwehr, Nothstand u. s. w. definitiv über das Nichtvorhandensein solcher Umstände soll entscheiden dürfen, daß es also *regelmäßig* der *Fragstellende* sein soll, welcher die Erfordernisse des allgemeinen Thatbestandes zu prüfen hat, und nur *ausnahmsweise* der *Gefragte*, und zwar dieser gerade nur *soweit*, als er speciell gefragt wird. Ferner ist es nicht unmöglich, daß diejenigen Gesetzgebungen, welche die Vorschrift enthalten, daß, *so oft die Vertheidigung darauf anträgt*, immer eine Frage auf solche Strafausschließungsgründe gerichtet werden *muß*, von der Vorstellung ausgingen, es sei durch diese Bestimmung genügende Rücksicht auf derartige Umstände genommen: wenn die *Vertheidigung* keinen Grund zu einem solchen Antrage finde und auch das Gericht oder der Vorsitzende von der Ansicht ausgehe, daß kein Strafausschließungsgrund vorliege, so brauche man nicht außerdem noch die Geschworenen mit dieser Prüfung zu betrauen.

Diese Bedenken finden allerdings keine Anwendung bei denjenigen Gesetzgebungen, welche von besonderen Fragen nach Strafausschließungsgründen gar nicht sprechen, sondern nur Vorschriften über Fragen nach der strafbaren That, nach Erschwerungs- und Milderungsgründen und über eventuelle Fragen enthalten. Dies sind jedoch nur Baiern, Braunschweig und Würtemberg. Von diesen muß man wohl ohne Zweifel annehmen, daß sie die Fragen nach Strafausschließungsgründen, wie Unzurechnungsfähigkeit, Nothwehr u. s. w. als in der allgemeinen Frage: „Ist der Angeklagte schuldig?" eingeschlossen ansehen. Dies ist denn auch in Baiern von der Praxis durchaus anerkannt. So sagt auch Walther[1]): „Was — die wahren Schuldaufhebungsgründe betrifft, wie Nothwehr, Nothstand, Einwilligung des Verletzten, Unzurechnungsfähigkeit, Beschädigung in Ausübung eines Rechts, Verletzung in Folge eines rechtlich verbindlichen Befehls, — so unterliegen dieselben unstreitig der Cognition der Geschworenen und nicht des Gerichtshofes; allein es braucht auf sie keine besondere Frage gestellt zu werden, und zwar deshalb, weil sie ohnehin in der Schuldfrage implicite enthalten sind. Der Präsident hat die Geschworenen bei gegebener Veranlassung zu belehren, daß sie die an sie gestellte Hauptfrage zu verneinen haben, wenn sie der Ansicht sein sollten, daß ein solcher Schuldaufhebungsgrund vorhanden sei[2])." Dasselbe muß von Braunschweig und Würtemberg gelten. Wenn das Würtembergische Gesetz im Art. 158

1) Lehrbuch des bayerischen Strafproceßrechts. S. 350.

2) Vgl. die bei Walther citirten Entscheidungen. Ferner v. Arnold, im Gerichtssaal von 1855 Bd. I. S. 197.

vorschreibt: „Hat der Angeklagte zu seiner Entschuldigung Thatumstände geltend gemacht, oder sind aus der Verhandlung solche Thatumstände hervorgegangen, wegen deren dem Richter nicht blos gestattet, sondern geboten ist, die Strafe unter den regelmäßigen geringsten Grad herabzusetzen (strafmildernde Umstände), so hat der Präsident bei Vermeidung der Nichtigkeit an die Geschworenen die Frage zu stellen, ob diese Thatsache erwiesen sei," wenn es dagegen nicht die geringste Vorschrift über Strafausschließungsgründe enthält, so kann man wohl mit Bestimmtheit annehmen, es habe besondere Fragen nach solchen Umständen überhaupt für überflüssig gehalten, und auch nach dem würtembergischen Gesetze habe das „schuldig" jenen weiteren Sinn.

Nicht so bestimmt läßt sich dies dagegen von denjenigen Gesetzen behaupten, welche vorschreiben, daß das Gericht nach seinem eigenen Ermessen, oder daß es jedesmal, wenn die Vertheidigung es beantragt, Fragen auf Strafausschließungsgründe zu richten habe.

Das Letztere ist festgesetzt durch die Gesetze von Preußen[1]), Hannover[2]) und Oldenburg[3]). Sobald hier von Seiten des Angeklagten ein Strafausschließungsgrund geltend gemacht wird, soll das Gericht verpflichtet sein, einem solchen Antrage nachzugeben und eine besondere Frage zu stellen. Es wird nun bei einer solchen gesetzlichen Vorschrift ge-

---

1) G. v. 3. Mai 1852 Art. 81.

2) Str. P. O. §. 194 Absatz 4: „Die . . Fragen müssen bei Vermeidung der Nichtigkeit . . . die in der mündlichen Verhandlung hervorgetretenen neuen Thatumstände, welche die Strafe . . gänzlich aufheben, erschöpfen." Als in der mündlichen Verhandlung hervorgetreten müssen sicher schon diejenigen Umstände angesehen werden, welche von der Vertheidigung geltend gemacht werden, und da auf die Nichtberücksichtigung Nichtigkeit gesetzt ist, wird die Praxis um so geneigter sein, einem solchen Antrage des Angeklagten Folge zu geben.

3) Str. P. O. Art. 327 §. 1.

wiß nur höchst selten vorkommen, daß in den Fällen, in denen überhaupt von dem Vorhandensein eines Strafausschließungsgrundes die Rede sein kann, nicht schon die Vertheidigung einen solchen Antrag stellen wird. Die Frage, ob die Geschworenen von sich aus auf Strafausschließungsgründe Rücksicht nehmen dürfen, wird also nur in sehr wenigen Fällen von praktischer Bedeutung sein. Sollte es aber vorkommen, daß die Geschworenen glauben, Nothwehr, Zwang durch Drohung u. s. w. im vorliegenden Falle annehmen zu müssen, ohne daß von Seiten der Vertheidigung ein Antrag gestellt ist, so wird sich die Natur der Sache dahin geltend machen, daß die Geschworenen auch in diesen Staaten ihre Competenz in dem Sinne Plancks auffassen und den Angeklagten nichtschuldig erklären. — Dies bleibt denn auch durchaus die consequentere Auffassung von der Aufgabe der Jury, und trotz der geäußerten Bedenken schließen auch wir uns derselben an.

Speciell hinsichtlich des preußischen Gesetzes kommen noch folgende Umstände in Betracht. Die Verordnung vom 3. Januar 1849 bestimmte, daß die Frage beginnen solle: „Ist der Angeklagte schuldig?“, daß „über Thatsachen, welche die Verhängung einer Strafe ausschließen“, „geeignetenfalls eine besondere Frage zu stellen sei“, daß jedoch „die Frage über die Zurechnungsfähigkeit von den Geschworenen bei dem Ausspruche über das Schuldig entschieden wird.“ Es ist gewiß nicht zu billigen, daß hier die Zurechnungsfähigkeit, resp. Unzurechnungsfähigkeit allein erwähnt wurde. Wenn diese als durch das Schuldig der Geschworenen umfaßt gelten sollte, so mußte es sich mit den übrigen Strafausschließungsgründen ebenso verhalten. Ob aber daraus der Schluß gerechtfertigt ist, daß, wenn das Gericht es nicht für geeignet hält, eine besondere Frage auf einen der anderen Strafausschließungsgründe zu richten, diese damit als verneint und abgethan angesehen sein sollten, scheint doch nicht unbedingt gewiß.

Das Gesetz vom 3. Mai 1852 leidet in dieser Beziehung an derselben Unklarheit. Es enthält nämlich am Schlusse des Art. 81 ebenfalls die Bestimmung: „durch Bejahung der Hauptfrage wird, wenn in der Antwort der Geschworenen nicht etwas Anderes ausdrücklich ausgesprochen ist, zugleich festgestellt, daß der Angeklagte mit Zurechnungsfähigkeit gehandelt hat." Auch hier wird allein die Zurechnungsfähigkeit erwähnt, während man nicht nur diese, sondern auch alle anderen Bedingungen des allgemeinen Thatbestandes erwartet. Daß man aber hieraus nicht die Folgerung ziehen dürfe, es solle sich wirklich mit den übrigen Strafausschließungsgründen, außer der Unzurechnungsfähigkeit, anders verhalten wie mit dieser selbst, dies scheint aus einer anderen Vorschrift desselben Artikels in demselben Gesetze hervorzugehen. Unmittelbar vor jener citirten Stelle findet sich nämlich die andere: „Die Fragen sind darauf, ob der Angeklagte die That ohne Zurechnungsfähigkeit begangen hat, oder ob andere Gründe, welche die Strafe ausschließen, vorhanden sind, nur dann ausdrücklich zu richten, wenn dies besonders beantragt oder von dem Gerichte selbst für nöthig erachtet wird." Wenn hier das „ausdrücklich" irgend einen Sinn haben soll, so muß dies doch wohl der sein, daß die Geschworenen auch ohne eine besondere Frage solche Umstände zu prüfen haben sollen, indem schon die allgemeine Frage: Ist der Angeklagte schuldig? **implicite** jede solche besondere Frage in sich schließe. Ein Zweifel daran, daß dies wirklich in jenem „ausdrücklich" liege, könnte daraus erwachsen, daß dieser ganze Passus erst durch den Antrag der Kommission der zweiten Kammer in das Gesetz kam, und zwar in Verbindung mit dem Antrage, den Eingang der Frage, wie er nach der Verordnung von 1849 lautete („Ist der Angeklagte schuldig?") abzuändern und nur zu fragen: „hat der Angeklagte die und die That begangen?" Von dieser Kommission kann man keinenfalls annehmen, daß sie die Geschworenen selbständig über das Vorhandensein von Strafausschließungsgründen habe entscheiden lassen wollen. Die Kommission kann unmöglich beabsichtigt haben, daß die Geschworenen z. B. gefragt werden sollten: hat der A. den B. mit Vorsatz und Ueberlegung getödtet? und daß man eine Bejahung dieser Frage nur für den Fall voraussetzen solle, wenn die Geschworenen keine Nothwehr annehmen zu müssen glauben [1]). Die Geschworenen können und müssen unter Umständen eine solche Frage vollständig bejahen, auch wenn sich der Angeklagte vollkommen erwiesener Maßen in Nothwehr befunden hat. Welchen Sinn freilich das „ausdrücklich" nach der Absicht der Kommission überhaupt haben sollte, ist schwer zu sagen. — Die Mehrheit der Kammer entschied sich jedoch für Beibehaltung des ursprünglichen Einganges der Frage, und es ist wohl nicht verwehrt anzunehmen, daß jetzt jenes „ausdrücklich", mit Rücksicht auf die Form der Frage: Ist der Angeklagte schuldig? in dem oben bezeichneten einzig möglichen Sinne interpretirt werden muß.

Wenn also schon im Allgemeinen gesagt werden mußte, daß die gesetzliche Vorschrift über die Verpflichtung zur Stellung von besonderen Fragen auf einzelne Strafausschließungsgründe wahrscheinlich nicht dahin aufzufassen sei, daß die Geschworenen im Allgemeinen von ihrer Berücksichtigung ausgeschlossen seien, so kommt für das preußische Recht noch jener besondere Grund hinzu.

Das Berliner Obertribunal scheint nichtsdestoweniger anderer Ansicht zu sein. Es hat zwar nicht direct über diese Frage entschieden, man kann aber aus einigen anderweitigen Entscheidungen auf seine Auffassung schließen. Das Obertribunal hat es für unzulässig erklärt [2]), die Geschworenen zu

---

1) Daß die Zurechnungsfähigkeit durch die Bejahung einer solchen Frage festgestellt sein sollte, läßt sich leichter vorstellen, ist aber im Grunde ebenso inconsequent.

2) Goltdammer, Archiv Bd. I. S. 53; vgl. S. 202f.

fragen, „ob Gründe vorhanden waren, welche die Strafe ausschließen". Es müsse vielmehr angegeben werden, welche derartigen Gründe gemeint seien. Diese Forderung ließe sich an und für sich noch vereinigen mit der selbständigen Befugniß der Geschworenen auf Strafausschließungsgründe überhaupt Rücksicht zu nehmen. Man könnte nämlich die Ansicht haben, wenn überhaupt Fragen gestellt würden — was im Uebrigen nur zur Erleichterung der Aufgabe der Geschworenen geschehe —, dann dürfe die Frage nicht so allgemein lauten. Dies aber ist nicht die Meinung des Obertribunals. Dasselbe dürfte nämlich sonst in einer solchen allgemein gestellten Frage keinen Nichtigkeitsgrund erblicken, was es in Wirklichkeit thut [1]). Ferner geht aus den Entscheidungsgründen [2]) deutlich hervor, daß das Obertribunal die Geschworenen nicht für berechtigt hält, von sich selbst aus auf Strafausschließungsgründe Rücksicht zu nehmen. Es ist der Ansicht, daß es zu einer schrankenlosen Willkür der Geschworenen führen würde, wenn man sie im Allgemeinen hierzu autorisirte. Es scheint also nicht nur die angeführte allgemeine Frage, sondern auch die Competenz der Geschworenen in dieser Ausdehnung über-

1) a. a. O. S. 203.

2) a. a. O. S. 53: „Da theils der Zusammenhang des Art. 81 ergiebt, daß unter den dort erwähnten „anderen Gründen, welche die Strafe ausschließen" nur solche bestimmte Gründe, welchen die gedachte Wirkung vermöge besonderer gesetzlicher Vorschrift beigelegt ist, zu verstehen sind, theils der Schlußsatz des Art. 80 fordert, daß „Umstände, welche die Strafe ausschließen" besonders hervorgehoben werden, theils endlich das Amt der Geschworenen darin besteht, dem rechtlichen Urtheil des Gerichts die thatsächliche Grundlage zu gewähren, nicht aber auch die Befugniß enthält, nach Feststellung eines Thatbestandes, der den Begriff eines Verbrechens enthält, über den Eintritt oder Nichteintritt der Strafe nach arbiträrem Gutbefinden zu bestimmen, was die Folge der Zulassung von Fragen der vorliegenden Art, ohne Begründung durch specielle Strafausschließungsgründe sein würde".

haupt zu verwerfen. Hiermit stimmt überein eine andere vor Kurzem ergangene Entscheidung des Obertribunals, welche sich zwar zunächst nur auf die rheinischen Assisenhöfe und die rheinische Strafproceßordnung (Code d'instr. crim.) bezieht, dennoch aber für die Auffassung unserer Frage von Seiten des Obertribunals sehr characteristisch ist. Es war in einem der rheinischen Geschworenengerichte von dem Angeklagten geltend gemacht worden, daß er sich bei Begehung der That im Zustande der Nothwehr befunden habe, der Assisenhof hatte jedoch abgelehnt, eine besondere Frage über Nothwehr an die Geschworenen zu richten, da diese durch Art. 337 der St. P. O. verpflichtet seien, selbständig zu berücksichtigen, ob Unzurechnungsfähigkeit, Nothwehr, oder ein anderer allgemeiner Strafausschließungsgrund vorliege. Der Assisenhof befand sich hierbei, wie wir wissen, ganz in Uebereinstimmung mit der französischen Praxis. Das Obertribunal [1]) dagegen entschied, daß auch nach der rheinischen St. P. O. der Vorsitzende verpflichtet sei, dem Antrage auf Stellung von Fragen auf Unzurechnungsfähigkeit, Nothwehr u. s. w. nachzugeben. Es bezog also den Art. 339 nicht blos auf excuses légales, sondern auch auf die allgemeinen Schuldaufhebungsgründe. In den Entscheidungsgründen wird gesagt, daß „die Antwort auf die gestellte Hauptfrage dem Assisenhofe nicht die Mittel gab zu beurtheilen, ob bei der aufgestellten Behauptung einer Nothwehr oder doch einer ihr gleichgestellten Ueberschreitung der Vertheidigung die Voraussetzungen einer Strafanwendung vorhanden seien; daß also die Entscheidung den §. 41 der St. G. B. verletzt, indem der Assisenhof auf die von den Geschworenen ertheilte Antwort die §§. 194 und 196 angewendet hat, ohne feststellen zu lassen, ob die Behauptung, des Angeklagten, sich in dem die Strafanwendung ausschließenden Falle des §. 41 befunden zu

1) S. Goltdammer, Archiv Bd. VII. S. 217.

haben, in Wahrheit begründet sei, daß es daher einer vervollständigenden Feststellung bedarf."

Da es jedoch unbestreitbar feststeht, daß man die Berücksichtigung jener Schuldaufhebungsgründe im Strafprocesse nicht von ihrer Geltendmachung durch den Angeklagten abhängig machen darf, und da man auf der anderen Seite, wenn man das Gericht ermächtigt, im Falle der Angeklagte keinen Antrag stellt, nach seinem Ermessen Fragen in dieser Richtung zu stellen oder nicht zu stellen, dadurch dem Gerichte einen nicht unwesentlichen Theil der Entscheidung der Thatfrage überträgt, so verstößt jene Ansicht des Obertribunals gegen wesentliche Grundsätze des Strafverfahrens und ist, da überdies der Ausdruck der gesetzlichen Bestimmungen keineswegs ihr entspricht, nicht zu billigen.

v. Tippelskirch [1]) spricht sich mit Recht dahin aus, daß nach dem preußischen Rechte die Geschworenen von der selbständigen Prüfung der Strafausschließungsgründe nicht ausgeschlossen seien.

Was nun aber diejenigen Staaten betrifft, in denen der Angeklagte nicht verlangen kann, daß zu seinen Gunsten derartige Fragen gestellt werden, in denen vielmehr es stets und allein von dem Ermessen des Vorsitzenden, resp. des Gerichtshofes abhängt, ob solche Fragen an die Geschworenen gerichtet werden sollen [2]), so kommt es darauf an, ob Gründe vorliegen, diese Einrichtung als eine für die Competenz der Geschworenen wesentliche aufzufassen, oder ob sie nicht

---

1) Ueber die Principien der Fragestellung und des Wahrspruchs der Geschworenen in Goltdammers Archiv, Band VI. S. 758.

2) Thüring. Str. P. O. Art. 287; Baden, Ges. vom 5. Febr. 1851. §. 96; Hessen-Darmstadt, Ges. v. 28. Oct. 1848. Art. 165; Nassau, Ges. v. 14. April 1849. Art. 163. (Hessen-Cassel, Ges. v. 31. Oct. 1848. §. 318).

vielmehr im Sinne Plancks als eine nur zur Erleichterung der Aufgabe der Geschworenen bestimmte zu betrachten ist. Es wurde oben gegen Plancks Auffassung das Bedenken erhoben, daß diese Gesetze vielleicht alles Gewicht auf die Fragestellung legten und in dieser den eigentlichen Ort und Zeitpunkt für die Berücksichtigung der Strafausschließungsgründe erblickten. Wenn man jedoch erwägt, daß alle diese Gesetze (mit Ausnahme des kurhessischen), nach der richtigen Erklärung, den Geschworenen die Entscheidung über den gesetzlichen Thatbestand des speciellen Verbrechens zuweisen, daß aber zu der Feststellung einzelner Merkmale des speciellen Thatbestandes oft eine nicht unerhebliche rechtliche Erwägung nöthig ist, und wenn man ferner erwägt, daß in diesen Gesetzen sich keine Spur von einer Ermächtigung des Gerichtshofs zu einer Prüfung des thatsächlichen Theils der Schuldfrage findet, wie sie in jener willkürlichen Handhabung der Strafausschließungsgründe liegen würde, so kann man wohl behaupten, daß Gründe genug vorhanden sind zu dem Schlusse, daß das „schuldig" auch nach diesen Gesetzen den allgemeinen Thatbestand des Verbrechens so gut umfasse wie den speciellen [1]).

Das Resultat ist also, daß wir uns der Ansicht Plancks anschließen, nach welcher in den deutschen Gesetzen „der Ausspruch: Schuldig zugleich die Verneinung jeder die Strafbarkeit aus allgemeinen Gründen ausschließenden Thatsache z. B. der Nothwehr in sich begreift [2])." Soweit die Kenntniß

---

1) Ein besonderer Grund für diese Auslegung liegt in Bezug auf das Großherzogthum Hessen noch darin, daß hier im Falle einer Zusatzfrage auf einen Strafausschließungsgrund, der Eingang der Hauptfrage lauten soll: Ist der Angeklagte überführt? Zu billigen ist diese Vorschrift nur deswegen nicht, weil nun die Rücksicht auf alle übrigen Strafausschließungsgründe in den Fragen nicht ausgedrückt ist.

2) Planck, a. a. O. S. 410

solcher Umstände bei den Geschworenen nicht vorausgesetzt werden kann, muß dieselbe ihnen durch die Rechtsbelehrung des Richters vermittelt werden. — Jede in dieser Rücksicht besonders an sie gestellte Frage dient daher nur zur Unterstützung ihrer Thätigkeit im Interesse der Vertheidigung. Dieses letztere Interesse hat denn in einigen Gesetzgebungen [1]) zu der noch weiter gehenden Vorschrift geführt, daß, wenn der Angeklagte noch nicht das 16. (resp. 17. oder 14.) Jahr zurückgelegt hat, jedesmal eine besondere Frage darauf gerichtet werden muß, ob der Angeklagte mit Unterscheidungsvermögen gehandelt habe. Durch diese (dem französischen Recht [2]) entlehnte) Bestimmung wird also die Stellung einer besonderen Frage nach der Zurechnungsfähigkeit [3]) weder von einem Antrage des Angeklagten, noch von dem Ermessen des Gerichtshofes abhängig, sondern in jedem Falle dem letzteren zur Pflicht gemacht. Aber auch sie hebt nur die Berücksichtigung der Zurechnungsfähigkeit aus der allgemeinen Competenz der Geschworenen besonders hervor, und dient nicht etwa zur Begründung dieser Competenz in der fraglichen Hinsicht.

2. Soll auf diese Weise nach der Absicht der deutschen Gesetzgebungen das „schuldig" der Geschworenen feststellen, daß der Angeklagte vor dem Gesetze schuldig sei, und zwar ebenso in Beziehung auf die gesetzlichen Bestimmungen über den speciellen Thatbestand einer Verbrechensart wie in Beziehung auf die gesetzlichen Bedingungen des allgemeinen Thatbestandes, so

1) S. Preußen, Gesetz vom 3. Mai 1852 Art. 83. Hessen-Darmstadt, Gesetz vom 28. October 1848 Art. 169. Nassau, Gesetz vom 14. April 1849 Art. 167.

2) Code d'instr. crim. art. 340.

3) Gegen die Ansicht des preußischen Obertribunals, daß Unterscheidungsvermögen und Zurechnungsfähigkeit zwei verschiedene Dinge seien (Entscheidung vom 17. Sept. 1852, Goltdammers Archiv, Bd. I. S. 52, vgl. Bd. I. S. 692) s. Abegg, im Archiv für preuß. Strafrecht, Bd. VII. S. 721 ff.

fragt es sich, ob das „schuldig" auch die Beziehung auf solche speciellen Strafausschließungsgründe enthalten soll, welche nicht allgemein die Strafbarkeit einer jeden Handlung ausschließen, sondern von dem Gesetze als besondere Strafausschließungsgründe bei einzelnen Verbrechen namhaft gemacht sind. Solche Umstände können, wenn es sich um eines dieser Verbrechen handelt, sehr wohl vorliegen, wenn man auch die einzelnen Merkmale des speciellen Thatbestandes bejahen und alle Strafausschließungsgründe des allgemeinen Thatbestandes im vorliegenden Falle verneinen muß. Es finden sich derartige Strafausschließungsgründe in allen deutschen Gesetzgebungen; es sind vornehmlich: freiwilliger Rücktritt von der Ausführung eines schon bis zum strafbaren Versuch vorgeschrittenen Verbrechens, freiwilliger Widerruf einer falschen eidlichen Aussage, Anzeige eines Komplotts bei der Obrigkeit durch einen Theilnehmer desselben, thätige Reue bei Diebstahl und Brandstiftung, ferner (in einigen Fällen) wirksame Verzeihung des Beschädigten. Alle diese Umstände scheinen selbständig neben einer strafbaren That vorkommen zu können. Wenn Jemand eine falsche Zeugenaussage eidlich bekräftigt und sich bei diesem Akte weder im Zustande der Unzurechnungsfähigkeit noch in dem eines widerrechtlichen Zwanges befunden hat, so scheint Alles vorzuliegen, was die Anwendung der gesetzlichen Strafe des Meineids auf seine Handlung rechtfertigt. Dies ist in der That jedoch nur scheinbar. In Wahrheit müssen jene Umstände, also im vorliegenden Falle der Widerruf der eidlichen Aussage als zugehörig zu dem speciellen Verbrechensthatbestande betrachtet werden. Sie bilden Einschränkungen des Begriffs des Verbrechens, gehören mit zur Definition des Verbrechens. Der Thatbestand eines Meineids liegt nur dann vor, wenn die falsche eidliche Aussage nicht noch rechtzeitig widerrufen ist. Es mag äußerlich die Handlung nach ihrem ganzen Umfange hergestellt sein, strafbar ist sie nur dann, wenn jener Umstand nicht hinzutritt Man kann daher wohl z. B. die Frage bejahen, ob der Angeklagte diese oder jene falsche Angabe vor Gericht eidlich bestärkt und dabei weder Unzurechnungsfähigkeit noch Zwang vorgelegen habe; will man aber ein Urtheil darüber abgeben, ob der Angeklagte im Sinne des Gesetzes eine falsche eidliche Aussage abgelegt habe, so wird die Antwort verneinend ausfallen müssen, sobald man die Ueberzeugung gewonnen hat, daß der Angeklagte jene Aussage rechtzeitig und am rechten Orte widerrufen hat.

Daraus ergiebt sich aber, daß nach den deutschen Gesetzgebungen die Geschworenen solche Strafausschließungsgründe selbständig zu berücksichtigen haben, auch wenn ihnen keine besondere Frage darauf vorgelegt wird. Wir folgern dies nicht aus dem allgemeinen Ausdruck „schuldig", sondern daraus, daß die deutschen Gesetze die Geschworenen nach dem gesetzlichen Thatbestande der Verbrechen gefragt wissen wollen. Zu diesem gesetzlichen Thatbestande selbst gehört auch die Rücksicht auf jene Umstände [1]).

In denjenigen Staaten, in denen vorgeschrieben ist, daß besondere Fragen auf solche Strafausschließungsgründe gerichtet werden sollen, werden diese besonderen Fragen also ebenso wie die auf Strafausschließungsgründe des allgemeinen Thatbestandes nur als Maßregeln zur Unterstützung der Geschworenen in der Lösung ihrer Aufgabe betrachtet werden

---

1) Am deutlichsten zeigt sich dies bei dem freiwilligen Rücktritte vom Versuch. Den Umstand, daß ein solcher nicht vorgelegen habe, nehmen einzelne Gesetzgebungen geradezu in die Definition des Versuchs auf. Demgemäß wird die Frage in der preußischen Praxis ausnahmslos dahin gerichtet: „ob der A. die Absicht, das Verbrechen zu begehen, durch Handlungen, welche einen Anfang der Ausführung enthalten, an den Tag gelegt habe, und nur durch äußere von seinem Willen unabhängige Umstände an der Vollendung gehindert worden sei." (Preuß. Strafgesetzbuch §. 31).

müssen. Es wird aber hier die eigentliche Streitfrage selten zur Sprache kommen, am Seltensten da, wo der Angeklagte verlangen kann, daß einem von ihm in dieser Richtung gestellten Antrage stattgegeben wird. Auch hat man hier nie den Versuch gemacht, diese speciellen Strafausschließungsgründe von jenen gesetzlichen Bestimmungen über Strafausschließungsgründe überhaupt ausschließen zu wollen. Das Letztere geschah um so weniger, als ja der Name „Strafausschließungsgründe", wie er in den Gesetzen sich findet, im Grunde noch eher diese speciellen als jene Strafausschließungsgründe des allgemeinen Thatbestandes bezeichnet [1]).

Wo aber, wie in Baiern, das Gesetz keine Vorschriften über die Stellung solcher besonderer Fragen enthält, hat sich großer Streit erhoben, ob in Bezug auf solche Umstände die Geschworenen oder der Gerichtshof der competente Urtheiler sei. Die baierische Praxis jedoch hat sich, wenigstens in Betreff einzelner jener Gründe, dahin entschieden, daß die Geschworenen, ohne eine besondere Frage, berechtigt und verpflichtet seien, solche Momente zu berücksichtigen [2]). Vertheidigt wird diese Praxis u. A. von v. Arnold [3]), entschieden angegriffen dagegen von Walther [4]). Der letztere stellt den Rücktritt vom Versuch, die Anzeige eines Complottes, den Widerruf einer falschen eidlichen Aussage ganz auf eine Linie mit der Verjährung und der Begnadigung. In jenen Umständen sieht er so gut wie in diesen eigentliche Strafausschließungsgründe (im Gegensatz zu den Schuldaufhe-

---

1) Vollkommen richtig ist er freilich für beide Arten nicht. Siehe oben S. 197. Anm. 1.

2) S. v. Arnold, im Gerichtssaal von 1855 Bd. 1. S. 202, Anm. **) und Walther, Lehrbuch des bayer. Strafproceßrechts, Seite 350, Anm. **).

3) Im Gerichtssaal a. a. O.

4) Lehrbuch S. 346 ff.

bungsgründen wie Unzurechnungsfähigkeit, Nothwehr u. s. w.); er behauptet geradezu, durch sie werde die schon vorhandene Schuld geradeso getilgt, wie z. B. durch die Verjährung. Es dürften daher die Geschworenen niemals darüber entscheiden, weder auf besondere Fragen, noch in dem allgemeinen „schuldig" oder „nichtschuldig." Demgegenüber muß bestimmt daran festgehalten werden, daß jene Rücksichten mit zur Schuldfrage gehören, und daß die wirkliche strafrechtliche Schuld durch nichts anderes getilgt werden kann, als durch die Strafe oder Aequivalente der Strafe. — Alle jene Rücksichten gehören zur Schuldfrage. Es ist unrichtig, wenn v. Arnold nur diejenigen strafausschließenden Umstände als in die Schuldfrage eingeschlossen ansehen will, welche sich auf eine Thätigkeit des Angeklagten beziehen (Abstehen vom Versuch, Anzeige eines Komplotts, Widerruf einer falschen eidlichen Aussage u. s. w.), nicht aber diejenigen, welche von einer solchen unabhängig sind (gesetzlich wirksame Verzeihung des Beschädigten). Es liegt durchaus kein Grund vor, die Schuldfrage auf „die ganze positive und negative Thätigkeit, welche der Angeklagte in Beziehung auf die angeschuldigte That entwickelt hat [1])", zu beschränken. Ebenso wesentlich zur Schuldfrage gehören vielmehr auch diejenigen Umstände, welche unabhängig von irgend einem Thun oder Unterlassen des Angeklagten die Schuld im speciellen Falle ausschließen. Die Thätigkeit des Angeklagten kommt ja überhaupt nur soweit in Betracht, als sie in Beziehung steht zu den ihn umgebenden objectiven Zuständen, und die Schuld hängt ebenso von diesen wie von jener ab. Wenn man daher gewisse nachfolgende Handlungen des Angeklagten als Schuldaufhebungsgründe gelten läßt, so muß man solche Veränderungen in den thatsächlichen Zuständen, bei deren Eintritt die Schuld als nicht vorhanden

---

1) v. Arnold a. a. O. S. 200.

angenommen werden soll, ebenfalls als in die Schuldfrage eingeschlossen ansehen.

Kann nun auf diese Weise die Berücksichtigung der allgemeinen und der besonderen Strafausschließungsgründe folgerichtig von der allgemeinen Frage: Ist der Angeklagte schuldig? nicht getrennt werden, so fragt es sich doch, ob es nicht räthlich ist, im Interesse der Vertheidigung und zur Vermeidung jedes Mißverständnisses bei der Fällung des Urtheils ausnahmsweise besondere Fragen auf solche Umstände zu richten. Es scheint dies allerdings wünschenswerth, da die Geschworenen leicht übersehen könnten, daß ihre Function über den unmittelbaren Inhalt der ihnen vorgelegten Fragen hinausgeht. An die gesetzlichen Bestimmungen, welche bei den einzelnen Verbrechensmerkmalen in Betracht kommen, werden sie durch diese selbst wieder erinnert; aber eine Rechtsbelehrung über jene in der Frage nicht ausdrücklich enthaltenen Umstände könnte leicht im entscheidenden Zeitpunkt außer Acht gelassen werden. — Will man aber aus diesem Grunde solche ausdrückliche Erwähnung von Strafausschließungsgründen in der Frage zulassen, so scheint dieselbe nicht von dem Gerichte abhängen zu dürfen. Wenn dieses berechtigt sein soll, in der Frage auf das Vorhandensein von solchen Umständen Rücksicht zu nehmen oder nicht, so wird sich sehr bald bei den Geschworenen das Bewußtsein ihrer selbständigen Competenz in dieser Hinsicht verlieren, und es kann dahin kommen, daß *factisch* dann doch der Gerichtshof es ist, der etwa durch Nichtstellung einer Frage das Nichtvorhandensein eines Strafausschließungsgrundes constatirt. Giebt man gar dem Gerichtshofe das Recht, den Antrag der Vertheidigung auf Stellung einer besonderen Frage abzulehnen, so läßt man dadurch den Gerichtshof ein für die Entscheidung der Geschworenen vielleicht sehr einflußreiches Präjudiz fällen. Das Rechte wird wohl sein, zunächst die Geschworenen über den Umfang ihrer Aufgabe vom Vorsitzenden gehörig unterrichten zu lassen, sodann aber außerdem dem Angeklagten und seinem Vertheidiger das Recht zu geben, falls sie es im Interesse der Vertheidigung wünschenswerth halten, die besondere Erwähnung dieses oder jenes Strafausschließungsgrundes zu verlangen. Es liegt in der Natur der Sache, daß eine solche zu Gunsten der Vertheidigung zugelassene besondere Hervorhebung eines einzelnen Momentes der Schuldfrage viel weniger geeignet sein wird, einen Irrthum der Geschworenen über den Umfang der an sie gerichteten Frage herbeizuführen, als wenn man diese Maßregel in das Belieben des Gerichtshofs stellt. Dem Angeklagten kann es nicht verdacht werden, wenn er bestrebt ist, sich zu vergewissern, daß die Geschworenen nicht, ihm zum Schaden, einseitig verfahren. Und die Geschworenen werden darin nur eine besondere Aufforderung zu einer ihnen ohnedies schon pflichtgemäß obliegenden Prüfung erblicken.

Eine eigenthümliche Schwierigkeit einer solchen speciellen Hervorhebung eines einzelnen Strafausschließungsgrundes liegt allerdings darin, auf welche Weise dieselbe vorgenommen werden soll. Stellt man eine hierauf gerichtete Frage als zweite Frage unmittelbar hinter die allgemeine Schuldfrage, so liegt darin ein Widerspruch. Es wird coordinirt, was im Verhältniß von Ganzem und Theil steht. Wenn gefragt wird: 1) Ist der A. schuldig, den B. mit Vorsatz und Ueberlegung getödtet zu haben? 2) Hat er es im Zustande der Vertheidigung u. s. w. gethan? so kann darin doch nur die Aufforderung erblickt werden, daß die Geschworenen, wenn sie eine Tödtung aus Nothwehr annehmen zu müssen glauben, beide Fragen bejahen sollen. Dies hieße aber in der Antwort auf die erste Frage etwas aussprechen, was in der auf die zweite sofort zurückgenommen wird, und in der letzteren etwas feststellen, was durch die erstere schon ausgeschlossen wird. Ein Widerspruch liegt in jenen beiden Fragen nur dann nicht, wenn die Geschworenen im Falle einer Tödtung aus Nothwehr die erste Frage verneinen. Dies setzt aber voraus, daß die zweite Frage nicht bloß den fraglichen Strafausschließungsgrund enthält und im Uebrigen sich ganz allgemein (durch ein „dabei", „bei Begehung der That" u. s. w.) auf den Inhalt der ersten Frage bezieht, sondern daß sie vollständig wiederholt, was in der ersten enthalten ist, mit alleiniger Ausnahme des „schuldig". Der Widerspruch hört auf, wenn nicht die Frage nach der Schuld mit der nach dem Strafausschließungsgrunde coordinirt, sondern alternativ gefragt wird, z. B. 1) Ist der Angeklagte schuldig, den B. mit Vorsatz und Ueberlegung getödtet zu haben? 2) Hat der A. den B. mit Vorsatz und Ueberlegung getödtet, aber im Zustande der Vertheidigung u. s. w.?

Unrichtig ist es, wenn das Hessen-Darmstädtische Gesetz [1]) vorschreibt, daß im Falle einer Zusatzfrage auf den einen oder anderen Strafausschließungsgrund der Eingang der Hauptfrage nicht lauten soll: Ist der Angeklagte schuldig? sondern: Ist der Angeklagte überführt? Durch die Antwort der Geschworenen soll nicht bloß über den hervorgehobenen einen Strafausschließungsumstand, sondern über alle die Strafe möglicher Weise ausschließenden Gründe entschieden werden [2]). Die Form der Frage, welche Planck [3]) vorschlägt, empfiehlt sich deshalb nicht, weil sich die Frage: „Ist der Angeklagte schuldig u. s. w., ohne sich zur Zeit der That in einem durch Trunkenheit hervorgerufenen völlig bewußtlosen Zustande befunden zu haben?" allerdings bejahen, aber nicht gut einfach verneinen läßt, ohne zu Mißverständnissen Anlaß zu geben.

Die Mehrzahl der deutschen Gesetze schreibt dagegen vor, daß die Hervorhebung von Strafausschließungsgründen in der Fragestellung (entweder nach Ermessen des Gerichtes oder auf

1) Schwurg. G. Art. 165; vgl. Nassau Schwurg. G. Art. 163.

2) Vgl. v. Arnold a. a. O. S. 198 Anm. *).

3) Systematische Darstellung des deutschen Strafverfahrens S. 414 Anm. 8.

Antrag der Vertheidigung) in Form von Zusatzfragen zu der Schuldfrage geschehen soll. Diese Zusatzfragen enthalten dann nach der Praxis fast immer nichts als den einzelnen Strafausschließungsgrund; dadurch aber werden, wie schon bemerkt, die Geschworenen veranlaßt, auch wenn sie die Nothwehr, den Nothstand u. s. w. im vorliegenden Falle bejahen, die Schuld also durchaus ausgeschlossen ist, dennoch auch die erste Frage zu bejahen. Abgesehen von dem Widerspruch, der dadurch jedesmal hervorgerufen wird, liegt darin die Gefahr, daß die Geschworenen und vielleicht die Mitglieder des Gerichtshofes selbst das Bewußtsein von der Bedeutung des „schuldig" allmählich verlieren.

Mag nun aber die besondere Erwähnung von Strafausschließungsgründen in besonderen Zusatzfragen oder in Zusätzen zu der Schuldfrage oder in selbständigen die ganzen That umfassenden Nebenfragen vorgenommen werden, so kann diese Erwähnung selbst wieder auf dreifach verschiedene Art vor sich gehen. Es kann nämlich entweder die gesetzliche Definition des betreffenden Strafausschließungsgrundes sein, welche den Geschworenen auf eine jener Arten vorgelegt wird, oder es kann diesen gesetzlichen Merkmalen der thatsächliche Hergang, der zu ihrer Begründung dienen soll, gegenübergestellt, oder endlich kann der letztere allein aufgenommen werden. Es versteht sich nach den oben über den speciellen Verbrechensthatbestand angestellten Erörterungen von selbst, daß von einer ganz genauen Sonderung dieser drei Arten nicht die Rede sein kann. Wenn auch in diesem Punkte die Fragestellung nicht von der Anklage abhängig ist, ihr vielmehr in dieser Hinsicht meist ein mehr oder weniger reichhaltiges thatsächliches Material aus den Beweisverhandlungen zu Gebote steht [1]), so wird doch auch

1) Obwohl die Vertheidigung mitunter einen derartigen Antrag stellen wird, ohne daß gerade viel zur Unterstützung desselben in der Verhandlung vorgekommen ist.

der sorgfältigsten Nachforschung des Gerichtshofes es oft genug nicht gelingen, für ein jedes der gesetzlichen Merkmale einigermaßen wahrscheinliche thatsächliche Umstände aufzufinden. So wird aus der Gegenüberstellung gesetzlicher und concreter Thatsachen oder aus der alleinigen Aufnahme der letzteren auch hier, ähnlich wie bei dem speciellen Verbrechensthatbestande, nicht selten eine Befragung nach dem gesetzlichen Merkmal allein werden. — Steht jedoch einmal fest, daß nach allen deutschen Gesetzgebungen (mit der einzigen Ausnahme der kurhessischen) die Geschworenen durch die Frage: Ist der Angeklagte schuldig? zu einer unbeschränkten und selbständigen Prüfung sämmtlicher Strafausschließungsgründe aufgefordert werden, so verliert die Unterscheidung jener drei Arten, auch so weit sie sich durchführen läßt, allen principiellen Werth. Es ist durch nichts begründet, wenn Planck[1]) behauptet, die Erwähnung von Strafausschließungsgründen in der Fragestellung müsse nach dem braunschweigischen Gesetze in der Form der gesetzlichen Merkmale, nach den übrigen Gesetzen[2]) jedoch in der Form jener Gegenüberstellung geschehen. Dies würde auch dann noch nicht mit Nothwendigkeit sich ergeben, wenn sich die entsprechende Ansicht Plancks von dem speciellen Thatbestande rechtfertigen ließe. Was übrigens insbesondere das braunschweigische Gesetz betrifft, so giebt dieses, wie oben er=

1) Systematische Darstellung des deutschen Strafverfahrens S. 413 f.

2) Nur von dem kurhess. Gesetz sagt Planck (gewiß mit Recht), daß es auch in Betreff der Strafausschließungsgründe eine Befragung so viel wie möglich nach bloßen Thatsachen verlange. Doch ist es nicht richtig, wenn er das kurhess. Gesetz insofern mit den übrigen gleichstellt, als auch nach ihm eine besondere Erwähnung der Strafausschließungsgründe nur zur Unterstützung der ohnedies schon zu ihrer Berücksichtigung verpflichteten Geschworenen stattfinden solle. Da nach dem kurhess. Gesetze die Fragen einzelne Thatsachen enthalten, auch nicht durch ein „Ist der Angekl. schuldig?" zusammengefaßt werden sollen, so ist es wohl unzweifelhaft, daß nach ihm die Geschworenen zu einer selbständigen Berücksichtigung von Strafausschließungsgründen nicht berufen sind.

wähnt wurde, gar keine Vorschriften über Strafausschließungsgründe, und es muß daher angenommen werden, daß nach ihm keine besonderen Fragen auf solche Umstände gerichtet werden sollen. Es fällt daher für Braunschweig die Untersuchung, welche Form eine solche Frage haben müsse, gänzlich fort. Von den übrigen Gesetzen aber ist, wenn es einmal feststeht, daß sie die Geschworenen durch die allgemeine Frage: Ist der A. schuldig? zu einer selbständigen Prüfung der ganzen Schuldfrage berufen, gewiß nicht zu behaupten, daß sie bei Fragen, die nur zur Unterstützung der Geschworenen dienen sollen, die Möglichkeit einer Beschränkung der Geschworenen in der Prüfung des concreten Sachverhalts durch den Gerichtshof sollten beabsichtigt haben. Freilich will Planck die Geschworenen in Betreff der concreten Umstände nicht an die Aufstellungen des Gerichtshofs gebunden wissen; nichts destoweniger liegt es nahe genug, daß die Geschworenen verleitet werden, ihre Prüfung dennoch darauf zu beschränken. Die Vorschriften der Gesetze gehen dahin, daß auf „Gründe, welche (wie die Unzurechnungsfähigkeit) die Strafe ausschließen", auf „Thatsachen, welche die Verhängung einer Strafe ausschließen" u. s. w. geeignetenfalls besondere Fragen zu richten seien. Hierin könnte man, wenn dies bei der selbständigen Prüfungsbefugniß der Geschworenen einen Sinn hätte, noch eher die Forderung einer Befragung nach den concreten Umständen erblicken, als gemäß der Auffassung Plancks die einer Gegenüberstellung der gesetzlichen Merkmale und beliebig vom Gerichte ausgewählter factischer Umstände, an welche die Geschworenen dann doch wieder nicht gebunden sein sollen. Besonders gegenüber dem in einigen Gesetzen begründeten Rechte der Vertheidigung, die Stellung solcher Fragen verlangen zu können, wäre eine willkürliche Aufnahme concreter Umstände durch den Vorsitzenden oder das Gericht leicht eine Beeinträchtigung des Angeklagten. — Eine andere Frage allerdings ist die, ob nicht da, wo dieses Recht des Angeklagten anerkannt ist, von Seiten der Vertheidigung die Aufnahme eines gewissen concreten Sachverhalts in die Frage nach dem Strafausschließungsgrunde verlangt werden kann. Dem Angeklagten oder seinem Vertheidiger kann es in einzelnen Fällen darauf ankommen, den Geschworenen gewisse concrete Umstände, die nach den Ergebnissen der Verhandlung mehr oder weniger wahrscheinlich geworden sind, unmittelbar vor Augen zu führen, um der Bejahung der Nothwehr, des Nothstandes oder dgl. desto gewisser zu sein. Da diese ganze Einrichtung wesentlich die Unterstützung der Vertheidigung zum Zwecke hat, muß wohl die Fassung einer solchen Frage überhaupt dem Vertheidiger überlassen, also jene Frage nach der Aufnahme concreter Thatumstände bejaht werden.

d. Verhältniß des Wahrspruchs zum Urtheil.

Wenn nach der Absicht der deutschen Gesetze 1, die Merkmale des speciellen gesetzlichen Thatbestandes und 2, die Bedingungen des allgemeinen Thatbestandes durch die Geschworenen festgestellt werden sollen, so scheint nach einem schuldig sprechenden Wahrspruche dem Gerichtshofe abgesehen von den Fällen, in denen er die Zuerkennung einer Strafe durch Verjährung oder Begnadigung ausgeschlossen findet, nur noch die Strafzumessung übrig zu bleiben. Da es jedoch nicht der allgemeine Verbrechensbegriff ist, über den die Geschworenen entscheiden sollen, sondern die einzelnen Merkmale desselben, so kann es sich ereignen, daß die Summe der von ihnen festgestellten Merkmale nicht zur Herstellung eines Verbrechensbegriffs, also zur Begründung einer Strafe ausreicht. Dies kann in zweierlei Weise der Fall sein. Einmal nämlich haben nach den meisten Gesetzen die Geschworenen das Recht, die an sie gerichtete Frage theilweise zu verneinen und theilweise zu bejahen, und es kann also jener Mangel durch die Verneinung eines oder mehrerer zum Begriffe des Verbrechens wesentlicher Merkmale herbeigeführt werden. Sodann aber ist es, wenigstens nach den meisten Gesetzen, sehr wohl möglich, daß schon in der Fragestellung das eine oder andere Merkmal fehlte. Dies Letztere kann auf einem Versehen des Vorsitzenden, rsp. des Gerichtshofes beruhen und führt, soweit dem Fehler nicht durch nachträgliche Fragestellung noch abgeholfen werden kann, Nichtigkeit der Fragestellung und damit des ganzen Verfahrens herbei. Es kann aber ebensowohl ein nothwendiges processualisches Ergebniß sein. Ein solches ist es dann, wenn die in der Fragestellung und dem Verdicte ihre Erledigung findende Anklage schon jenen Mangel enthält. Es wurde früher näher ausgeführt [1]), daß nach den Grundsätzen der Fragestellung der Gerichtshof einen derartigen wirklich vorhandenen Mangel der Anklge in der Frage an die Geschworenen durch Aufnahme des fehlenden Merkmals zu verbessern keinenfalls berechtigt sein könne, und daß sich diese Befugniß auch aus den Grundsätzen der Anklageänderung schwerlich rechtfertigen lassen möchte. Jedenfalls könnte dem Gerichtshofe eine solche Ergänzung nur dann zur Pflicht gemacht werden, wenn die Verhandlung wirklich Anlaß hierzu bieten sollte. Das Gericht soll (abgesehen von Zusatz- und eventuellen Fragen) in der Hauptfrage die zur Anklage gestellte That zur Beurtheilung der Geschworenen bringen. Damit diese Beurtheilung ein wirkliches Urtheil über die gesetzlichen Voraussetzungen der Schuld sei, soll hierbei den einzelnen factischen Umständen das entsprechende gesetzliche Merkmal gegenübergestellt, soweit aber die Anklage ihre Behauptungen selbst schon nicht anders als in Form von gesetzlichen Merkmalen ausgesprochen hat, sollen diese gesetzlichen Merkmale allein in die Frage aufgenommen werden. Ob durch die Gesammtheit dieser einzelnen Theile der Anklage und der Frage an die Geschworenen ein strafbarer Thatbestand hergestellt wird, ist vorläufig durchaus gleichgültig.

---

1) S. oben Seite 182 ff.

Auch das baierische Gesetz macht hiervon keine Ausnahme. Wenn in dem Art. 173 desselben nämlich auch wirklich die Forderung enthalten sein sollte (was keineswegs unzweifelhaft ist), daß außer den einzelnen gesetzlichen Merkmalen und factischen Thatumständen auch die juristisch technische Bezeichnung des Verbrechens in die Frage aufgenommen werden solle [1]), so kommt es doch für den eigentlichen Inhalt der Frage und des Verdicts wesentlich nur auf die einzeln angeführten Merkmale an. Bei einer unvollständigen Anklage also kann der Gerichtshof in der Lage sein, der juristischen Bezeichnung des allgemeinen Verbrechensbegriffs eine denselben nicht erschöpfende Anzahl einzelner Merkmale gegenüberstellen zu müssen. Auch hier also wird der Gerichtshof nach dem Schuldspruche der Geschworenen noch immer zu prüfen haben, ob die einzelnen bejahten Merkmale zusammengenommen den Verbrechensthatbestand herstellen oder nicht [2]).

Aehnlich verhält es sich mit dem braunschweigischen Gesetze. Doch ist zunächst von diesem wohl jedenfalls nicht anzunehmen, daß die Vorschrift des §. 140 desselben, welche die Hauptfrage auf „das Verbrechen nach seinen gesetzlichen Merkmalen" gerichtet wissen will, den Sinn habe, daß die Frage zugleich auf die Merkmale und auf die allgemeine Verbrechensbezeichnung gehen solle. „Das Verbrechen nach seinen gesetzlichen Merkmalen" soll eben diese letzteren Merkmale selbst bezeichnen. Nur könnte man vielleicht die Forderung in dem braunschweigischen Gesetze ausgesprochen finden, daß die Frage nicht bloß diejenigen Merkmale umfassen solle, welche Gegenstand der Anklage sind, sondern, ohne Rücksicht auf die Vollständigkeit der letzteren, stets den ganzen gesetzlichen Thatbestand desjenigen Verbrechens, auf welches die Anklage im All-

---

1) Vgl. Walther, Lehrbuch des bayerischen Strafproceßrechts S. 354. Planck, deutsches Strafverfahren S. 405 Anm. 11.

2) Vgl. v. Arnold, im Gerichtssaal von 1855 Bd. 1. S. 147.

gemeinen gerichtet ist[1]). Danach würde der Fall, daß die Geschworenen die Frage bejahen und der Gerichtshof dennoch nicht den gesetzlichen Thatbestand eines Verbrechens hergestellt findet, nach dem braunschweigischen Gesetze nie vorkommen können. doch scheint zu dieser Interpretation kein Grund vorzuliegen. Das „Verbrechen", von welchem das braunschweigische Gesetz spricht, wird nichts anderes sein sollen als „die strafbare That", „die strafbare Handlung" u. s. w., von denen die übrigen Gesetzgebungen reden, nämlich die dem Angeklagten zur Last gelegte schuldhafte Handlung. Zur Last gelegt ist ihm aber nur das, was wirklich Gegenstand der Anklage ist oder nach den Grundsätzen der Anklageänderung geworden ist, also niemals abstract der gesetzliche Thatbestand eines Verbrechens. Auch in Braunschweig wird also der Gerichtshof den Schuldspruch dahin zu prüfen haben, ob die in ihm bejahten einzelnen Merkmale den gesetzlichen Thatbestand ergeben.

In dem oldenburgischen Gesetze[2]) wird ebenfalls vorgeschrieben, daß gefragt werden soll, ob sich der Angeklagte des Verbrechens, welches den Gegenstand der Anklage bildet, schuldig gemacht habe, und daß hierbei alle gesetzlichen Merkmale des Verbrechens, bei der Strafe der Nichtigkeit, mit aufzunehmen seien. Aber es ist hier ausdrücklich von dem Verbrecheu, welches den Gegenstand der Anklage bildet, die Rede; damit ist von selbst die Möglichkeit gegeben, daß das eine oder andere Merkmal in der Frage fehlt. —

Uebereinstimmend mit dem französischen Recht[3]) enthalten

1) Daß dies die eigentliche Meinung Plancks ist, wenn er a. a. O. S. 433 Anm. 2 sagt, daß die braunschweigischen Geschworenen „nicht über die einzelnen Merkmale, sondern über das Verbrechen selbst" gefragt werden, geht aus einer anderen Stelle, S. 406 Anm. 12 vgl. mit S. 398 ff., hervor; oder man müßte einen Widerspruch zwischen diesen Stellen annehmen.

2) Art. 324.

3) Code d'instr. crim. art. 364: La cour prononcera l'ab–

die meisten deutschen Gesetze [1]) die Bestimmung, daß der Gerichtshof, wenn er findet, daß die That, deren der Angeklagte für schuldig erklärt worden ist, durch kein Strafgesetz vorgesehen ist, den Angeklagten freizusprechen habe. Diese Bestimmung umfaßt zweifellos den Fall, wenn die Geschworenen die an sie gerichtete Frage nur theilweise bejaht haben, der Gerichtshof aber in dem bejahend beantworteten Theil keinen strafbaren Verbrechensthatbestand findet; ebenso zweifellos sodann auch den Fall, daß schon die an die Geschworenen gerichtete Frage nicht den vollständigen Verbrechensthatbestand enthielt, die Antwort der Geschworenen mithin auch niemals einen solchen feststellen konnte. In diesem Sinne wird denn die gesetzliche Vorschrift auch von Theorie und Praxis übereinstimmend interpretirt [2]).

Bei der Besprechung des französischen Rechtes wurde jedoch erwähnt, daß sowohl französische als deutsche Schriftsteller den art. 364 des Code d'instr. crim. als Hauptargument für die verkehrte Theorie von der Beschränkung der Geschworenen auf concrete Thatsachen anzuführen pflegen. Es wurde hiergegen geltend gemacht, daß der Artikel 364 jener anderen Auffassung des Artikel 337, nach welcher er die Befragung der Geschworenen nach den gesetzlichen Voraussetzungen der Schuld verlangt, keineswegs im Wege stehe, daß er vielmehr seine natürliche Erklärung in dem vorhin dargelegten Sinne finde. — Es wurde dabei jedoch noch einer anderen Beziehung jenes Artikels gedacht, und von dieser muß an dieser Stelle,

---

solution de l'accusé, si le fait dont il est déclaré coupable n'est pas défendu par une loi pénale. Vgl. oben S. 70 f.

1) Preußen, Verordnung vom 3. Januar 1849 §. 125; Baiern, Schw. G. Art. 202; Hannover, Str. P. O. §. 201 Abs. 5; Würtemberg, Schw. G. Art. 178; Hessen-Darmstadt, Schw. G. Art. 194; Nassau, Schw. G. Art. 191; Thüringen, Str. P. O. Art. 254 Abs. 1.

2) Vgl. Planck a. a. O. S. 406, 433 f., 437.

wo es sich von der gleichlautenden Vorschrift der deutschen Gesetze handelt, ausführlicher die Rede sein. Es wurde gesagt, er sei zugleich auch auf den Fall zu beziehen, daß der Gerichtshof zwischen den durch die Geschworenen bejahten gesetzlichen Merkmalen und dem durch sie ebenfalls festgestellten factischen Sachverhalt einen Widerspruch entdecke, m. a. W. er gebe dem Gerichtshof das Recht und die Pflicht, die von den Geschworenen vorgenommene Subsumtion des factischen unter den gesetzlichen Thatbestand einer Prüfung zu unterwerfen, und falls er findet, daß die Geschworenen mit Unrecht, zum Nachtheil des Angeklagten, die Anwendbarkeit des letzteren auf den ersteren ausgesprochen haben, den Angeklagten freizusprechen. Es fragt sich, ob diese Ermächtigung des Gerichtshofes in den entsprechenden Bestimmungen der deutschen Gesetze zu finden sei.

Wenn die Gesetzgebung einmal die Subsumtion der concreten Umstände unter die einzelnen gesetzlichen Merkmale den Geschworenen überläßt, so liegt es allerdings nahe, zu vermuthen, es solle durch die Geschworenen definitiv über das Zutreffen der Verbrechensmerkmale im einzelnen Falle entschieden werden. Ebenso wie der Angeklagte freigesprochen werden muß, wenn die Geschworenen erklären, daß auf seine That die gesetzlichen Voraussetzungen der Schuld keine Anwendung finden, ebenso müsse, kann man sagen, in jedem Falle der Ausspruch der Geschworenen, daß der Angeklagte durch seine Handlung das hergestellt habe, was das Gesetz als strafbaren Thatbestand eines Verbrechens ansieht, zur Verurtheilung des Angeklagten und Schuldigerklärten führen. Man könnte einen Widerspruch darin erblicken, daß den Geschworenen einmal die Feststellung der Qualification der That überlassen und dann doch der Gerichtshof ermächtigt wird, in gewissen Fällen diese Feststellung für ungültig zu erklären. Wenn der wesentliche Grundgedanke der Geschworeneneinrichtung darin besteht, daß darüber, ob Jemand vor dem Gesetze schuldig oder nichtschuldig sei, von Geschworenen geurtheilt wird, so kann ein jeder derartige Fall, in welchem der Gerichtshof, trotz eines die sämmtlichen zum Begriffe eines Verbrechens wesentlichen Merkmale umfassenden Schuldspruchs der Geschworenen, auf Freisprechung erkennt, als eine Beeinträchtigung jenes Grundgedankens angesehen werden. Diesen Erwägungen jedoch läßt sich gegenüberstellen, daß es doch stets der Gerichtshof ist, welcher das Endurtheil zu fällen hat, daß er hierbei zwar den Wahrspruch, wie ihn die Geschworenen gesprochen haben, zu Grunde zu legen hat, daß es aber nicht ungerechtfertigt erscheint, ihn nicht zu zwingen, auch auf einen in erkennbarer Weise eine falsche Rechtsanwendung enthaltenden Wahrspruch hin eine Verurtheilung auszusprechen. Mag in einer Freisprechung trotz ergangenen (vollständigen) Schuldspruches eine Ausnahme von dem angeführten allgemeinen Satze liegen, so ist es doch die Frage, ob der Grundgedanke des Geschworeneninstituts überhaupt unbeschränkt in jenem allgemeinen Satze zu finden ist, und ob es dem eigentlichen Grundgedanken desselben nicht vielmehr ganz entsprechend ist, zwar die Verurtheilung des Angeklagten unbedingt an die Feststellung der gesetzlichen Voraussetzungen der Schuld durch die Geschworenen zu binden, eine Freisprechung des Schuldigerklärten aber dann immer noch eintreten zu lassen, wenn eine richterliche Beurtheilung der von den Geschworenen vorgenommenen Feststellung in dieser selbst einen rechtlichen Widerspruch entdeckt.

Jedenfalls können jene allgemeinen Erwägungen nicht gegen die positiven Aussprüche der Gesetze entscheiden. Diese aber scheinen allerdings ziemlich bestimmt von einer solchen Nachprüfung der Subsumtion des factischen unter den gesetzlichen Thatbestand durch das Gericht zu reden. Wenn sie sagen, der Gerichtshof solle freisprechen, sobald er findet, daß „die That, deren der Angeklagte für schuldig erklärt ist, durch ein Strafgesetz nicht vorgesehen“ oder „keine gesetzlich strafbare" ist, — „wenn der Richter die als erwiesen angenommene That für nicht strafbar hält", — „wenn die That durch kein Strafgesetz verboten ist" u. s. w., so scheint bei einer unbefangenen Betrachtung dieser Ausdrücke mit ihnen doch nicht nur der Fall gemeint zu sein, daß die gesetzlichen Merkmale nicht den Begriff eines Verbrechens erschöpfen oder daß sie in ihrer Zusammensetzung ein Verbrechen ergeben, welches im Systeme des positiven Strafrechts nicht vorgesehen ist[1]), sondern die Gesetze scheinen überhaupt von der Subsumtion der That des Angeklagten unter die Norm des Gesetzes zu reden. — Die deutschen Gesetze geben den Parteien das Recht, nach ergangenem Schuldspruche die aus den „festgestellten Thatsachen herzuleitenden gesetzlichen Folgen", die „Statthaftigkeit der beantragten Strafe" u. s. w. zu erörtern; sie sollen „ihre Ausführungen nicht mehr darauf, daß die That unwahr sei, richten", wohl aber prüfen, „ob dieselbe im Gesetze verboten sei." Darin scheint doch die Ermächtigung des Angeklagten eingeschlossen zu sein, alle schon ausgesprochenen oder noch nicht ausgesprochenen gesetzlichen Folgerungen einer Kritik zu unterwerfen. — Es ist leicht möglich, daß die deutschen Gesetze sich bei diesen Bestimmungen nicht ganz deutlich dessen bewußt gewesen sein mögen, daß der Wahrspruch der Geschworenen vielerlei gesetzliche Schlußfolgerungen in sich schließt, das aber erscheint als gewiß, daß hier von allen gesetzlichen Folgerungen die Rede ist, — soweit nach ergangenem Wahrspruche überhaupt noch von der Prüfung gesetzlicher Folgerungen die Rede sein kann.

Ausgeschlossen ist nämlich die Kritik sowohl des Vertheidigers und des Staatsanwalts als des Gerichtshofes in Betreff aller derjenigen rechtlichen Consequenzen, welche nur ihrem Resultat nach im Wahrspruche niedergelegt

1) Walther, die Rechtsmittel im Strafverfahren. II. Abth. S. 25.

sind, d. h. in Betreff aller derjenigen gesetzlichen Merkmale, welche ohne ein sie vollständig deckendes thatsächliches Material in dem Wahrspruche festgestellt sind. Wie die Anklagen und die an die Geschworenen gerichteten Fragen, so sind auch die Verdicte in Beziehung auf die Menge der in ihnen enthaltenen factischen Umstände der concreten That sehr verschieden. Während das eine Verdict die Mehrzahl der gesetzlichen Merkmale des fraglichen Verbrechens, oder vielleicht alle, neben den thatsächlichen Umständen, aus denen sie sich ergeben (oder ergeben sollen) enthält, wird ein anderes die Mehrzahl der gesetzlichen Merkmale, oder vielleicht alle, für sich allein enthalten, die Individualität des Falles dagegen nur durch vereinzelte Nebenumstände bezeichnen, von denen auf keines der gesetzlichen Merkmale unmittelbar geschlossen werden kann. Solche gesetzlichen Merkmale aber, deren richtige oder unrichtige Herleitung aus den factischen Verhältnissen nicht im Verdicte selbst erkennbar ist, müssen als endgültig durch die Geschworenen festgestellt betrachtet werden. Wollte der Vertheidiger oder der Gerichtshof deren Feststellung angreifen oder umstoßen, so läge darin nicht allein eine Anfechtung juristischer Beurtheilung, sondern zugleich eine unzweifelhaft unzulässige Anfechtung der Beantwortung der Thatfrage. Wo die Anklage allgemein lautet, wo sie ihre Behauptung in der Form der gesetzlichen Bestimmung selbst aufstellt, muß auch die Frage an die Geschworenen ganz in dieser allgemeinen Form gefaßt werden. Wo dies aber geschehen ist, haben die Geschworenen vollkommen freie Hand in der Beurtheilung der factischen Verhältnisse, aus denen sie das betreffende gesetzliche Merkmal als hergestellt betrachten, und die durch sie erfolgte Constatirung des betreffenden gesetzlichen Merkmals entzieht sich einer jeden weiteren Prüfung. Soweit jedoch die Frage und das Verdict ausreichendes factisches Material neben den gesetzlichen Merkmalen enthält, ist eine Nachprüfung der Subsumtion möglich, und es hat bei derselben der Gerichtshof nur das genau festzuhalten, daß er diese Nachprüfung gänzlich ohne Rücksicht auf fremde, nicht im Wahrspruch enthaltene Thatsachen vorzunehmen hat, daß er sich vielmehr ganz allein an die von den Geschworenen constatirten Umstände halten muß und nur dann trotz des Schuldspruchs der Geschworenen den Angeklagten freisprechen darf, wenn aus der Vergleichung der factischen und der gesetzlichen Thatsachen sich mit Nothwendigkeit ein rechtlicher Widerspruch ergiebt.

Der Wahrspruch bildet die Grundlage für das Endurtheil und einen Theil der Entscheidungsgründe des Gerichtshofes. Da nun der Gerichtshof berechtigt und verpflichtet ist, den Wahrspruch, soweit dieser selbst es möglich macht, in Rücksicht eines etwaigen Widerspruches zwischen Thatsache und Recht zu prüfen, so ist damit auch die Möglichkeit einer Anfechtung der Subsumtion der factischen unter die gesetzlichen Thatsachen des Wahrspruchs durch die Nichtigkeitsbeschwerde gegeben. Wie der Staatsanwalt gegen ein trotz des Schuldspruches der Geschworenen freisprechendes Erkenntniß mit der Nichtigkeitsbeschwerde die Richtigkeit der im Wahrspruch enthaltenen Herleitung der gesetzlichen aus den factischen Thatsachen geltend machen kann, so darf der Verurtheilte in der Nichtigkeitsinstanz nicht bloß die unrichtige Zusammensetzung der gesetzlichen Merkmale zu dem Verbrechensbegriff, der bei der Anwendung der Strafe zu Grunde gelegt ist, sondern auch die im Verdicte selbst enthaltene Subsumtion der factischen Umstände unter die gesetzlichen Merkmale anfechten. —

Die Meinungen der Schriftsteller über jene Prüfungsbefugniß des urtheilenden Gerichtshofes und ebenso über diesen Fall der Anwendung der Nichtigkeitsbeschwerde sind vielfach unklar, und meist ist schwer zu erkennen, ob sie bei der Besprechung der Rechtsanwendung im Urtheil und der Prüfung dieser Rechtsanwendung durch den höchsten Gerichtshof nur von der Prüfung der Zusammensetzung der gesetzlichen Merkmale zu dem Verbrechensbegriff oder auch von der Subsumtion der factischen Thatumstände unter gesetzliche Merkmale reden. So bleibt es z. B. vollkommen ungewiß, ob Mittermaier[1]) die von uns behauptete weitere Befugniß des Gerichtshofes und weitere Anwendbarkeit der Nichtigkeitsbeschwerde als nach den deutschen Gesetzen zulässig ansieht oder nicht. Er sagt: „Die erwähnte Befugniß der Gerichte läßt sich dadurch erklären, daß im Interesse des Angeschuldigten, ebenso wie in dem der Gerechtigkeit, in Bezug auf die von den Geschworenen gegebene Entscheidung, ob und welches Verbrechen in der als erwiesen angenommenen Handlung liege, dem Gerichte die Befugniß der Prüfung jenes Theils des Wahrspruches gegeben werden soll, weil, wenn das Gesetz dem Gerichte diese Befugniß nicht einräumte, die Richter in die Lage gesetzt würden, eine Strafe für eine Handlung auszusprechen, die nach ihrer Ueberzeugung nicht strafbar ist." Diese Ausführung scheint allerdings nicht bloß von der Befugniß des Gerichtshofes zur Zusammenfügung der festgestellten Merkmale, sondern ebenso auch von einer Prüfung der Subsumtion der concreten unter die gesetzlichen Thatsachen zu handeln. Wenn aber Mittermaier in unmittelbarem Anschluß an jene Stelle sagt, daß ebenso die Richter nicht in die Lage versetzt werden sollten, „in den Entscheidungsgründen gegen ihre Ueberzeugung nachzuweisen, daß die Handlung ein gewisses (von den Geschworenen angenommenes) Verbrechen enthalte, während die Richter nach dem Gesetze ein anderes Verbrechen darin finden", so macht die Gleichstellung dieses Falles mit dem vorhererwähnten jene Auffassung wieder sehr zweifelhaft. Hier nämlich kann nur von der Zusammensetzung der von den Geschworenen festgestellten Merkmale zu einem andern, als dem von den Geschworenen angenommenen Verbrechensbegriffe die Rede sein. Wollte man dem Gerichtshofe das Recht zugestehen, in den von den

1) Gesetzgebung und Rechtsübung über Strafverfahren S. 612.

Geschworenen festgestellten concreten Umständen statt des gesetzlichen Thatbestandes z.B. des Betrugs, über dessen Anwendbarkeit auf die That des Angeklagten die Geschworenen sich bejahend ausgesprochen haben, seinerseits die gesetzlichen Merkmale des Raubes zu erblicken, so wäre das Institut der Geschworenen im höchsten Grade überflüssig. Es soll nach der ausdrücklichen Vorschrift der deutschen Gesetze niemand zu einer schweren Strafe verurtheilt werden, über dessen Schuld vor dem Gesetze sich die Geschworenen nicht bejahend erklärt haben. Jeder gesetzliche Thatbestand irgend eines Verbrechens also, den man auf die concrete Handlung des Angeklagten anwenden will, muß von den Geschworenen festgestellt werden[1]). Der Gerichtshof soll in der Fragestellung den gesetzlichen Thatbestand, welchen er als auf die Behauptungen der Anklage anwendbar erachtet, bezeichnen, geeignetenfalls den einen principaliter und einen anderen eventuell. Ist er nach abgegebenem Schuldspruche der Geschworenen der Ansicht, daß der von ihnen festgestellte Thatbestand auf die Handlung des Angeklagten nicht angewendet werden kann, so bleibt ihm, soweit nicht durch nachträgliche Fragestellung geholfen werden kann, nichts übrig als den Angeklagten freizusprechen. Dem Staatsanwalte ist es in einem solchen Falle überlassen, mit der Nichtigkeitsbeschwerde wegen unrichtiger Fragestellung das ganze Verfahren anzugreifen. Auch diese Nichtigkeitsbeschwerde muß jedoch fortfallen, wenn die Geschworenen in Folge eventueller

---

1) Wenn Walther, die Rechtsmittel im Strafverfahren, II. Abtheilung, S.31 ff. **de lege ferenda** die Forderung zu begründen sucht, daß die Abänderung einer im Wahrspruche festgestellten Qualifikation und ihre Ersetzung durch eine andere zwar nicht dem Schwurgerichtshof, aber der Nichtigkeitsinstanz vorbehalten sein müsse, so scheint dies dem Grundgedanken des Geschworeneninstituts geradezu zu widerstreiten.

Fragen sich über jeden auf die Handlung des Angeklagten möglicherweise Anwendung findenden gesetzlichen Thatbestand schon ausgesprochen haben. — Eine „Rechtsübung, welche diese Befugniß der Gerichte (nämlich zu prüfen, ob die constatirte Handlung des Angeklagten das Verbrechen herstellt) auch ausübt in Fällen, in denen zwar erkannt wird, daß der Angeklagte schuldig sei, aber eines anderen Verbrechens[1])“, wird nur dann gesetzlich gerechtfertigt sein, wenn sie diese Aenderungsbefugniß der Gerichte auf die Zusammensetzung der einzelnen Verbrechensmerkmale zu dem Verbrechensbegriff beschränkt. — Es muß dahingestellt bleiben, ob hiernach in jener oben angeführten Stelle Mittermaier von einer Ermächtigung des Gerichtshofs freizusprechen, wenn er einen Widerspruch in der Subsumtion der concreten unter die gesetzlichen Thatsachen findet, spricht, oder ob er jene Befugniß nur auf den Fall bezieht, daß die bejahten gesetzlichen Merkmale nicht zu der Begründung irgend eines Verbrechensbegriffs ausreichen.

Ganz entschieden in Abrede gestellt wird jene weitere Befugniß des Gerichtshofes von Planck. Dieser sagt[2]): „Die Zusammensetzung (der einzelnen Thatsachen des Falles nach ihrer juristischen Bedeutung für das in Rede stehende Verbrechen) zum Begriff des speziellen behaupteten Verbrechens ..., welche durch die genaue Kenntniß davon bedingt ist, wieviel Thatsachen das Strafgesetz zum Begriff jenes Verbrechens erfordert, ist dem Gericht vorbehalten. Dabei verhält es sich allerdings urtheilend, indem es die Zahl der durch den Wahrspruch erwiesenen Merkmale mit der Zahl des Gesetzes vergleicht, wobei es auf dasselbe Resultat hinauskommt, ob der Mangel der ge-

1) Mittermaier a. a. O. S. 612.

2) Systematische Darstellung des deutschen Strafverfahrens S. 405 f.; vgl. S. 437 unter 1.

setzlichen Zahl der Merkmale herbeigeführt wird dadurch, daß eins derselben gar nicht, oder an dessen Stelle ein falsches, unbrauchbares erwiesen ist. Insoweit, aber auch nur so weit, gehört dem Gericht die Subsumtion, oder die Untersuchung, wie es häufig ausgedrückt wird, ob durch die That ein Strafgesetz verletzt sei . . . Dadurch kann es nach dem System dieser Gesetze allerdings kommen, daß trotz eines Wahrspruchs, der auf Schuldig lautet, dennoch eine Freisprechung durch das Gericht folgt: ein Fall, den die Gesetze ausdrücklich vorsehen. — Die Geschworenen sprechen somit den Angeklagten „Schuldig" der That in ihren gesetzlichen Merkmalen, das Gericht, indem es die Merkmale zusammensetzt, „Schuldig" des Verbrechens, wenn gleich der letztere Ausspruch einen äußeren Ausdruck nicht erhält, sondern in der Verurtheilung zur Strafe aufzugehen pflegt." Hier ist also die Thätigkeit des Gerichts (abgesehen von der Strafzumessung und der Berücksichtigung der Verjährung u. s. w.) ausdrücklich auf die Zusammensetzung der einzelnen gesetzlichen Merkmale zu dem Verbrechensbegriff beschränkt; nur insoweit soll demselben die Subsumtion zustehen. — Es muß aber zunächst in die Augen fallen, daß hierin überhaupt keine Subsumtion mehr gefunden werden kann. Das Gericht wendet dabei das Gesetz nicht eigentlich mehr an, sondern es vergleicht nur die von den Geschworenen festgestellten Merkmale mit den im Gesetze aufgezählten. Nichtsdestoweniger scheinen die Gesetze allerdings von einer eigentlichen Subsumtion zu sprechen, von einer Prüfung, ob die von den Geschworenen festgestellten Umstände eine Anwendung des Gesetzes rechtfertigen.

Die Ansicht Plancks ist jedoch eine durchaus richtige Consequenz seiner ganzen Auffassung von dem Verhältniß der concreten Thatsachen zu den gesetzlichen Merkmalen in der Fragestellung und im Wahrspruche überhaupt. Wenn man alles entscheidende Gewicht auf die gesetzlichen Merkmale allein legt und den Geschworenen die ganz allgemeine Befugniß zuschreibt, die gesetzlichen Merkmale auch durch beliebige andere als die in der Fragestellung herausgehobenen thatsächlichen Umstände hergestellt zu finden, so kann auf Seiten des Gerichtshofes selbstverständlich nicht mehr die Rede sein von einer Prüfung, ob zwischen den im Wahrspruch bejahten concreten und gesetzlichen Thatsachen ein rechtlicher Widerspruch existire. Können doch die Geschworenen recht wohl vielleicht nicht ausschließlich durch diese, sondern auch noch durch andere Umstände des vorliegenden Falles sich zu der bejahenden Feststellung der gesetzlichen Merkmale veranlaßt gesehen haben.

e. Gleichstellung von Verdict und Geständniß.

Bei der Besprechung des englischen Rechts wurde zu zeigen versucht [1]), daß die nach der Vorschrift desselben stattfindende Ausschließung der Geschworenen im Falle eines Geständnisses eine Folge derjenigen Anschauung sei, nach welcher das Geständniß mehr als Beweismittel, nämlich ein Zugeständniß der ganzen Anklage sein könne, daß aber eine solche von dem Angeklagten allein abhängige Unterwerfung unter die Strafe den Grundsätzen der Rechtsanwendung widerspreche. Es wurde gesagt, daß diese englische Praxis in vielen Fällen ohne Nachtheil sein möge, weil durch die weiteren Erklärungen des Angeklagten der Richter meist von der Richtigkeit der Subsumtion der concreten That des Angeklagten unter die gesetzlichen Bestimmungen werde überzeugt werden, daß sie aber principiell durchaus nicht gebilligt werden dürfe. Bei der Erörterung des französischen Rechtes wurde deshalb billigend hervorgehoben, daß nach demselben auch dem umfassendsten Eingeständniß des Angeklagten stets noch der Schuldspruch der Geschworenen folgen müsse. Freilich ist für diese Abweichung von dem englischen Rechte in Frankreich gewiß weniger die Ueberzeugung von der Nothwendigkeit der Ueberweisung

1) S. oben S. 18 ff.

der ganzen Schuldfrage an die Geschworenen und von der Unfähigkeit des Angeklagten zur Beantwortung des rechtlichen Theils derselben entscheidend gewesen, als vielmehr die Einsicht, daß jedes Geständniß einer Prüfung seiner thatsächlichen Richtigkeit bedürfe, daß diese Prüfung aber demjenigen Organe zuzuweisen sei, welchem unbestritten die Prüfung der Thatfrage überhaupt zukomme. Wir sahen, wie die französischen Geschworenen einerseits mannigfach auf die Constatirung bloßer Thatsachen beschränkt werden, und wie man andererseits die ihnen der Regel nach überlassene Feststellung der gesetzlichen Merkmale in Frankreich als eine rein thatsächliche Feststellung betrachtet, wie man also in Frankreich in der Ueberlassung der Constatirung von gesetzlichen Merkmalen an den Angeklagten im Grunde keinen Widerspruch hätte finden können.

Wenn jedoch die Mehrzahl der deutschen Gesetze in dieser Hinsicht ebenfalls von dem englischen Rechte abweicht und in jedem Falle ein Verdict der Geschworenen verlangt, so ist wohl anzunehmen, daß hierin nicht eine bloße Nachahmung des Code d'instr. crim. liegt. Da die deutschen Gesetze mit mehr oder weniger Entschiedenheit ausdrücklich eine Befragung der Geschworenen nach den gesetzlichen Voraussetzungen der Schuld vorschreiben und dem entsprechend fast sämmtlich die hierbei nöthige Rechtsbelehrung der Geschworenen dem Vorsitzenden zur Pflicht machen, darf man annehmen, daß sie auch deshalb das Geständniß dem Verdicte nicht gleichstellen, weil in diesem stets die Subsumtion der Thatsachen des vorliegenden Falles unter die gesetzlichen enthalten sein muß, eine solche Subsumtion aber dem Angeklagten nicht überlassen werden kann.

Nur zwei Gesetze folgen dem englischen Rechte und schließen im Falle eines Geständnisses den Spruch der Geschworenen aus. Dies ist das preußische und das würtembergische. Das preußische Gesetz vom 3ten Mai 1852[1]) bestimmt in den Art. 74 und 75 Folgendes:

1) Vgl. schon die Verordnung vom 3ten Januar 1849 §. 98: „Der

„Die Verhandlung der Sache beginnt mit der Verlesung der Anklageschrift durch den Gerichtsschreiber.

„Der Vorsitzende befragt den Angeklagten, ob er sich schuldig bekenne oder nicht.

„Wenn der Angeklagte sich schuldig bekennt, und auf näheres Befragen auch alle Thatsachen einräumt, welche die wesentlichen Merkmale der ihm zur Last gelegten strafbaren Handlung bilden, so wird die Staatsanwaltschaft und der Vertheidiger darüber gehört, ob die Thatfrage als durch das Geständniß des Angeklagten festgestellt zu erachten sei.

„Auf Verlangen der Staatsanwaltschaft müssen dem Angeklagten die etwaigen zusätzlichen Fragen vorgelegt werden, welche in Ermangelung eines Bekenntnisses den Geschworenen gestellt werden können.

„Werden dergleichen Fragen nicht beantragt, oder beantwortet der Angeklagte auch diese bejahend, so hat der Gerichtshof, wenn er gegen die Richtigkeit des Bekenntnisses kein Bedenken hegt, nach Anhörung der Staatsanwaltschaft und des Vertheidigers über die Anwendung des Gesetzes, ohne Zuziehung von Geschworenen das Urtheil zu fällen".

Das würtembergische Schwurgerichts-Gesetz lautet im Art. 90 folgendermaßen:

„An dem zur Verhandlung über eine Anklage festgesetzten Tage wird, nachdem der Schwurgerichtshof, die vorgeladenen Geschworenen, der Staatsanwalt und der Angeklagte sich in öffentlicher Sitzung versammelt haben, Letzterer befragt, ob er sich der in der Anklageakte angegebenen That schuldig bekenne und auf die Verhandlung vor dem Schwurgerichtshofe verzichte, oder ob er dieselbe verlange. Im ersten Falle läßt

---

Vorsitzende des Gerichts befragt den Angeklagten: ob er sich schuldig bekenne oder nicht schuldig sei? bekennt er sich schuldig und waltet gegen die Richtigkeit des Bekenntnisses kein Bedenken ob, so faßt das Gericht das Urteil sofort ohne Zuziehung von Geschworenen ab".

der Präsident den Anklageakt verlesen, macht den Angeklagten auf die Folgen seines Geständnisses aufmerksam, richtet darüber die geeigneten Fragen an den Angeklagten, und nachdem derselbe sein Schuldbekenntniß sowohl in Beziehung auf die That selbst, als die einzelnen auf die Strafbarkeit derselben Einfluß übenden Umstände wiederholt, erklärt der Schwurgerichtshof die Verhandlungen für geschlossen und schreitet zum Urtheilsspruch".

Ein nicht unwesentlicher Unterschied zwischen den Anordnungen dieser beiden Gesetze besteht darin, daß nach dem preußischen Gesetze der Gerichtshof, so lange er irgend ein Bedenken gegen die Richtigkeit des Geständnisses hegt, nicht gebunden sein soll, auf das Geständniß hin zu verurtheilen, daß hingegen nach dem würtembergischen es nur darauf ankommt, daß der Angeklagte die einzelnen Punkte der Anklage zugesteht, und daß der Vorsitzende ihn auf die Folgen seines Geständnisses aufmerksam macht[1]).

Fassen wir die Bestimmungen des preußischen Gesetzes näher in's Auge. Nach denselben soll Verurtheilung mit Ausschluß der Geschworenen eintreten, wenn von Seiten des Angeklagten zweierlei geschieht, wenn dieser nämlich 1, sich im Allgemeinen schuldig bekennt und wenn er 2, alle Thatsachen einräumt, welche die wesentlichen Merkmale der ihm zur Last gelegten strafbaren Handlung bilden[2]). Unter diesem zweiten

1) Vgl. Planck, deutsches Strafverfahren S. 359 Anm. 7.

2) Der preußische Justizminister äußert sich zwar (Goltdammers Archiv für preuß. Strafrecht Band I. S. 354 f.) dahin: „Daß der Angeklagte auch die Richtigkeit der gesetzlichen Qualifikation einräume, welche die Anklage seiner That beilegt, verlangt das Gesetz nicht, weil die Subsumtion der That unter das Gesetz nicht Gegenstand eines Bekenntnisses sein kann, sondern zur Aufgabe des Richters gehört. Die Zuziehung der Geschworenen aus dem Grunde, weil der Angeklagte sich nicht dazu habe verstehen wollen, die in der Anklage enthaltene Benennung des Verbrechens für die richtige anzuerkennen, würde das Gesetz nur dann haben

Erforderniß ist zu verstehen, daß der Angeklagte a) die concreten Umstände des vorliegenden Falls, soweit die Anklage solche behauptet (soweit sie ihre Behauptungen nicht rein in Form von gesetzlichen Merkmalen aufstellt) zugesteht, und daß er b) einräumt, daß diese concreten Umstände die betreffenden gesetzlichen Merkmale ergeben. Diese letztere Einräumung braucht nach den Entscheidungen des Obertribunals nicht ausdrücklich zu geschehen. Dasselbe hat am 17ten Februar 1854 entschieden[1]), der Art. 75 des G. v. 3. Mai verlange nur, daß der Angeklagte diejenigen Thatsachen einräume, welche die wesentlichen Merkmale der ihm zur Last gelegten strafbaren Handlung bilden; es sei daher nicht erforderlich, daß das Zugeständniß sich ausdrücklich auch auf diejenige Qualifikation der Thatsachen richte, welche das Gesetz den Handlungen beilegt, selbst in dem Falle, wenn diese Qualification eine reine durch die Geschworenen zu beantwortende Thatfrage bildet, daß daher der Angeklagte auch ausdrücklich zugestehe, seine Verbindung mit anderen sei eine Zusammenrottung und seine Handlungen seien eine Gewaltthätigkeit an Sachen gewesen. In solchen Fällen sei es vielmehr der Beruf des Gerichtshofs, auf Grund der zugestandenen Thatsachen über die Existenz einer solchen Qualification (ohne Zuziehung der Geschworenen)

---

vorschreiben können, wenn es gewollt hätte, daß den wirklich zugezogenen Geschworenen eine Frage über die gesetzliche Qualifikation der That vorgelegt würde, was unzweifelhaft nicht der Fall ist". Doch ist hier unter „Qualification" eben nur die Benennung des Verbrechens verstanden, d. h. die Zusammensetzung der einzelnen Merkmale zu dem Verbrechensbegriff, was unzweifelhaft daraus hervorgeht, daß der Justizminister selbst als das Regelmäßige in der Fragestellung die Aufnahme der gesetzlichen Merkmale ansieht. Vgl. das unten citirte Rescript. Es wird also durch diese Erörterung weder das allgemeine Schuldbekenntniß des Angeklagten noch das Zugeständniß der einzelnen gesetzlichen Merkmale für unnöthig erklärt.

1) S. Goltdammers Archiv, Bd. II. S. 398.

zu entscheiden . . . In einem ausdrücklichen Bestreiten der Qualifikation von Seiten des Angeklagten würde dagegen eine Provokation auf das Verdict der Geschworenen zu finden sein, und der Angeklagte werde sich in solchen Fällen auch nicht ausdrücklich schuldig erklären, wenn er auch die nackten Thatsachen zugestehen sollte [1]). Eine neuere Entscheidung [2]) (vom 4ten Juni 1859) scheint allerdings eine ausdrückliche Einräumung gerade der wesentlichen Merkmale des gesetzlichen Thatbestandes zu verlangen. Das Obertribunal vernichtete nämlich, weil der Angeklagte nur eingeräumt „daß er auf das Dach gestiegen und ein Loch in dasselbe an der Stelle gerissen, wo gewöhnlich Flachs verwahrt werde, dergleichen aber sich dort nicht gefunden habe, daß er darauf nach dem Backhause gegangen sei, um dort Brod zu stehlen, die verschlossene Thür erbrochen, hierbei aber durch die Dazwischenkunft eines Dritten gestört worden sei". Das Geständniß müsse neben dem Schuldbekenntnisse auch die wesentlichen Merkmale des Verbrechens bestimmt und deutlich enthalten. Im vorliegenden Falle nun enthalte das Schuldbekenntniß eine ausdrückliche und bestimmte Erklärung darüber, daß die Handlungen ein Anfang der Ausführung gewesen und daß sie [3]) nur durch äußere Umstände gehindert seien, nicht. Doch hat das Obertribunal in diesem Falle das Geständniß wohl nur deshalb für unzureichend erklärt, weil in den zugestandenen concreten Thatsachen nicht mit Nothwendigkeit diese beiden gesetzlichen Merkmale des Versuches enthalten sind, also nicht deshalb, weil es an dem Zugeständniß der Subsumtion jener unter

---

1) Vgl. Entscheidung vom 2. April 1856 bei Goltdammer a. a. O. Bd. IV. S. 362, ferner vom 19. December 1856, ebenda Bd. V. S. 61.

2) a. a. O. Bd. VII. S. 677 f.

3) Eigentlich nicht die „Handlungen", sondern die „Ausführung des Verbrechens".

diese durch den Angeklagten fehlte, sondern weil die thatsächliche Feststellung als unvollständig erschien.

Jedenfalls aber wird außer dem Zugeständniß der einzelnen Thatsachen stets ein allgemeines Schuldbekenntniß verlangt.

Auf ein solches Geständniß soll der Gerichtshof (nach Anhörung von Staatsanwalt und Vertheidiger) verurtheilen „wenn er gegen die Richtigkeit des Geständnisses kein Bedenken trägt". Ein Bedenken aber wird er (abgesehen von den Bedenken über die Glaubwürdigkeit des rein thatsächlichen Theils des Geständnisses) so lange haben müssen, als der Angeklagte auf nähere Befragung nicht so ausführlichen Bericht über die That nach allen ihren Seiten hin gegeben hat, daß über die Anwendbarkeit der Merkmale des gesetzlichen Thatbestandes (die in der Anklage ja zum Theil ganz ohne thatsächliche Begründung aufgeführt sein können) auf seine That gar kein Zweifel mehr herrschen kann, daß ferner auch die Abwesenheit jedes etwaigen Schuldausschließungsgrundes außer aller Frage steht. Daß nun durch ein Geständniß des Angeklagten ein so umfassender Ueberblick über den ganzen Fall oft erreicht werden kann, ist wohl unzweifelhaft. Man kann selbstverständlich durch beliebige Befragung des Angeklagten, der in den meisten Fällen, wenn er einmal gestehen will, in aller Umständlichkeit antworten wird, ein weit individuelleres Bild des concreten Falles herstellen, als durch Befragung der Geschworenen, die mit Ja oder Nein antworten sollen. — Es muß aber als eine Inconsequenz bezeichnet werden, wenn außer dieser Feststellung der concreten Sachlage noch ein allgemeines Schuldzugeständniß vom Angeklagten verlangt wird, damit sein Geständniß unmittelbar dem Urtheil zu Grunde gelegt werden könne. Hiermit verläßt man den allein richtigen Gesichtspunkt und kehrt zu dem falschen Standpunkt des englischen Rechtes zurück, welches den Ausschluß der Geschworenen aus einem Zugeständniß des ganzen Anspruches, den die Anklage gegen ihn erhebt, von Seiten des Angeklagten folgert. Consequent wäre allein dies, daß man auch ohne ein solches Zugeständniß des gesetzlichen Verbrechensthatbestandes und der Schuld allemal dann auf ein Geständniß hin verurtheilte, wenn dies eine ausreichende factische Grundlage für die Anwendung des Gesetzes und das richterliche Urtheil bildet. Damit würde man aber zu einer Beschränkung des Geschworeneninstituts kommen, die ganz ohne Grund wäre und die von keiner Seite verlangt wird. Man würde gegen den Willen des Angeklagten, der vielleicht mit größter Offenheit alle Einzelheiten seiner That erzählt hat, und nur ihre Subsumtion unter den gesetzlichen Thatbestand eines Verbrechens bestreitet, die Entscheidung der Geschworenen, denen in allen anderen Fällen jene Subsumtion gebührt, ausschließen. Aber gerade deshalb, weil man sich, ohne den Angeklagten zu seinem eigenen Richter zu machen, dieser Consequenz nicht entziehen kann, muß man überhaupt die Einrichtung, im Falle des Geständnisses die Einholung des Verdicts zu unterlassen, aufgeben.

Gleichstellen kann man das Verdict und das Geständniß nur dann, wenn man entweder in dem Wahne befangen ist, daß es möglich sei, das Verdict auf bloße Thatsachen zu beschränken [1]), oder wenn man es für unbedenklich hält, einen Theil der Rechtsanwendung in die Hand des Angeklagten zu legen [2]).

---

1) S. Biener, das englische Geschworenengericht Bd. I. S. 363.

2) Dieses letztere liegt in der Ansicht Köstlin's (Wendepunkt des deutschen Strafverf. S. 33, das Geschworenengericht f. Nichtjuristen S. 10 ff.) von der Gewissensvertretung des Angeklagten durch die Geschworenen nur deshalb, weil Köstlin als Gegenstand des Wahrspruches (mit Recht) und ebenso als Gegenstand des Geständnisses (mit Unrecht) die ganze Schuld des Angeklagten betrachtet. Vgl. auch Gneist, Bildung der Geschworenengerichte S. 72 ff. — Es liegt aber unmittelbar in der Auffassung des Geständnisses als Zugeständnisses des ganzen Anklage-

Weil das Geständniß nie etwas anderes bedeuten darf im Strafverfahren, als daß es, wie jedes andere Beweismittel (nur meist in umfassenderer und überzeugenderer Weise), die concrete Sachlage beweist, die Geschworenen jedoch, wenigstens nach den deutschen Gesetzen, über die Schuld des Angeklagten vor dem Gesetze zu entscheiden haben, so darf das Geständniß dem Spruche derer, welche über die Anwendbarkeit des gesetzlichen Thatbestandes des Verbrechens auf die Handlung des Angeklagten urtheilen sollen, immer nur zum Grunde gelegt, nicht aber an seine Stelle gesetzt werden [1]).

„Wenn Geschworene es eigenthümlich finden, daß sie da, wo der Angeklagte ein Geständniß abgelegt hat, doch noch die Frage beantworten sollen, ob der Angeklagte schuldig sei, so könnte man es ebenso eigenthümlich finden wenn die Richter bei vorliegendem Geständniß den Schuldausspruch thun" [2]).

---

anspruchs, welche man irriger Weise auf das Anklageprincip begründet; Ein solches Zugeständniß wäre eine freiwillige Unterwerfung unter die Strafe, also stets eine Rechtsanwendung durch den Angeklagten selbst. Vgl. Planck, deutsches Strafverfahren S. 358 ff.

1) Vgl. die zum Theil sehr treffenden Ausführungen von Mittermaier, Gesetzgebung und Rechtsübung S. 448; v. Arnold, im Gerichtssaal 1855, Bd. 1., S. 271, bes. S. 275; Triest, in Goltdammers Archiv Bd. IV. S. 512 ff.; Walther im Archiv des Criminalrechts 1851 S. 225 ff.

2) v. Arnold a. a. O. S. 275. (dazu Anm. **): „Wenn im Falle des Geständnisses das Gericht die Form des Schuldausspruchs nicht gebraucht, so liegt doch dieser Ausspruch darin, daß das Gericht das Geständniß der Schuld als glaubwürdig der Strafzuerkennung zu Grunde legt".) — v. Tippelskirch (in Goltdammers Archiv Bd. VI., S. 610. 613) stellt das Geständniß dem Verdicte deshalb gleich, weil Gegenstand des Verdictes alles das sein müsse, was Gegenstand des Beweises sei, dieses Letztere aber auch durch Geständniß festgestellt werden könne. Nichts desto weniger will er die Geschworenen nach der gesetzlichen Qualification der That gefragt wissen (wenn auch nicht nach der ganzen Qualification), will also mehr durch sie feststellen lassen, als was Gegenstand des Beweises ist, und zugleich mehr, als der Angeklagte zugestehen kann.

3) Praxis und Controversen über die Fragestellung in Preußen.

Die Regel für die Fragestellung an die Geschworenen bildet nach der Praxis der preußischen Schwurgerichtshöfe und nach den Entscheidungen des Obertribunals die Aufnahme der gesetzlichen Merkmale des Verbrechens in die Frage. Neben diesen gesetzlichen Merkmalen werden von Thatsachen des individuellen Falles meist nur solche aufgenommen, welche zur Individualisirung der That durchaus nöthig sind. Dies sind gewöhnlich nicht solche Umstände des vorliegenden Falles, aus denen durch Schlußfolgerung die gesetzlichen Merkmale sich herleiten lassen, sondern meist nur eigentliche Nebenumstände der That. Es werden also z. B. die Geschworenen gefragt: „Ist der Angeklagte schuldig, in der Nacht vom 3. auf den 4. März 1859 im Hause des N. zu X. die Absicht, sich fremde bewegliche Sachen rechtswidrig zuzueignen, durch Handlungen, welche einen Anfang der Ausführung enthielten, an den Tag gelegt zu haben, und ist er nur durch äußere, von seinem Willen unabhängige Umstände an der Ausführung gehindert worden?" Oder: „Ist der Angeklagte schuldig, die Summe von 100 Thalern[1]), deren Besitz er mit der Verpflichtung erlangt hatte, sie zu verwahren, zum Nachtheile des Eigenthümers verbraucht zu haben?"

Das Obertribunal hat diese Art der Fragestellung als die normale vielfach gebilligt und empfohlen. Es hat regelmäßig die wegen unrichtiger Fragestellung eingelegte Nichtigkeitsbeschwerde verworfen, wenn die Frage nach den Worten des zur Anwendung kommenden Gesetzesparagraphen gestellt war. So

1) Eigentlich müßte die Frage lauten: „eine fremde bewegliche Sache, nämlich die Summe von 100 Thalern"; eine solche Gegenüberstellung des wesentlichen Merkmals wird aber häufig aus keinem anderen

hat es z. B. am 5. März 1857 [1]) entschieden, daß dem Art. 81 des Gesetzes vom 3. Mai 1852 im vorliegenden Falle genügt sei, indem „alle wesentlichen Merkmale des in §. 130 des Strafgesetzbuches aufgestellten Verbrechens in der Frage enthalten seien."

Dieselbe Regel ist auch mehrfach vom Justizminister den Gerichten als bei der Fragestellung zu befolgende Norm vorgeschlagen und den Staatsanwälten zur Pflicht gemacht worden, auf eine solche Fassung der Fragen hinzuwirken. So z. B. in der allgemeinen Verfügung vom 3. März 1853 [2]). Hier weist der Justizminister die Staatsanwaltschaft an, schon in dem Antrag auf Versetzung in den Anklagestand die wesentlichen Merkmale der strafbaren Handlung hervorzuheben, die Momente des concreten Falles dagegen nur soweit anzugeben, als es zur Individualisirung nothwendig sei. Denselben Grundsatz will er sodann von der Raths- und der Anklagekammer befolgt wissen und empfichlt schließlich dringend den Gerichten, auch bei der Fragestellung hiervon nicht abzugehen. Ebenso wird in dem Rescript des Justizministers vom 5. December 1853 [3]) ausdrücklich gesagt, daß das Haupterforderniß für die Fragestellung sei, daß alle wesentlichen Merkmale des gesetzlichen Thatbestandes in die Frage aufgenommen werden. „Wenn das Präsidium (in seinem Berichte) eben nur die Aufnahme der factischen Umstände des concreten Falles für angemessen erachtet und jeden Schluß, jede Folgerung aus

---

Grunde unterlassen, als weil sich das letztere ganz von selbst zu verstehen scheint. Wie wichtig aber eine derartige Unterlassung werden kann, davon wird sogleich die Rede sein.

1) Goltdammers Archiv Bd. V. S. 538. Vgl. ferner die Entscheidungen a. a. O. Bd. VI. S. 536, Bd. I. S. 220, Bd. IV. S. 209.

2) Abgedruckt in einem Aufsatze von Burchardi über die Fragestellung an die Geschworenen im preußischen Strafverfahren in Goltdammers Archiv, Bd. I. S. 608 ff.

3) S. Goltdammers Archiv, Bd. II. S. 91.

diesen Thatsachen dem Gerichtshofe überlassen will, wie z. B. bei der Frage wegen Versuchs (§. 31 der St. G. B.), so geht dasselbe darin zu weit. Die Geschworenen haben nach Art. 81 des Gesetzes vom 3. Mai 1852 durch ihre Entscheidung alle wesentlichen Merkmale des Verbrechens, insbesondere auch die inneren Qualificationen der That festzustellen; die dazu nöthigen, von äußeren Wahrnehmungen ausgehenden Folgerungen zu ziehen und deshalb z. B. bei dem Versuche auch darüber zu befinden, ob der Hinderungsgrund in einem von dem Willen des Thäters unabhängigen Umstande gelegen habe. Zu einer richtigen Bestimmung der hiernach zu beobachtenden Grenze wird man am Sichersten gelangen, wenn die den Geschworenen vorzulegenden Fragen nach Anleitung der Gesetzesworte entworfen und nur insofern modificirt werden, als auf der einen Seite alle, aber auch nur diejenigen concreten Thatsachen, welche zur Individualisirung des Falles erforderlich sind, darin aufgenommen und auf der anderen Seite nach Art. 82 die zweifelhaften oder streitigen Rechtsbegriffe durch gleichbedeutende der factischen Sachlage entnommene Ausdrücke und Umschreibungen, soweit es möglich, ersetzt werden. Wie dies in den einzelnen Fällen auszuführen sei, bleibt der sorgfältigen Berathung der Anklageformeln und Fragen überlassen."

Lassen wir vorläufig die Rücksicht auf die Nothwendigkeit einer Individualisirung der That bei Seite, so ist nach diesen übereinstimmenden Zeugnissen die allgemeine Ansicht der preußischen Praxis die, daß in der Regel die Geschworenen nach den gesetzlichen Voraussetzungen der Schuld des Angeklagten gefragt werden sollen[1]). Es wurde jedoch schon früher er-

---

1) Vgl. v. Stemann, Darstellung des preußischen Strafverfahrens. Berlin 1858. S. 187: „Die Bestimmungen des materiellen Strafrechts sind zunächst maßgebend für den Inhalt der Frage,

wähnt [1]), daß diese Regel bedeutungsvolle Ausnahmen erleidet und daß man in Preußen, ebenso wie in Frankreich, dahin kam, die Geschworenen vielfach von der Entscheidung über gesetzliche Merkmale auszuschließen und sie auf die Feststellung concreter Thatumstände zu beschränken.

Man deutete nämlich die Bestimmung des Art. 82 des G. v. 3. Mai 1852:

„Bei Bezeichnung der wesentlichen Merkmale der strafbaren Handlung sind, soweit es geschehen kann, Rechtsbegriffe, welche nicht eine allgemeine bekannte und im gegebenen Falle unbestrittene Bedeutung haben, durch solche gleichbedeutende Ausdrücke zu ersetzen, zu deren Verständniß Rechtskenntnisse nicht erforderlich sind",

eine Bestimmung, welche augenscheinlich von einer verdeutlichenden Umschreibung, von einer Ersetzung solcher Rechtsbegriffe durch „gleichbedeutende" allgemein verständliche Ausdrücke redet, dem klarsten Wortsinn zuwider dahin, daß sie die Feststellung solcher Merkmale überhaupt von der Entscheidung der Geschworenen ausgeschlossen und dafür die letzteren auf die Constatirung der entsprechenden Thatsachen des vorliegenden Falles beschränkt wissen wolle.

Der Justizminister drückt sich in dem letzterwähnten Rescripte in Betreff dieses Punktes noch ungenau und schwankend aus. Er spricht von einer Ersetzung der zweifelhaften und streitigen Rechtsbegriffe durch „gleichbedeutende der factischen Sachlage entnommene Ausdrücke und Umschreibungen." Sind hier Thatsachen des vorliegenden Falles gemeint, so können diese nicht gleichbedeutende Ausdrücke und Umschreibungen genannt werden; ist aber wirklich nur von einer verdeutlichenden Umschreibung die Rede,

---

und zwar mit den im Gesetze selbst gebrauchten oder völlig gleichbedeutenden Worten."

1) Siehe oben S. 123 f.

so kann eine solche nicht „der factischen Sachlage entnommen“ genannt werden.

Das Obertribunal dagegen hat es ganz entschieden ausgesprochen, daß in allen den Fällen, in welchen ein Rechtsbegriff nicht allgemein bekannt und im gegebenen Falle unbestritten sei, nicht dieser Rechtsbegriff, sondern an seiner Stelle der concrete Thatumstand in die Frage aufgenommen werden solle. So hat es am 3. Februar 1853 [1]) mißbilligt, wenn der Rechtsbegriff „Urkunde“ durch die gesetzliche Definition („eine Schrift, die zum Beweise von Verträgen, Verfügungen u. s. w. von Erheblichkeit ist“) umschrieben werde, und es für das allein Richtige in einem solchen Falle erklärt, die fragliche specielle Schrift ihrem concreten Inhalte nach anzugeben [2]).

---

1) Vgl. Goltdammers Archiv Bd. I. S. 209 ff.

2) In den Erlassen vom 21. November 1856 (Goltdammer a. a. O. Bd. II. S. 100) und vom 14. Mai 1856 (a. a. O. Bd. IV. S. 541) spricht auch der Justizminister diese Forderung ganz deutlich aus, obwohl er sich vergeblich bemüht, dieselbe mit dem Wortlaute des Gesetzes in Einklang zu bringen: „Zusammenrotten“ sei von jeher in der Praxis zweifelhaft; dies sei recht eigentlich einer der Fälle des Art. 82 des Ges. v. 3. Mai, in denen dergleichen Rechtsbegriffe „durch solche gleichbedeutende Ausdrücke zu ersetzen sind, zu deren Verständniß es der Rechtskenntniß nicht bedarf.“ Wie dies zu geschehen habe, „lasse sich ohne genaue Kenntniß des concreten Falles nicht angeben,“ vielmehr nur als Regel aufstellen, „daß die wesentlichen thatsächlichen Momente vollständig hervorgehoben werden, damit demnächst im geordneten Instanzenzuge entschieden werden kann, ob die ermittelten Thatsachen ein Verbrechen im Sinne des Gesetzes wirklich enthalten.“ Und in dem zweiterwähnten Erlaß: „Einbruch und Einsteigen sind in der Regel bekannt und unbestritten. Ist ihre Bedeutung aber in einem einzelnen Falle wirklich zweifelhaft, dann wird es in der Regel auch nicht genügen, die Erläuterung nach dem Wortlaute des Gesetzes an ihre Stelle zu setzen, wie es z. B. bei der Urkundenfälschung nicht genügen wird, an Stelle des Wortes Urkunde die Erläuterung, welche der Schlußsatz des §. 247 von diesem Begriffe

Das Obertribunal erkennt an, daß es für gewöhnlich von dem Ermessen des Schwurgerichtshofes abhänge, ob die Auflösung eines Rechtsbegriffes im gegebenen Falle stattfinden soll oder nicht [1]); so oft aber nach dem Urtheile desselben ein nicht allgemein bekannter und im gegebenen Falle unbestrittener Rechtsbegriff vorliegt, so soll die Auflösung desselben stets in der bezeichneten Art und Weise geschehen. Auf diesem Wege wird unter Billigung des höchsten Gerichtshofes den Geschworenen in den meisten Fällen, die Entscheidung darüber entzogen, ob das, was der Angeklagte gethan, als ein „Zusammenrotten" (mit anderen Gefangenen), als eine „schwere Körperverletzung" u.s.w. anzusehen sei, ferner ob das fragliche Gebäude ein „bewohntes", der betreffende Weg ein „öffentlicher" war u.s.w. [2]).

So werden also z. B. die Geschworenen in Betreff des gesetzlichen Merkmals „Urkunde" auf die factischen Voraussetzungen der Anwendung dieses Begriffs beschränkt, während ihnen darüber, ob das, was der Angeklagte mit dem Schriftstücke vorgenommen hat, rechtlich als eine „Fäl-

---

giebt, zu benutzen, sondern es wird dann in der Regel erforderlich sein, die concreten Thatsachen des gegebenen Falles in die Frage aufzunehmen, und zwar in dem Umfange, wie sie nach dem Urtheil des Gerichtshofes vorhanden sein müssen, um den im Strafgesetzbuch enthaltenen Rechtsbegriff zu constituiren."

1) v. Stemann, Darstellung des preußischen Strafverfahrens. Berlin 1858 S. 188: „Ob ein Fall der Auflösung vorliegt oder nicht, ist in das freie richterliche Ermessen gestellt, und dies von thatsächlichen Umständen abhängige Ermessen kann einer Kritik in der Nichtigkeitsinstanz nicht unterzogen werden."

2) Vgl. über diese Praxis v. Tippelskirch „Ueber die Principien der Fragestellung und des Wahrspruchs der Geschworenen" in Goltdammers Archiv Bd. VI. S. 606 ff., wo indeß die „Zerlegung" dieser Begriffe von der in solchen Fällen regelmäßig vorgenommenen Ersetzung durch concrete Umstände zu verstehen ist.

schung" anzusehen sei, die Entscheidung meistens gelassen wird.

Der Vorsitzende des Schwurgerichtshofes (resp. dieser selbst) hat bei den einzelnen Merkmalen des zur Anwendung kommenden gesetzlichen Thatbestandes zu erwägen, ob sie 1) allgemein bekannt und 2) im gegebenen Falle unbestritten sind. Es kann nun unter diesen Merkmalen solche geben, welche sowohl allgemein bekannt als im vorliegenden unbestritten sind, ferner solche, welche weder allgemein bekannt noch unbestritten, ferner solche, welche nicht allgemein bekannt, aber dennoch im vorliegenden Falle unbestritten, und endlich solche, welche zwar allgemein bekannt genannt werden können, dennoch aber in **concreto** bestritten sind. Die Praxis scheint in den drei letzteren Fällen jene Auflösung stets eintreten zu lassen. Jedenfalls scheint sie sich nicht an die Beschränkung zu binden, welche Burchardi[1]) fordert, indem er sagt, es dürften Rechtsbegriffe, welche im Allgemeinen bekannt seien, nicht aufgelöst werden, selbst wenn sie im vorliegenden Falle streitig seien. Man wird von einem bestrittenen Rechtsbegriff wohl stets bezweifeln können, daß er im Uebrigen „allgemein bekannt" sei. Das Hauptmotiv für die Auflösung ist immer die wirkliche oder vermeintliche Schwierigkeit des Begriffes überhaupt und die Ueberzeugung, seine Auffassung werde von einem wesentlichen Einfluß auf die Entscheidung des Falles sein. In der Praxis werden oft im gegebenen Falle streitige Rechtsbegriffe, ohne Rücksicht auf ihre sonstige Geläufigkeit, und ebenso schwierige oder anscheinend schwierige Rechtsbegriffe ohne Rücksicht auf ihr Bestrittensein im vorliegenden

---

1) Goltdammers Archiv Bd. I. S. 589. 592. Vgl. v. Stemann, ebenda Bd. II. S. 179: „Der Art. 82 stellt nicht zwei Bedingungen auf, welche zusammentreffen müssen, damit die Auflösung des Rechtsbegriffs geschehen könne, sondern er stellt zwei Eigenschaften hin, von denen jede genügt, um die Auflösung zu rechtfertigen."

Falle aufgelöst. Es kommen gewiß aber auch Fälle vor, in denen der Gerichtshof, trotzdem daß sich zwischen dem Staatsanwalte und dem Vertheidiger Streitigkeiten über die Auffassung eines Merkmales erhoben haben, dennoch eine Auflösung dieses Merkmals nicht für nöthig hält, und die Geschworenen also doch nach dem gesetzlichen Merkmal selbst oder dessen Definition gefragt werden.

Um nun dem Bedürfnisse der Vorsitzenden und der Gerichtshöfe, welche oft im Zweifel sein werden, ob sie einen Begriff auflösen sollen oder nicht, zu Hülfe zu kommen, hat man versucht[1]), nähere Bestimmungen über die Unterscheidung solcher Rechtsbegriffe, welche als allgemein bekannt anzusehen sind, und solcher, welche im Allgemeinen den Geschworenen entzogen werden müssen, aufzufinden.

Der Verfasser des in der Anmerkung citirten Aufsatzes unterscheidet[2]) ausdrücklich zwei verschiedene Arten der Auflösung von Rechtsbegriffen: 1) durch Umschreibung, 2) durch Auflösung in die sächlichen Merkmale des concreten Falles. Von dem Art. 82 sagt er: „Die Worte des Art. 82 scheinen zwar nur auf die Ersetzung der ersteren Art zu gehen; allein die Absicht desselben reicht offenbar (?) weiter, da die Entscheidung über den Sinn des streitigen Rechtsbegriffs dem Richter vorbehalten werden sollte, weil es nicht im Berufe der Geschworenen liege, sich mit Rechtsfragen zu befassen[3])." Er unternimmt es nun, die Merkmale, deren sich das Gesetz zur Bezeichnung des Thatbestandes der einzelnen

---

1) Siehe den Aufsatz in Goltdammers Archiv Bd. III. S. 181 ff.: „Ueber That- und Rechtsfrage in der Fragestellung, insbesondere über die Nothwendigkeit der Auflösung von Rechtsbegriffen."

2) a. a. O. S. 191.

3) Dem gegenüber ist nachdrücklich zu betonen, daß die Bestimmung des Art. 82 nur von einer verdeutlichenden Umschreibung verstanden werden kann.

Verbrechen bedient, zu untersuchen, um danach festzustellen, welche als „allgemein bekannt“ im Allgemeinen angesehen werden können und welche nicht, welche daher einer Auflösung nicht bedürfen und welche eine solche nöthig machen. Er unterscheidet fünf Klassen von gesetzlichen Merkmalen: 1) Ausdrücke des gewöhnlichen Lebens; 2) Ausdrücke, welche der Gesetzgeber selbst definirt hat[1]); 3) Ausdrücke, zu deren Verständniß eine anderweite Rechtskenntniß erfordert werde[2]); 4) Ausdrücke des gewöhnlichen Lebens, die jedoch zugleich in einem gewissen rechtlichen Sinne gebraucht sind, „wobei der Gesetzgeber aber gerade eine allgemeine Wortfassung um deswillen gewählt hat, weil er, in der Unmöglichkeit, den entsprechenden Inhalt des Begriffs genauer zu bestimmen, einen allgemeinen, seiner Anwendung nach von den Umständen abhängigen Ausdruck wählen mußte[3])“; 5) „Gewisse mit der Strafrechtswissenschaft zusammenhängende Begriffe, die der Gesetzgeber jedoch dadurch, daß er sie nach der besonderen Natur der verschiedenen Verbrechen und Vergehen zu bestimmen suchte, dem gewöhnlichen Verständniß nahegelegt hat[4]).“

Die in der zweiten und dritten Klasse seien entschieden Rechtsbegriffe, mitunter aber freilich so bekannt, daß eine Auflösung nicht nöthig sei[5]). Zweifelhaft dagegen sei es mit der vierten und fünften Klasse. Der Verfasser führt in Betreff

1) wie „Urkunde“, „Einbruch“, „Einsteigen“.

2) wie „amtlich“, unter Umständen auch „widerrechtlich“.

3) wie „List“, „Gewalt“, „Drohung“, „Anfang der Ausführung“, „gewohnheitsmäßig“ u. s. w.

4) wie „Vorsatz“, „wissentlich“, „mit Ueberlegung“, „in der Absicht, sich Gewinn zu verschaffen, Anderen zu schaden.“

5) Soll bei den Merkmalen der zweiten Klasse die etwa nothwendige Auflösung eine Umschreibung (mit der Definition des Gesetzes) oder eine Ersetzung durch concrete Thatumstände sein?

dieser Merkmale aus, daß zu ihrem Verständniß die Kenntniß des gesetzlichen Umfanges des einzelnen Begriffes erforderlich sei, daß sie daher als Rechtsbegriffe angesehen werden müßten. Er bemerkt, daß es oft sehr schwierig sei, über ihre Anwendbarkeit im einzelnen Falle zu entscheiden. Er hebt ferner hervor, daß in dem nichtschwurgerichtlichen Verfahren diese Begriffe der Kritik des Nichtigkeitsrichters unterlägen, indem der Richter in den Entscheidungsgründen des Urtheils die Anwendung jener Merkmale zu begründen habe [1]). Nichtsdestoweniger entscheidet er sich für die Nichtauflösung dieser Begriffe in der Fragestellung an die Geschworenen. Er ist der Meinung, die Merkmale „Absicht zu schaden", „sich Gewinn zu verschaffen", „Zusammenrotten", „List", „Gewalt", „Drohung", „Anfang der Ausführung", „gewohnheitsmäßig" u. s. w. müßten und könnten deshalb den Geschworenen überlassen werden, weil zu ihrer Feststellung dennoch keine eigentliche Rechtskenntniß erforderlich sei. Dies Letztere trete nur dann ein, wenn die Quelle der Entscheidung

1) Hierbei ist zu erinnern, daß auch durch die ausführlichsten Entscheidungsgründe mitunter die Anwendung eines gesetzlichen Merkmals auf den concreten Fall nicht vollständig wird gerechtfertigt oder dargelegt werden können; daß vielmehr nicht selten der Fall eintreten wird, daß der Richter aus den vielfachsten Indicien auf das Vorhandensein z. B. der „Absicht zu schaden" schließen kann und schließen muß und in den Entscheidungsgründen daher nur diese Indicien, nicht aber die im concreten Falle wirklich vorhandene Absicht des Thäters angeben kann, deren Qualification als „Absicht zu schaden" dann in der höheren Instanz geprüft werden könnte. Auch hier ist es allerdings noch immer denkbar, daß der Richter in der Motivirung des Urtheils seine Auffassung des fraglichen Begriffes näher auseinandersetzt und angiebt, welche Bedeutung er im vorliegenden Falle annehmen zu können glaubte. Aber dies wird doch nur selten vorkommen, vielmehr nicht selten der Fall eintreten, daß die Entscheidungsgründe in keiner Weise einen Anhalt zur Kritik der Feststellung des gesetzlichen Merkmals liefern.

in einer besonderen rechtlichen Vorschrift gesucht werden müsse. Er äußert sich dahin, „daß die Begriffe über die äußere und innere Qualifikation der Handlung im Allgemeinen als Volksbegriffe oder doch als Begriffe zu betrachten seien, bei denen eine Auflösung im Sinne des Art. 82 nicht zu geschehen hat, rsp. nicht geschehen kann, weil sonst den Geschworenen ein wesentlicher Theil der Thatfrage entzogen werden würde". — Man muß aber vielmehr anerkennen, daß die Geschworenen überall, wo rechtliche Beurtheilungen nothwendig werden, entweder von selbst diese vorzunehmen oder der hier nöthig werdenden Rechtsbelehrung des Richters zu folgen haben. Sonst stellt man sich auf den Standpunkt der französischen Praxis, welche fast alle wesentlichen Merkmale des gesetzlichen Thatbestandes der Verbrechen für reine Thatumstände erklärt, die an und für sich klar seien, und nur einige wenige principiell von der Feststellung der Geschworenen ausschließt, weil zu ihrer Auffassung Rechtskenntnisse gehörten! Das Recht soll unter allen Umständen zur Verwirklichung kommen, gleichviel welches seine Erkenntnißquelle ist; darum darf man nicht diejenigen Merkmale, zu deren Erkenntniß „besondere Rechtskenntnisse" nöthig sind, für Rechtsbegriffe, solche Merkmale aber, zu deren richtiger Auffassung zwar nicht die Kenntniß eines besonderen Gesetzes, dennoch aber vielleicht vielfach juristische Erwägungen erfordert werden, für Thatumstände erklären. Eine Classification der gesetzlichen Merkmale in dieser Hinsicht ist durchaus nutzlos: alle gesetzlichen Merkmale gehören vor die Geschworenen, und wo immer zu ihrer Feststellung rechtliche Rücksichten zu beobachten sind, da haben die Geschworenen, unter Leitung der Richter, diese Rücksicht zu nehmen. —

Wenn es dem Ermessen der Richter einmal überlassen sein sollte, statt schwieriger gesetzlicher Merkmale die concreten Thatumstände in die Fragen aufzunehmen, so war zu erwarten, daß von dieser Befugniß auch dann Gebrauch gemacht würde, wenn es sich nicht um unbekannte und streitige Rechtsbegriffe handelte, sondern wenn der Vorsitzende oder der Gerichtshof es überhaupt zweckmäßig fanden, die Geschworenen auf die Constatirung bloßer Thatsachen des vorliegenden Falles zu beschränken. Es machte sich ähnlich wie in der französischen, so auch in der preußischen Praxis vielfach die Neigung geltend, dem Institut der Jury auf solche Art den Lebensnerv abzuschneiden. Das Obertribunal fühlte keinen Beruf, dieser Neigung entgegenzutreten, und hatte sich überdies durch seine Interpretation des Art. 82 hierzu den Weg abgeschnitten. Es hat vielmehr stets, wenn nur das in der Frage enthaltene concrete Material die Anwendung des gesetzlichen Merkmals zu rechtfertigen schien, die wegen bloßer Befragung der Geschworenen nach concreten Umständen erhobene Nichtigkeitsbeschwerde des Angeklagten zurückgewiesen und dadurch die Degradirung der Geschworenen zu bloßen „Probirsteinen des Beweises" [1]) gebilligt. Interessant ist in dieser Beziehung eine Entscheidung des Obertribunals vom 14ten März 1858 [2]), in welcher der höchste Gerichtshof Fragestellung, Verdict und Urtheil des Schwurgerichtshofes aufrecht erhielt in der Erwägung,

„daß zwar regelmäßig die gesetzliche Qualification der Thatsachen, aus welchen das Dasein eines im Thatbestand eines Verbrechens oder Vergehens liegenden Merkmals abgeleitet werden soll, zur Feststellung der Thatfrage gehört; daß es daher auch im gegenwärtigen Falle unerläßlich gewesen sein würde, die Absicht, sich oder Anderen Gewinn zu verschaffen, ausdrücklich zum Gegenstande der Beantwortung zu machen, wenn es irgend zweifelhaft hätte sein können, daß durch die

---

1) S. Planck, deutsches Strafverfahren S. 404.

2) S. Goltdammers Archiv Bd. VI. S. 536.

darin aufgenommenen concreten Umstände die Absicht, einem Anderen Befreiung von einer wider denselben anhängigen Untersuchung zu verschaffen, unter allen Umständen die beabsichtigte Verschaffung eines Gewinns in sich schließt, indem ein solcher nicht nothwendig ein pekuniärer Vortheil zu sein braucht".

In dieser Entscheidung wird zwar als das Regelmäßige die Frage nach der gesetzlichen Qualification anerkannt. Es stellt sich aber die große Seltsamkeit heraus, daß die Gerichte angewiesen werden, solche Rechtsbegriffe, wie „Gewinn" u. s. w., wenn sie „irgend zweifelhaft" sein können, den Geschworenen nicht zu entziehen, während sie nach der von der Praxis angenommenen Interpretation des Art. 82 solche Begriffe gerade auflösen sollen (u. zw. in die Thatsachen des vorliegenden Falles), wenn sie als „zweifelhaft" erscheinen! Jedenfalls billigt das Obertribunal die Beschränkung der Geschworenen auf concrete Thatsachen, sobald nur die letzteren zur Herstellung des gesetzlichen Merkmals ausreichen.

Das Gesagte möge genügen, um die Art und Weise zu veranschaulichen, in welcher die preußische Praxis die gesetzliche Vorschrift, daß die Geschworenen nach den „wesentlichen Merkmalen der strafbaren Handlung", also nach den gesetzlichen Voraussetzungen der Schuld des Angeklagten gefragt werden sollen, befolgt. —

Was nun aber das Verhältniß des gesetzlichen Verbrechensthatbestandes zu dem concreten Thatbestande der vorliegenden Handlung des Angeklagten betrifft, so wird die Darlegung der hierüber von der preußischen Praxis befolgten Auffassung am besten an den Fall anknüpfen, daß die Geschworenen die in die Frage aufgenommenen factischen Umstände verneinen und dennoch die einzelnen Merkmale des gesetzlichen Thatbestandes bejahend feststellen. Es wurde zu Anfang dieses Abschnittes bemerkt, daß allerdings sehr gewöhnlich nur die gesetzlichen Merkmale aufgenommen und diesen allein solche individuellen

Nebenumstände des einzelnen Falles hinzugefügt werden, welche zur Charakterisirung einer speciellen Handlung durchaus nöthig sind. Doch wird es auch nicht selten vorkommen, daß die concrete Handlung ausführlich bezeichnet ist, und zwar durch Aufnahme solcher factischen Umstände, in denen die gesetzlichen Verbrechensmerkmale im speciellen Falle verwirklicht erscheinen. Bei manchen Verbrechensarten ist die gesetzliche Bestimmung über den Thatbestand so allgemein und umfaßt so verschiedene Arten von Fällen, daß die Gerichte die Nothwendigkeit fühlen, neben den gesetzlichen Merkmalen die Umstände der besonderen That, um die es sich handelt, in der Frage aufzuführen.

Diese Nothwendigkeit der Individualisirung kann leicht zur Beschränkung der Geschworenen auf die concreten Umstände der That führen, wenn der Gerichtshof nicht strenge daran festhält, daß es seine Pflicht ist, den Geschworenen zugleich den gesetzlichen Thatbestand zu unterbreiten. In allen den Fällen jedoch, in denen die betreffenden gesetzlichen Merkmale sog. „thatsächlicher" Natur zu sein scheinen, wird auch in der Praxis die an die Geschworenen gerichtete Frage meist in Form einer Gegenüberstellung gesetzlicher Merkmale und concreter Thatsachen abgefaßt.

In einem Falle, der am 5ten März 1856, zur Entscheidung des Obertribunals kam [1]), hatten die Geschworenen geantwortet: „Ja, die Angeklagte ist schuldig, am —, im Hause des N. zu — den Tod ihres Kindes durch Fahrlässigkeit herbeigeführt zu haben; aber es ist nicht erwiesen 1, daß dies dadurch geschehen, daß sie ihre Entbindung stehend abwartete, 2, daß dies dadurch geschehen, daß sie nach der Geburt das Kind mit einem Tuche umwickelte und daß sie dasselbe in den in ihrer Schlafkammer stehenden Koffer legte und daselbst liegen ließ. Der Schwurgerichtshof hatte dies Verdict für in sich

1) S. Goltdammers Archiv, Band IV. S. 486 f.

widersprechend erachtet und die Geschworenen zu erneuter Berathung zurückgeschickt. Hierauf hatten die Geschworenen ein Nichtschuldig ausgesprochen und in Folge dessen der Gerichtshof die Angeklagte freigesprochen. Das Obertribunal jedoch vernichtete auf die Seitens der Staatsanwaltschaft eingelegte Nichtigkeitsbeschwerde dies Urtheil und verurtheilte seinerseits die Angeklagte zu einem Jahr Gefängniß, u. zw. in Erwägung,

„daß, wenn in der — Frage die Verübung des Verbrechens auf einzelne speciell hervorgehobene thatsächliche Momente zurückgeführt ist, sie (die Geschworenen) bei der Abgabe ihres Verdicts an diese einzelnen Momente nicht gebunden sind, ihnen vielmehr zusteht, unter Verneinung dieser Elemente der Frage denjenigen Theil derselben zu bejahen, in welchem die wesentlichen Merkmale des dem Angeklagten zur Last gelegten Verbrechens oder Vergehens enthalten sind, insofern ihnen für diese Bejahung durch die Verhandlung anderweite Haltpunkte dargeboten werden".

Aus unseren früheren Erörterungen muß klar sein, wie diese Entscheidung des Obertribunals zu beurtheilen ist. Es sind in dem vorliegenden Falle zwei Möglichkeiten denkbar. Entweder nämlich war die Anklage im Allgemeinen darauf gerichtet, daß die Angeklagte an dem und dem Tage, zu der und der Zeit ihr neugeborenes Kind durch Fahrlässigkeit getödtet habe, oder schon die Anklage enthielt jene speciellen Umstände der That. War das Erstere der Fall, so durfte der Gerichtshof nicht eigenmächtig in der Frage an die Geschworenen diese Specialien hinzufügen; that er es dennoch, so war dies für die Aufgabe der Geschworenen durchaus unwesentlich: diese konnten und mußten schuldig sprechen, auch wenn sie die einzelnen factischen Umstände verneinen mußten. War dagegen das Letztere der Fall (ging die Anklage auf eine bestimmte Art der Tödtung), so kam es darauf an, ob nach den Grundsätzen der Anklageänderung die Einzelheiten der That fallen gelassen und die Verurtheilung im Allgemeinen wegen Tödtung ihres neugeborenen Kindes durch die Angeklagte ausgesprochen werden durfte. — Der allgemeine Grundsatz aber, den das Obertribunal in seiner Entscheidung ausspricht, ist jedenfalls irrig. Giebt man den Geschworenen das Recht die „thatsächlichen Momente" zu verneinen, die „wesentlichen Merkmale" aber zu bejahen, und läßt man in solchen Fällen stets eine Verurtheilung eintreten, so führt dies dahin, daß der Angeklagte leicht wegen einer ganz anderen That verurtheilt werden kann, als worauf die Anklage ging[1]) und worauf auch vielleicht eine mögliche Anklageänderung sich hätte erstrecken können. In dieser Beziehung ist auf die oben angestellte Kritik der Planckschen Auffassung zu verweisen, mit welcher jene Entscheidung des Obertribunals übereinstimmt.

Es ist keineswegs richtig, wenn ein Schriftsteller[2]), der

---

1) Man vergleiche den anderen bei Goltdammer a. a. O. S. 486. mitgetheilten Fall:

„(Es) lautete die Frage:

Schuldig, am — dem P. in den Handlungen, welche die in der Frage gedachte That desselben vorbereitet oder vollendet haben, durch Wachehalten wissentlich Hülfe geleistet zu haben?

Die Geschworenen antworteten:

Ja, er ist schuldig, aber es ist nicht erwiesen, daß er Wache gehalten hat.

Der Schwurgerichtshof verurtheilte aus §. 34 Nro. 2 des Strafgesetzbuches. Die dagegen eingelegte Nichtigkeitsbeschwerde des Angeklagten wurde durch Urtel des O. T. vom 1. August 1855 wider P. zurückgewiesen, weil der Thatbestand der Beihülfe in dem Ausspruche der Geschworenen, obschon sie eine Beihülfe durch Wachehalten verneint hätten, zu finden sei, da sie zugleich erklärt hätten, daß der Angeklagte dem P. in den Handlungen, welche die That vorbereitet oder vollendet haben, wissentlich Hülfe geleistet habe, und die Geschworenen hierbei aus den Grenzen der ihnen gestellten Frage nicht herausgetreten seien".

2) „Ueber einige Mängel der Fragestellung an die Geschworenen und der Verdicte der letzteren, in Goltdammers

das Mißliche dieser ganzen Anschauung sehr lebhaft fühlt, dennoch dieselbe „nach dem Geiste unseres bestehenden Rechtes, ebenso wie nach dem Rechte aller übrigen dem französischen Verfahren nachgebildeten deutschen Proceßordnungen . . . vollkommen gerechtfertigt" nennt. Alle diese positiven Gesetze verlangen vielmehr, daß die „strafbare Handlung" zur Aburtheilung komme; diese aber ist keine andere als die in der Anklage aufgestellte mit ihren Erweiterungen durch eine etwaige Anklageänderung. Es ist allein die Praxis, welche jenes ausschließliche Gewicht auf die Aufnahme der gesetzlichen Merkmale legt. Diese Praxis ist es, welche durch Auflösung auch von solchen Merkmalen, welche die Anklage unmittelbar (ohne factische Umstände) hinstellt, in manchen Fällen die Anklage beliebig beschränkt, und welche umgekehrt oft die concreten Behauptungen der Anklage ganz außer Acht läßt und dadurch eine Anklageerweiterung herbeiführt, wie sie mitunter auch durch eventuelle Fragen nicht gestattet sein würde, jedenfalls aber eine Unbestimmtheit in der Aburtheilung des vorliegenden Falles veranlaßt, welche durchaus zu mißbilligen ist.

Es sei nun gestattet, auf die theoretischen Erörterungen näher einzugehen, zu denen diese Praxis Veranlassung gegeben hat. Zunächst hat die schon erwähnte Abhandlung im Archiv

Archiv, Bd. IV. S. 485 ff. Hier ist auch die oben besprochene Entscheidung des O. T. citirt. Die hier ebenfalls erwähnte Entscheidung des früheren rheinischen Revisions- und Kassationshofes (welche die Freisprechung auf das Verdict: „Ja, der A. ist sch., zur Begehung des Diebstahls — angereizt oder verleitet zu haben, jedoch ohne Geschenke und Versprechen", billigte und aufrecht erhielt) steht deswegen nicht in einem eigentlichen Gegensatze zu dem Erkenntniß des O. T., weil hier ein wesentliches Merkmal verneint schien. (In Wahrheit allerdings war dies „wesentliche" M. dennoch ein unwesentliches; denn wenn der §. 34 Nro. 1 des St. G. B. sagt: „Durch Geschenke oder Versprechen — — oder durch andere Mittel", so kommt es eben auf die nähere Feststellung des Mittels gar nicht an. Vgl. Berner, Lehrbuch des deutschen Strafrechts. Leipzig 1857. S. 166).

für preußisches Strafrecht (Bd. IV. S. 485 ff.) die entschiedene Forderung aufgestellt, daß jene unbeschränkte Competenz der Geschworenen zur Feststellung der gesetzlichen Merkmale gesetzlich aufgehoben, daß die Geschworenen vielmehr an gewisse concrete Umstände gebunden werden müßten. Folgen wir ihren Ausführungen im Einzelnen.

Wenn der Verfasser zuvörderst meint [1]), es müsse dafür gesorgt werden, daß, wenn ein gesetzlicher Ausdruck mit einer gewissen Beschränkung zu verstehen sei (z. B. bei der Vergiftung das „vorsätzlich" als „um die Gesundheit zu beschädigen"), der Richter diese Modification in der Frage ausdrücken dürfe, so betrifft dieser Punkt eigentlich nicht die Frage, von der er ausgeht [2]). Er berührt nicht das Verhältniß der concreten zu den gesetzlichen Thatsachen, sondern die Frage, ob das gesetzliche Merkmal genau buchstäblich nach den Worten des Gesetzes aufzunehmen, oder ob dem Richter zu überlassen sei, durch Zusätze die Geschworenen an eine bestimmte Auffassung desselben zu binden. Es ist wohl kein Zweifel, daß nach dem preußischen Gesetze dieser Fall unter den Art. 82 fällt, der eine verdeutlichende Umschreibung schwieriger Rechtsbegriffe vorschreibt

Was aber die eigentliche Streitfrage betrifft, so sagt der Verfasser [3]), es sei durch den Art. 81 des Gesetzes vom 3ten Mai gar nicht bestimmt, daß nur die gesetzlichen Merkmale aufgenommen werden müßten; es sei vielmehr nach dem Gesetze jedenfalls dem Richter erlaubt, die Frage auszudehnen und auch Specialitäten des vorliegenden Falles mitaufzunehmen. Nach der richtigen Auslegung des Gesetzes ist es nun allerdings wahr, daß es nicht von gesetzlichen Merkmalen allein verstanden werden kann. Dies bezieht sich aber nur auf die in der Anklage enthaltenen factischen Umstände: diese sollen

1) a. a. O. S. 490.

2) Richtig bemerkt von v. Kräwel in Goltdammer's Archiv für preuß. Strafrecht Bd. VI. S. 213.

3) a. a. O. S. 491.

mit in die Frage kommen, nicht aber beliebige vom Richter ausgewählte concrete Thatsachen.

In Betreff der Art und Weise, wie der Richter Specialien in die Frage aufnehmen könne, unterscheidet die Abhandlung zwei Fälle. Der Richter könne nämlich entweder 1, so specialisiren, „daß hierin in einer Art Auflösung jene Merkmale", oder aber 2, so, daß „dieselben außerdem u. zw. nur als eine Konclusion aus dem angegebenen Thatbestande vorhanden sind" [1]). Was aber die erwähnte erste Art angeht, so scheint mit dieser „Art Auflösung" nichts anderes gemeint sein zu können, als die Aufnahme concreter Umstände an Stelle des gesetzlichen Merkmals. In den Thatsachen des einzelnen Falles sind nun zwar allerdings, wenn der Fall überhaupt unter das Gesetz paßt, stets die gesetzlichen Merkmale in einer Art Auflösung enthalten [2]). Ob dies aber gerade der Fall ist, ob der Fall unter das Gesetz paßt, darüber sollen die Geschworenen, unter der Leitung des Richters, entscheiden, und es darf nicht der Richter diese Function einseitig für sich in Anspruch nehmen. Wenn schon bei der Auflösung von Rechtsbegriffen eine solche Beschränkung der Geschworenen als unberechtigt bezeichnet werden mußte, so ist dies noch entschiedener hier der Fall, wo es sich nicht um schwierige Rechtsfragen handelt, sondern nur um die Nothwendigkeit einer Individualisirung der That. Mit der zweiten Art der Specialisirung hingegen befindet sich der Verfasser wirklich auf dem Boden der eigentlichen Streitfrage, welche die von ihm an die Spitze gestellte Entscheidung des Obertribunals betrifft. Wenn so specialisirt wird, daß die gesetzlichen Merkmale „außerdem" und „als eine Konclusion aus den angegebenen Thatsachen" in der Frage enthalten sind, so liegt wirklich der Fall einer Gegenüberstellung der concreten und der gesetz-

1) a. a. O. S. 491.

2) Jene bilden das Besondere zu diesem Allgemeinen.

lichen Umstände vor, und es kann sich die Frage erheben, wie weit die Geschworenen an die ersteren gebunden sein sollen oder nicht.

Jene Entscheidung des Obertribunals vindicirt den Geschworenen das Recht, die Bejahung der gesetzlichen Merkmale auf die Constatirung anderer concreter Thatsachen zu gründen, als der in der Frage aufgeführten. Gegenüber dieser Rechtsansicht, welche er nach dem positiven Gesetze gerechtfertigt nennt, fordert nun der Verfasser, daß der Richter gesetzlich ermächtigt werde, „den Thatbestand des Verbrechens in der Frage selbst auf gewisse Thatsachen zu beschränken, die nach der rechtlichen Ansicht des Richters allein geeignet sind, ihn darzustellen [1])." So unrichtig aber in ihrer Allgemeinheit die Anschauung des Obertribunals genannt werden muß, so unrichtig ist auch diese allgemeine Forderung. Giebt man dem Gerichtshofe, oder gar dem Vorsitzenden allein, das Recht, den Spruch der Geschworenen an gewisse ihm wesentlich erscheinende factische Umstände der That, wie sie sich bei der Verhandlung ergeben haben, zu binden, so liegt darin eine Einwirkung des Richters auf die Entscheidung der Thatfrage, welche so lange durchaus unzulässig ist, als es die dem Angeklagten zur Last gelegte strafbare Handlung sein soll, über welche die Geschworenen zu entscheiden haben. Wenn der Richter die Geschworenen auf beliebige von ihm aus den Ergebnissen der Verhandlung herausgegriffene Umstände beschränkt, so entscheidet er definitiv wenigstens darüber, was von dem zur Verhandlung gebrachten Stoffe nicht zur Verurtheilung führen soll, und dies ist doch sicher ein Theil der Entscheidung der Thatfrage.

Die richtige Wendung des in jener Abhandlung ausgesprochenen Postulats wäre: daß es ein Mittel geben müsse, die Geschworenen an die von der Anklage behaupteten concre-

---

1) a. a. O. S. 493.

ten Umstände zu binden, soweit nicht diese letzteren unwesentliche Nebenpunkte betreffen oder durch eine rechtlich zulässige Erweiterung der Anklage im Urtheil über sie hinausgegangen werden darf. Dieses Mittel braucht aber nicht erst gesetzlich eingeführt zu werden, sondern besteht schon nach dem positiven Rechte einfach darin, daß man die thatsächlichen Behauptungen der Anklage in die Frage an die Geschworenen aufnimmt und eine Verurtheilung nur dann erfolgen läßt, wenn die Geschworeneu sowohl die concreten Umstände als die Anwendbarkeit der gesetzlichen Merkmale auf sie bejahend festgestellt haben.

Der Hauptzweck, dessenwegen die erwähnte Abhandlung die Geschworenen an concrete Umstände gebunden wissen will, besteht darin, eine Prüfung in der oberen Instanz möglich zu machen, ob die Feststellung der gesetzlichen Merkmale durch die Geschworenen sich wirklich auf solche Thatsachen des vorliegenden Falls begründe, welche unter jene Merkmale rechtlich subsumirt werden können. Dieser Zweck läßt sich aber der Natur der Sache nach nur soweit erreichen, als die Anklage im einzelnen Falle specialisirt hat. Hat die Anklage wirklich specialisirt, so wird eine Prüfung des Verdicts in Hinsicht der Subsumtion der concreten unter die gesetzlichen Thatsachen allerdings möglich sein. Soweit aber die Anklage ihre Behauptungen in der allgemeinen Form der gesetzlichen Merkmale aufstellt, muß die Feststellung derselben durch die Geschworenen als endgültig und unumstößlich angesehen werden. In jeder hier vorgenommenen Beschränkung der Geschworenen auf thatsächliche Umstände würde eine vorgängige theilweise Erledigung der Thatfrage durch das Gericht liegen, während es doch wenigstens die ganze Thatfrage ist, welche zur Entscheidung der Geschworenen kommen soll. — Mag diese theilweise Unmöglichkeit einer Nachprüfung des rechtlichen Theils des Verdicts ein Nachtheil des schwurgerichtlichen Verfahrens sein, jedenfalls ist er nicht ohne Verletzung wesentlicher processualischer Grundsätze zu vermeiden. Uebrigens ist oben [1]) schon gesagt worden, daß auch die Entscheidungsgründe, welche der Richter im nichtschwurgerichtlichen Verfahren abzugeben hat, nicht immer einen genügenden Anhalt zu einer solchen Nachprüfung zu liefern im Stande sind.

Die Entscheidung des Obertribunals vom 30. Mai 1856, welche der Verfasser jener Abhandlung [2]) als Beleg dafür anführt, daß einmal „die Macht der Thatsachen schwerer gewogen habe, als der hergebrachte Formalismus der Fragestellungen, sowie dieselben unter dem Schutze des Art. 81 gefaßt werden", bildet allerdings eine Ausnahme von der sonstigen Praxis des höchsten Gerichtshofes. Während derselbe sonst die Feststellung der wesentlichen Merkmale des Verbrechens durch die Geschworenen für genügend erklärt, hat er in diesem einzelnen Falle entschieden, daß es nothwendig gewesen wäre, in der Frage die Einzelheiten der vorliegenden That anzugeben. Es handelte sich um eine Wechselfälschung. Die Geschworenen hatten durch ihr Verdict festgestellt, daß der Angeklagte „den Wechsel gefälscht und zum Zwecke der Täuschung von demselben Gebrauch gemacht habe." Das Obertribunal vernichtete die Fragestellung, das Verdict und das Urtheil, weil die Geschworenen nach der concreten Art der Fälschung hätten gefragt werden müssen. Diese Entscheidung war materiell durchaus richtig, und zwar deshalb, weil die Anklage eine bestimmte Art der Fälschung des Wechsels behauptet hatte. Anders aber verhält es sich mit den Entscheidungsgründen. Das Obertribunal vernichtete nämlich aus dem allgemeinen Grunde, weil das Merkmal „gefälscht" nicht in dieser allgemeinen Form den Geschworenen hätte vorgelegt werden dürfen. In den Entscheidungsgründen heißt es [3]): „Es ergiebt sich, daß durch das Verdict der Ge-

1) S. 252. Anm. 1.
2) a. a. O. S. 499 ff.
3) a. a. O. S. 501 ff.

schworenen nicht diejenige Rechtssicherheit gewährt wird, welche zur Begründung des Strafurtheils erforderlich ist, da nirgends erhellt, ob die Fälschung dieses Wechsels in seinem Kontexte selbst oder nur in den Indossamenten stattgefunden habe. Und dennoch liegt darin ein wesentlicher durch das Wechselrecht begründeter Unterschied. Denn während die im Kontexte des Wechsels befindlichen Aenderungen und Einschaltungen u. s. w. u. s. w. Dem Gerichtshof ist hiernach durch jene allgemeine Fassung des Verdicts die ihm allein zustehende Entscheidung der Rechtsfrage entzogen . . . (Die Geschworenen) haben sich einer rechtlichen Prüfung des Begriffs der Fälschung unterziehen müssen . . . Unter solchen Umständen ist es klar, daß durch die ganz allgemeine, von aller Specialisirung des Falles absehende Fassung der Frage und des Verdicts den Geschworenen in verschiedener Richtung Rechtsfragen unterbreitet sind oder doch unterbreitet sein können, welche nicht ihnen sondern dem Gerichtshofe gebührten, und daß es daher erforderlich gewesen wäre, das Sachverhältniß in der Frage dergestalt in seine Bestandtheile aufzulösen und darzulegen, daß entweder dem Gerichtshofe die Beantwortung der dabei concurrirenden Rechtsfragen überlassen, oder doch erkennbar gemacht wäre, daß die Entscheidung der Geschworenen sich lediglich auf thatsächliche Verhältnisse gegründet habe. Zwar schreibt der Art. 81 vor u. s. w. Damit würde also ein Verdict, welches a) Fälschung einer näher bezeichneten Schrift, b) gewinnsüchtige Absicht, c) Gebrauch zum Zwecke der Täuschung feststellt, wie dies hier geschehen, genügen müssen, um darauf das Strafgesetz anzuwenden, weil es alle wesentlichen Merkmale des Thatbestandes der im §. 247 mit Strafe bedrohten Fälschung enthält. Allein sobald unter diesen Merkmalen selbst sich solche befinden, welche nicht unbestrittne Rechtsbegriffe sind, muß an sich schon deren Auflösung nach Art. 82 erfolgen; außerdem aber ist eine solche Auflösung in die Specialitäten des Falles nicht allein durch eine die Rechtssicherheit gewährleistende Vorsicht geboten, sondern sogar gesetzlich (?) erforderlich, wenn die Feststellung bestimmter im Gesetze angegebener Merkmale entweder nicht ohne eine rechtliche Beurtheilung des Falles geschehen kann, oder doch die Alternative vorliegt, daß die Geschworenen entweder lediglich unter thatsächlichen Erwägungen oder aber zugleich unter rechtlicher Beurtheilung ihr Verdict abgegeben haben[1])."

Es ist nicht ganz deutlich, ob das Obertribunal hier wirklich, übereinstimmend mit der Forderung der erwähnten Abhandlung, eine Gegenüberstellung des gesetzlichen Merkmals und solcher concreter Umstände, welche als die im vorliegenden Falle erheblichen erscheinen, verlangt, oder ob es diese Fälle nicht vielmehr ganz nach seiner Auffassung des Art. 82 behandelt wissen will. Sollte das Letztere, wie wahrscheinlich, in seiner Absicht liegen, so wäre diese Entscheidung, die der Verfasser jener Abhandlung als seiner Forderung entsprechend anführt, der beste Beweis dafür, daß eine willkürliche Auswahl concreter Umstände durch das Gericht schließlich zu einer vollständigen Einschränkung der Geschworenen führen würde.

Uebrigens weist die Aeußerung der Entscheidungsgründe, daß eine Auflösung vorgenommen werden müsse, „wenn die Feststellung bestimmter im Gesetze angegebener Merkmale nicht ohne eine rechtliche Beurtheilung geschehen kann", in Verbindung mit der als Regel aufgestellten Aufnahme der gesetzlichen Merkmale in die Frage, auf jene oft erwähnte, für das Geschworeneninstitut und die Rechtsanwendung so gefährliche Grundanschauung hin. Es scheint nämlich daraus hervorzugehen, daß das Obertribunal der Ansicht ist, daß für

---

1) a. a. O. S. 503. 504.

gewöhnlich die gesetzlichen Merkmale gar keiner rechtlichen Beurtheilung unterlägen und deßhalb den Geschworenen überlassen werden könnten, daß es dagegen einige gesetzliche Merkmale gebe, welche allerdings eine rechtliche Beurtheilung erforderten, und in Betreff deren deshalb die Geschworenen auf das rein Thatsächliche beschränkt werden müßten. Es ist dies die französische Auffassung, welche den bei Weitem größten Theil der criminalistischen Begriffe aus dem Zusammenhange des Rechtsgebietes ausscheidet, um nur für die übrig bleibenden wenigen Begriffe jene unnatürliche Scheidung von Thatsache und Recht vornehmen zu können. Statt wie in England alle bei der Entscheidung über die gesetzlichen Voraussetzungen der Schuld in Betracht kommenden rechtlichen Erwägungen den Geschworenen zu überlassen, und die letzteren auf die Rechtsbelehrung des Richters hinzuweisen, will man zwischen den einzelnen Bestimmungen des Gesetzes eine Unterscheidung statuiren, welche ebenso verkehrt ist, als die Theorie, nach welcher die Geschworenen nur über concrete Thatsachen urtheilen sollen. Es läßt sich zwischen den Merkmalen, welche eine rechtliche Beurtheilung erfordern, und denjenigen, welche diese nicht nöthig machen, keine Grenze ziehen. Dies hat auch das Obertribunal sicher gefühlt, wenn es sagt: „oder doch die Alternative vorliegt, daß die Geschworenen entweder lediglich unter thatsächlichen Erwägungen oder aber zugleich unter rechtlicher Beurtheilung ihr Verdict abgegeben haben.“ Wenn diese Alternative vorliege, so solle das Verdict nicht zu Recht bestehen können; denn in beiden Fällen geschehe etwas eine Nichtigkeit herbeiführendes: ein Rechtsbegriff müsse rechtlich beurtheilt werden, und die Geschworenen dürften nur über thatsächliche Umstände entscheiden. Die erste jener beiden Annahmen ist aber rechtlich gar nicht zulässig; denn wenn die Geschworenen in der Form des gesetzlichen Merkmals gefragt sind und ihr Ja oder Nein darüber abgegeben haben, so muß es sich von selbst verstehen, daß sie über den Sinn dieses gesetzlichen Merkmals ein Urtheil abgegeben haben. Die Vermuthung „daß sie rein thatsächlichen Erwägungen gefolgt seien", ist damit ausgeschlossen. Die zweite Annahme, „daß die Geschworenen zugleich unter rechtlicher Beurtheilung ihr Verdict abgegeben haben", ist die allein mögliche. Diese Annahme macht aber den Wahrspruch nicht ungültig, sondern nach dem Gesetze ist gerade das ein richtiger Wahrspruch, in welchem die Geschworenen die gesetzlichen Merkmale des Verbrechens entweder nach eigener Kenntniß oder, soweit die Merkmale nicht allgemein bekannt sind, nach der Rechtsbelehrung des Richters, jedenfalls aber im rechtlichen Sinne festgestellt haben.

In einem zweiten Aufsatze über denselben Gegenstand im fünften Bande des Archivs [1]) werden einige fernere Fälle erwähnt, in denen sich dieselbe Lücke des Gesetzes zeigen soll. Was den ersten Fall betrifft, so war auch nach unserer Ansicht das Verdict der Geschworenen nicht ein die Verurtheilung rechtfertigendes. Denn auch hier ging die Anklage auf eine ganz bestimmte Art der Beihülfe. Gemäß dieser Anklage war die Fragestellung erfolgt. Darum konnte es nicht in der Befugniß der Geschworenen liegen, die specielle Art der Beihülfe („fälschliche Anfertigung einer Testamentsausfertigung") zu verneinen, dennoch aber den Angeklagten der Beihülfe schuldig zu sprechen. Das Obertribunal hat darum durchaus richtig entschieden, indem es das auf ein solches Verdict gegründete Erkenntniß vernichtete. Die Entscheidungsgründe jedoch, welche die Abtheilung des Obertribunals hierfür abgab, und die Deduction des Generalstaatsanwalts von dem Plenum des Obertribunals [2]) gehen beide, übereinstimmend mit der Auffassung der vielfach erwähnten Abhandlung darin

1) S. 452 ff.

2) Beide mitgetheilt in Goltdammers Archiv a. a. O. S. 453 und 454 ff.

über das richtige Verhältniß hinaus, daß sie dem Gerichtshof das Recht vindiciren, aus den Ergebnissen der Verhandlung bestimmte concrete Thatsachen herauszunehmen und die Fragestellung auf sie zu beschränken, um zu verhüten, daß die Geschworenen solche Thatsachen ihrer Entscheidung zu Grunde legen, welche der Verhandlung ganz fremd sind. Nur wo die Anklage specialisirt hat, darf die Frage Specialien enthalten; wo sie aber ihre Behauptungen allgemein aufstellt, da ist es nicht Sache des Gerichtshofs, die concreten Thatsachen zu bestimmen, welche sie zu rechtfertigen geeignet sein könnten, sondern es muß den Geschworenen überlassen bleiben, das ganze Resultat der Verhandlungen in dieser Rücksicht zu prüfen. — In der Ausführung des Generalstaatsanwalts wird übrigens das mit voller Bestimmtheit hervorgehoben, daß die Geschworenen im Falle einer solchen Specialisirung nicht bloß über die Specialien zu fragen sind, sondern zugleich über die entsprechende gesetzliche Qualification [1]). — Es hätte bei der Entscheidung dieses Falles sehr nahe gelegen, daß das Plenum des Obertribunals das richtige Princip erkannt und ausgesprochen hätte, indem der zur Entscheidung gebrachte Fall die Wichtigkeit der Festhaltung der zur Anklage gebrachten concreten Handlung recht deutlich zu zeigen geeignet war. Anstatt dessen vernichtete es, „ohne für jetzt die zur Plenarberathung gestellte Frage zu entscheiden [2])", das Verfahren „wegen Undeutlichkeit und Unbestimmtheit des Spruchs, welche es zweifelhaft lasse, ob die Geschworenen ganz andere Mittel der Beihülfe angenommen hätten oder das zur Frage gestellte Mittel nur in anderer Modification." Es hat also ausgesprochen, daß wegen der Möglichkeit, daß die Geschworenen in

---

1) Abgesehen von der Bestimmung des Art. 82 über die Behandlung schwieriger Rechtsbegriffe; diese scheint auch der Generalstaatsanwalt von einer Ersetzung durch concrete Umstände zu verstehen.

2) Goltdammer a. a. O. S. 457.

diesem Falle die Grenzen des Thatsächlichen, welches sie zu beurtheilen hatten, überschritten hätten, Vernichtung erfolgen müsse. Daß diese aber nur **deshalb** erfolgen müsse, weil die Geschworenen eigenmächtig über die Behauptungen der **Anklage** hinausgegangen waren, hat es nicht ausgesprochen und dadurch von selbst zu der Vermuthung Veranlassung gegeben, daß es in den Fällen, wenn die von den Geschworenen verneinten Specialien erst **durch den Vorsitzenden**, resp. **den Gerichtshof** in die Frage aufgenommen sein sollten, ebenfalls jedes verurtheilende Erkenntniß vernichten werde. Damit aber würde das Obertribunal, welches in früheren Erkenntnissen sich so unbesorgt und gleichgültig über die „Specialisirung" in den Fragen geäußert hat, eine willkürliche Beschränkung der Anklage durch den Richter billigen, welche in directem Widerspruche stände mit dem gesetzlichen Grundsatze, **daß die Anklage zur Erledigung durch Wahrspruch und Urtheil kommen soll.**

Der **zweite** in dem Aufsatz erwähnte Fall [1]), ist der Art, daß die in dem Wahrspruche der Geschworenen bejahten concreten Umstände, nämlich die im gegebenen Falle vorgenommenen Versuchshandlungen, die Bejahung der neben jenen Umständen in die Frage aufgenommenen gesetzlichen Merkmale des Versuches nicht zu rechtfertigen schienen. Die Geschworenen hatten geantwortet:

„Ja, der Angeklagte ist schuldig, den Forstcandidaten Schütte a) vorsätzlich, b) mit Ueberlegung zu tödten in der Art versucht zu haben, daß er (der Angeklagte), indem er dem Forstlehrling Kreft ein, größtentheils Arsenik enthaltendes Pulver mit der Aufforderung, dasselbe dem Schütte beizubringen, gegeben hat, jenen Versuch durch Handlungen, welche einen Anfang der Ausführung des Verbrechens enthalten, an den Tag gelegt hat, wonächst dieser Versuch nur

1) a. a. O. S. 458 ff.

durch äußere, von dem Willen des Angeklagten unabhängige Umstände ohne Erfolg geblieben ist."

Es wurde mit der Nichtigkeitsbeschwerde geltend gemacht, daß hierauf keine Verurtheilung hätte erfolgen können. — Der Nichtigkeitsrichter mußte hier in Betreff der Frage, ob das Verdict in der That einen rechtlichen Widerspruch enthielt, folgende Erwägungen anstellen. Es ist bekanntlich controvers, ob die mißlungene Anstiftung als Versuch des Verbrechens anzusehen ist oder nicht. Wäre nun aus dem Verdicte gewiß, daß eine Anstiftung vom Angeklagten beabsichtigt war, so würde der Richter der Nichtigkeitsinstanz je nach seiner Ansicht über jene Controverse die Verurtheilung aufrecht zu erhalten oder zu vernichten haben. Nach dem Wortlaute des Verdicts bleibt es aber völlig ungewiß, ob der Angeklagte den B. zur selbständigen Begehung des Verbrechens hatte anstiften wollen (ob er ihn also von der Eigenschaft des Pulvers als Giftes in Kenntniß gesetzt hatte), oder ob er ihn darüber in Unkenntniß gelassen und ihn als willenloses Werkzeug zur Erreichung seines Zweckes hatte benutzen wollen. Der Richter mußte sich also zwei Fragen vorlegen: 1) ob er für den Fall, daß eine wirkliche Anstiftung beabsichtigt war, die mißlungene Anstiftung als Versuch des Verbrechens ansehen, 2) ob er für den Fall, daß der B. als willenloses Werkzeug benutzt werden sollte, Versuch (oder bloße Vorbereitungshandlung) annehmen müsse. Nur wenn er beide Fragen verneinen zu müssen glaubte, mußte er vernichten; denn nur dann war ein Widerspruch vorhanden. — Anders allerdings gestaltet sich die Sache, wenn die Anklage nicht im Allgemeinen „Versuch des Mordes durch Uebergabe des Pulvers u. s. w." behauptete, sondern mit Bestimmtheit angab, ob der Angeklagte den B. habe anstiften, oder ob er ihn als bloßes Werkzeug habe gebrauchen wollen [1]).

---

1) S. 460 wird mitgetheilt, daß die Anklage „in der That jenen zweiten Gesichtspunkt bei Verübung der That durch das willenlose Organ

War dies der Fall, so mußte Vernichtung wegen unrichtiger Fragestellung erfolgen. Denn wenn auch eine Ausdehnung der Anklage in der Fragestellung auf die ursprünglich nicht ins Auge gefaßte Modalität gestattet sein mochte, so konnte dies doch nur durch eine eventuelle Frage geschehen, während principaliter die Anklage ihre Erledigung finden mußte.

In dem dritten angeführten Falle[1]) ist von einem Conflict zwischen Thatsache und rechtlicher Feststellung im Verdicte keine Rede. Die Geschworenen hatten festgestellt, daß der Angeklagte fälschlich beschworen habe, am 4. December das und das gesehen zu haben. Wenn sich nun aus anderen Umständen ergab, daß der Angeklagte in seiner eidlichen Aussage eine andere Zeitangabe gemacht hatte, so betrifft die Frage, ob eine Anfechtung jener thatsächlichen Feststellung in der höheren Instanz zulässig sein sollte, die viel erörterte Controverse über die Anfechtbarkeit des thatsächlichen Theils des Urtheils durch Rechtsmittel im mündlichen Verfahren, nicht aber die Frage nach der Kritik der Rechtsfrage durch den höheren Richter. Die Forderung des Verfassers dieses und des früher besprochenen Aufsatzes geht denn auch dahin, „daß, sobald man überhaupt eine Berufung an einen höheren Richter gestattet, die Gesetzgebung diesem den Weg eröffnen muß, die Form zu brechen, um dem materiellen Rechte auch nach seiner Ueberzeugung näher treten zu können", also ebenso auf die Zulassung einer Kritik der That- als der Rechtsfrage. —

Es hat nun der Aufforderung, nach Mitteln zur Abstellung dieser Uebelstände zu forschen, v. Kräwel in demselben Archive[2]) zu entsprechen gesucht und, abgesehen von einigen

---

des Krest aufgefaßt" habe; doch wenn, wie ebenfalls mitgetheilt wird, der Anklagebeschluß wörtlich so lautete wie die Frage, so war die Richtung der Anklage auf jene specielle Modalität jedenfalls nicht erkennbar.

1) a. a. O. S. 463 ff.

2) Bd. VI. S. 212 ff.: „Wie ist es zu vermeiden, daß die

unwesentlichen Punkten, den besprochenen Ausführungen gegenüber entschieden daran festgehalten, daß es unzulässig sei, den Präsidenten oder vielmehr den Gerichtshof (denn wenigstens sei es doch dieser, der darüber zu entscheiden haben müsse) in der Art zum Vormund der Geschworenen zu machen, daß sie den Geschworenen in zwingender Weise concrete Thatsachen als Schranke ihres Verdicts hinstellen dürften. Es bleibe keine Wahl, als entweder die Geschworenen unbeschränkt über die gesetzlichen Merkmale entscheiden zu lassen oder sie geradezu nur nach den concreten Umständen zu fragen, auf welche dann erst der Gerichtshof die gesetzlichen Merkmale anzuwenden habe. v. Kräwel hält also seine schon früher im Archiv des Criminalrechts [1]) gestellte Forderung aufrecht, daß die Frage an die Geschworenen, abgesehen von Zeit, Ort und anderen Nebenumständen, nur die gesetzlichen Merkmale des Verbrechens enthalten müsse. Für das preußische Recht behauptet er, daß dies ausnahmslos der Fall sein müsse (mit besonderer Billigung des früher angeführten Justizministerialerlasses von 1853), wenn nicht der Fall des Art. 82 vorliege. Er sagt sodann [2]): „Hält man hieran fest, so bleiben der Gerichtshof und die Geschworenen innerhalb der ihnen nach dem Wesen des Schwurgerichts zustehenden Befugnisse. Die Thätigkeit beider hat dann ihre festangewiesenen Grenzen, welche das Gericht nicht nach einem ungewissen und deshalb unsicheren Belieben überschreiten kann [3])".

Geschworenen die in der Frage gedachten Handlungen verneinen, und den Angeklagten dennoch des Verbrechens für schuldig erklären?"

1) Archiv des Criminalrechts von 1854 S. 403 ff. Siehe oben S. 153.

2) a. a. O. S. 218.

3) Am Schlusse des Aufsatzes heißt es: „Senach dürfte die an die Spitze dieses Aufsatzes gestellte Frage nur dahin zu beantworten sein.

Aber die Redaction des Archivs hat ganz Recht, wenn sie in einer Nachschrift zu dieser Erwiederung die frühere Beschwerde aufrecht erhält. Es ist durchaus gerechtfertigt, wenn sie wiederholt, daß es sich gerade darum handele, das unbeschränkte Ermessen der Geschworenen bei der Feststellung der gesetzlichen Merkmale in gewisse Grenzen zu weisen. Nur daß sie eine beliebige Beschränkung der Geschworenen auf concrete Thatsachen durch den Richter verlangt, (sodaß die Geschworenen die gesetzlichen Merkmale nur in jenen ihnen vorgelegten Umständen des einzelnen Falles zu finden berechtigt sein sollen), nur darin geht sie zu weit. Hierin freilich ist sie ebenso einseitig wie v. Kräwel in der ausschließlichen Betonung der gesetzlichen Merkmale. Sie will auf jede Weise eine Controle der Beantwortung der Rechtsfrage in der höheren Instanz ermöglichen. Wir haben aber gesehen, daß diese höhere Controle zwar in gewisser Beziehung processualisch möglich gemacht werden muß, in anderer Beziehung aber processualisch unmöglich ist. Soweit die Anklage auf concrete Thatumstände geht, muß die Frage speciell lauten und jene Umstände und die ihnen entsprechenden gesetzlichen Merkmale neben einander enthalten; soweit die Anklage aber das Vorhandensein gesetzlicher Merkmale im vorliegenden Falle ganz allgemein behauptet, muß die Frage allein auf das wesentliche Merkmal gehen. Eine Kritik der Rechtsfrage in der Nichtigkeitsinstanz ist also nur soweit möglich, als die Anklage specialisirt hat. Es läßt sich jener allgemeinen Forderung, daß die Geschworenen stets an concrete Umstände müßten gebunden werden können, nichts entgegensetzen, als die factische Unmöglichkeit, die Geschworenen zu Richtern der Thatfrage zu machen und dennoch den Richter zu ermächtigen,

---

Man soll nicht einzelne Thatsachen, sondern die gesetzlichen Merkmale des Verbrechens in die Frage aufnehmen."

einen wesentlichen Theil der Thatfrage vor der Entscheidung der Geschworenen selbst abzumachen.

In der schon früher citirten Abhandlung von v. Tippelskirch „Ueber die Principien der Fragestellung und des Wahrspruchs der Geschworenen" [1]) wird dieselbe Streitfrage wieder aufgenommen, ohne daß jedoch der Verfasser die unsrer Ueberzeugung nach richtige Entscheidung trifft. v. Tippelskirch sagt, daß „Grundlage unsres schwurgerichtlichen Verfahrens und Sinn und Wortlaut der bestehenden Gesetze gleich sehr für die Aufnahme der Specialien (in die Fragen) sprechen." Er stimmt [2]) der Auffassung Plancks und dessen Darstellung der „zweiten Gruppe" der deutschen Gesetze [3]) (Preußen, Hannover, Baiern u. s. w. im Gegensatz einerseits zu Braunschweig, andrerseits zu Kurhessen) bei. Er billigt daher, daß die Geschworenen nach Specialien und gesetzlichen Merkmalen gefragt, und mißbilligt es, daß die Geschworenen in Preußen wider ihren Willen oft auf die Feststellung concreter Thatsachen beschränkt werden. Es ist aber ein Gegensatz zu Plancks Ansicht, den v. Tippelskirch nicht zu bemerken scheint, wenn er die Geschworenen an die Specialien gebunden wissen will. Nach Planck sollen dieselben die in der Frage enthaltenen concreten Thatsachen verneinen, die gesetzlichen Merkmale aber bejahen dürfen, während v. Tippelskirch ihre Prüfung des Falles auf die in der Frage namhaft gemachten speciellen Umstände beschränken will [4]). Ferner ist es nicht nur eine Abweichung von Planck, sondern eine Inconsequenz gegenüber seiner eigenen Ansicht, wenn

---

1) Archiv für preuß. Strafrecht, Bd. VI. S. 598—623, S. 755—770.

2) a. a. O. S. 612 f.

3) Planck, Systematische Darstellung des deutschen Strafverfahrens, S. 400 ff. S. oben S. 173 ff.

4) a. a. O. S. 605. 620 f.

v. Tippelskirch verlangt, daß die Geschworenen nur in Betreff der verbrecherischen Thätigkeit, nicht auch des Objects, auf welches dieselbe gerichtet war, und der Mittel, mit denen sie ausgeführt wurde, nach den gesetzlichen Merkmalen gefragt werden. Er will zwar die verbrecherische Thätigkeit (das „Prädikat" im Gegensatz zu dem „Subjekt und dem — näheren oder entfernteren — Objekt" des Verbrechens) ausgedrückt wissen durch die gesetzliche Bezeichnung derselben[1]). Hierbei hebt er sogar ausdrücklich hervor, daß eine Auflösung von Rechtsbegriffen nur im Falle eigener Definitionen des Gesetzgebers geschehen dürfe, sonst aber durchaus unterbleiben müsse[2]). Er fordert, daß bei der Bezeichnung der verbrecherischen Thätigkeit die concrete Art der Handlung (Mittel und Werkzeug derselben und die einzelnen vom Angeklagten wirklich vorgenommenen Handlungen) und die gesetzlichen Begriffe, welche auf sie Anwendung zu finden geeignet sind, nebeneinander gestellt werden. So genüge es bei Versuch nicht, nach der concreten

1) „Daß ferner der Gedanke des Gesetzgebers durch die That seine Verwirklichung gefunden habe, kann nicht schlagender dargethan werden, als wenn sich die That mit denselben Worten ausdrücken (qualificiren) läßt, in denen der Gesetzgeber seinen dem Strafgesetze zum Grunde liegenden Gedanken ausgedrückt hat." a. a. O. S. 617.

2) „Jedenfalls muß entschieden vor der Auflösung solcher Rechtsbegriffe gewarnt werden, von denen das Strafgesetzbuch oder das sonst einschlagende Strafgesetz selbst keine Auflösung geliefert hat, nicht nur, weil dergleichen Auflösungen, die meist nur auf den gerade vorliegenden Fall berechnet zu werden pflegen, leicht mißrathen, sondern auch weil man dabei in die Gefahr kommen kann, den Geschworenen unwillkürlich gegen die Zulassung des Gesetzes ein Specialverdict aufzulegen und dadurch ihre Rechte zu beeinträchtigen. Bedarf es in solchen Fällen wirklich einer Aufklärung der Geschworenen über die Bedeutung eines Ausdrucks, so bietet das Resumé des Vorsitzenden die beste Gelegenheit ihnen eine solche zu Theil werden zu lassen." a. a. O. S. 618.

Handlung des Angeklagten, und ebenso wenig genüge es, nach „Handlungen, welche einen Anfang der Ausführung des Verbrechens enthielten u. s. w.", zu fragen. Ebenso sei es bei Theilnahme und bei Fahrlässigkeit [1]). Stets müßten hier die gesetzlichen Merkmale und die concrete Handlungsweise in der Frage einander gegenübergestellt werden. Dagegen das Object des Verbrechens (die entwendete Sache, die gefälschte Urkunde, ferner (als „entfernteres" Object) die bei Diebstahl, Raub u. s. w. verletzte Person) soll nach v. Tippelskirch nur concret ausgedrückt werden [2]). Ob es dann als species unter das vom Gesetze gemeinte genus gehöre, darüber zu entscheiden sei Sache des Richters. Ebenso soll das Subject des Verbrechens, also der Angeklagte, genau und speciell bezeichnet werden; denn nicht jeder könne Subject eines Verbrechens oder doch nicht eines jeden Verbrechens sein. Ob der Angeklagte rechtlich das Ver-

1) a. a. O. S. 618.

2) „Ist in dem Fragesatze, wie oben erwähnt, der Angeklagte das Subject, der Ausdruck der ihm zur Last gelegten Handlung aber das Prädikat, so sind die Personen und Sachen, gegen welche die Handlung gerichtet worden, das Object derselben." a. a. O. S. 620. „Wenn es, wie oben erwähnt, die Aufgabe der Anklageformel und der Fragestellung ist, den Gedanken des Gesetzgebers in die Wirklichkeit zu übersetzen, Handlungen also zu individualisiren (durch Zeit und Ort), zu qualificiren (durch die gesetzliche Bezeichnung) und nöthigenfalls zu specificiren (durch die concrete Begehungsart), so folgt, daß überall, wo das Gesetz von „einer Urkunde", von einem „öffentlichen Wege", von einem „bewohnten Gebäude", ebenso gut, als wo es von einer „beweglichen Sache" spricht, diesen Gattungsbegriffen die jedesmal vorliegende Species (wo möglich das Individuum) substituirt werden muß und daß, weil der Richter die Frage, ob die vorliegende Species oder das vorliegende Individuum unter die vom Gesetzgeber angegebene Gattung fällt, von vorn herein ohne Beweiserhebung von selbst beantworten kann, sie auch nicht Gegenstand des ihm durch den Spruch der Geschworenen zu führenden Beweises ist." a. a. O. S. 622.

brechen habe begehen können, das habe der Richter nach den thatsächlichen Feststellungen der Geschworenen zu beurtheilen.

Aus diesem „Princip" sollen sich nach v. Tippelskirch die Entscheidungen des Obertribunals über die Auflösung von Rechtsbegriffen, welche „scheinbar ein Princip vermissen lassen", erklären. Er ist der Meinung, daß die Geschworenen deshalb nicht über die Begriffe „Urkunde", „bewohntes Gebäude", „öffentlicher Weg" gefragt werden dürften, weil sie nur über die species, nicht aber über das genus zu entscheiden hätten. — Es ist aber nicht einzusehen, was für ein Unterschied in Hinsicht der gesetzlichen Qualification zwischen dem Objecte des Verbrechens und dem sog. Prädikat sein soll. Warum sollen die Geschworenen allerdings das Urtheil darüber haben, ob die concrete Handlung des Angeklagten sich als eine Entwendung oder rechtswidrige Aneignung im Sinne des Gesetzes qualificire, nicht aber darüber, ob die entwendete specielle Sache eine solche war, an der ein Diebstahl begangen werden konnte, nämlich eine „fremde"? Warum sollen die Geschworenen feststellen dürfen, daß das, was der Angeklagte mit dem Schriftstück vorgenommen, eine „Fälschung" im gesetzlichen Sinne sei, nicht aber, ob das gefälschte Schriftstück als eine „Urkunde" angesehen werden müsse[1])?

Es werden nach der Theorie v. Tippelskirchs die Geschworenen zu Urtheilern über eine merkwürdige Zusammen-

1) Der Richter kann ebenso gut die Frage „von selbst beantworten", ob die bestimmte vom Angeklagten etwa an einem Wechsel vorgenommene Aenderung eine „Fälschung" als die Frage, ob ein bestimmtes seinem speciellen Wortlaut nach vorliegendes Schriftstück eine „Urkunde" sei. Will man mit v. Tippelskirch Alles dasjenige zum Gegenstand der Fragestellung an die Geschworenen machen, was Gegenstand des Beweises ist, und nichts mehr, so fällt sehr häufig auch die Subsumtion der concreten Thätigkeit des Angeklagten unter die im Gesetz als strafbar bezeichnete Handlung außerhalb des Kreises der Feststellung der Geschworenen.

setzung von concreten Umständen und gesetzlichen Merkmalen gemacht. In Betreff des einen Theils der verbrecherischen Handlung sollen sie nur nach den Thatsachen des vorliegenden Falles, in Betreff des anderen Theils dagegen nach der gesetzlichen Qualification desselben gefragt werden. Von einer Anerkennung des nach dem positiven Recht und nach der allgemeinen Aufgabe der Jury allein richtigen Grundsatzes: daß die Geschworenen nach der Subsumtion der concreten Handlung des Angeklagten (soweit eine solche wirklich concret hervorgehoben ist) unter sämmtliche einzelnen gesetzlichen Voraussetzungen der Schuld gefragt werden müssen, ist hierbei keine Rede. — —

Belehrend ist noch ein neuerdings vorgekommener Fall [1]). Die Anklage ging in demselben darauf, daß der Angeklagte den Wechsel, den er in Gemeinschaft mit W. gefälscht, dem W. zu dem Zwecke übergeben habe, damit dieser durch Verpfändung des Wechsels sich vom Personalarrest befreie. Die Frage an die Geschworenen wurde aber allgemein, und zwar dahin gefaßt, ob der Angeklagte von dem Wechsel zum Zwecke der Täuschung Gebrauch gemacht habe. Die Worte, ob er „durch Uebergabe an den W. u. s. w." Gebrauch gemacht habe, waren in Folge einer Anfechtung von Seiten des Staatsanwalts wieder gestrichen worden. Die Geschworenen gaben einen bejahenden Wahrspruch, und der Angeklagte wurde verurtheilt. Die wegen unrichtiger Fragestellung eingelegte Nichtigkeitsbeschwerde wurde vom Obertribunal am 5ten Januar 1859 zurückgewiesen. In den Entscheidungsgründen wird ausgeführt, daß die Anklage allerdings nur auf jene bestimmte Art des Gebrauchs gegangen sei, daß aber „Gebrauch einer Urkunde zum Zwecke der Täuschung" keinen Rechtsbegriff, sondern einen rein thatsächlichen Begriff bilde. „Das Schwurgericht hatte nur wesentliche Merkmale der dem Angeklagten zur

1) S. Archiv für preuß. Strafrecht Bd. VII. S. 75 ff.

Last gelegten strafbaren Handlung aufzunehmen (Art. 81), und durfte also nicht bloß Außerwesentliches weglassen, sondern auch einer rechtlich erheblichen Thatsache eine den wesentlichen Merkmalen der zur Anklage gebrachten strafbaren Handlung entsprechende Stelle anweisen[1]). So durfte die Uebergabe des Schriftstücks an W. fortgelassen werden, weil auch ohne dies ein Gebrauch zum Zwecke Täuschung von dem Angeklagten mit dem Wechsel gemacht sein konnte."

Dieses Beispiel diene zur nochmaligen Erläuterung jener Praxis des Obertribunals, nach welcher die Geschworenen zwar in der Regel nach den gesetzlichen Merkmalen gefragt werden sollen, aber gerade durch die mechanische und ausschließliche Richtung der Fragen auf die letzteren die Erledigung der speciellen Anklage, die Aburtheilung der einzelnen dem Angeklagten zur Last gelegten Handlung wesentlich gefährdet wird. Wären in dem angeführten Falle die Geschworenen gemäß der Anklage gefragt worden, ob der Angeklagte durch Uebergabe des Wechsels an den W. zum Zwecke der Täuschung von dem Wechsel Gebrauch gemacht habe, so wäre überdies eine Kritik der Rechtsfrage in der höheren Instanz möglich gewesen, und das Obertribunal hätte — wenn nicht schon der Gerichtshof den Angeklagten freisprach, weil die That durch kein Strafgesetz verboten sei — das im vorliegenden Falle in der Verurtheilung des Angeklagten liegende Unrecht[2]) wieder gut machen können.

---

1) Dies soll wohl heißen, daß der Gerichtshof durch die alleinige Frage nach dem gesetzlichen Merkmale auch andere concrete Handlungen, als die in der Anklage erwähnte, in die Aburtheilung hineinzuziehen berechtigt war.

2) Es kann wohl keinem Zweifel unterliegen, daß in der Uebergabe einer mit einem Andern gemeinschaftlich gefälschten Urkunde an diesen Anderen selbst, damit dieser sie zu seinem Vortheile benutze, kein „Gebrauch machen", wie es zum Thatbestand der Fälschung erfordert wird, liegen kann.

Kolibri 360 GmbH
Ferdinand-Jühlke-Straße 7
99095 Erfurt, Deutschland
produktsicherheit@kolibri360.de